SOMERSET
MAUGHAM

*Ansichten eines
Dichters*

SOMERSET MAUGHAM

Ansichten eines Dichters

Aus dem Englischen
von Ulrike von Puttkamer und
Barbara Teutsch

nymphenburger

Das englische Original hat den Titel *Points of View*

in der F. A. Herbig Verlagsbuchhandlung GmbH, München
Umschlagentwurf und Gestaltung: Wolfgang Heinzel
Umschlagfoto: Taj Mahal, ZEFA Bildagentur, Düsseldorf
Satz: MPM Wasserburg
Druck und Einband: Wiener Verlag, Himberg
Printed in Austria
ISBN 3-485-00713-7

Inhalt

Die drei ersten Essays übertrug Barbara Teutsch,
die beiden letzten Ulrike von Puttkamer

Ein Dichter und seine drei Romane

1 Ich finde es nur fair, dem Leser der folgenden Seiten zu erklären, warum ich hier und heute, wenn längst alles über Goethe gesagt worden ist, was es zu sagen gibt, einen Essay über seine Romane schreibe. Ganz einfach: Es hat mir Spaß gemacht; und falls das nicht Grund genug ist, soll es mir jemand verraten. Ich sprach schon sehr früh Englisch und Französisch, als Kind sogar besser Französisch als Englisch; und, noch keine Zwanzig, verbrachte ich ein Jahr in Deutschland und hörte Vorlesungen an der Universität. In der Schule hatte ich zwar Lyrik gelesen, aber nur als Pflichtlektüre. Goethes Gedichte waren die ersten, die ich rein zum Vergnügen las; vielleicht finde ich sie deshalb heute noch so hinreißend wie vor einem halben Jahrhundert. Ich lese sie nicht nur mit den Augen, sondern mit meinen Erinnerungen an damals: Heidelberg und seine alten Gassen, das ehrwürdige Schloß, der Waldweg hinauf zum Königstuhl und dem weiten Blick über das herrliche Neckartal, Schlittschuhlaufen im Winter und Paddeln im Sommer, endlose Gespräche über Kunst und Literatur, Willensfreiheit und Determinismus; und die erste Liebe, obwohl ich, weiß Gott, gar nicht merkte, daß es das war.

Zu der Zeit las ich auch Goethes Romane. Ich las sie erst wieder, als ich nach langer Pause vor einigen Jahren Deutschland dann öfter besuchte. Er schrieb drei: *Die Leiden des jungen Werther, Wilhelm Meisters Lehrjahre* und, weiterführend, *Die Wahlverwandtschaften.* Davon ist *Wilhelm Meister* der wichtigste und auch interessanteste.

Allerdings glaube ich, es liest ihn heute kaum noch jemand in England, außer er muß es für wissenschaftliche Studien. Im Grunde weiß ich nicht, warum man ihn überhaupt lesen sollte – obwohl er amüsant und spannend ist, romantisch und zugleich realistisch, obwohl die Personen originell und verblüffend sind, voller Leben und Energie; obwohl die Handlung abwechslungsreich, treffend und farbig geschildert ist und mindestens zwei ungemein witzige Szenen enthält – eine Seltenheit bei Goethe; obwohl einige Gedichte eingestreut sind, die zu den schönsten und rührendsten zählen, die er je geschrieben hat; obwohl eine Abhandlung über Hamlet eingebaut ist, die von bedeutenden Kritikern als scharfsinnige Analyse dieser schillernden Gestalt gewürdigt wird; und obwohl die Thematik an sich hochinteressant ist. Wenn trotz all diesen Vorzügen der Roman ein Mißerfolg ist, so liegt das wohl daran, daß bei aller Genialität, hohem Intellekt und reicher Lebenserfahrung Goethe eine spezielle Begabung fehlte – mit ihr wäre er wohl als Romancier ebenso groß geworden wie als Dichter.

Sollte mich jemand fragen, was das für eine spezielle Begabung ist, müßte ich ihm die Antwort schuldig bleiben. Offenbar muß ein Romanschreiber extravertiert sein, sonst hätte er nicht den Drang, sich zu äußern; doch braucht er keine höheren geistigen Fähigkeiten als die etwa, die erforderlich sind, um ein guter Anwalt oder Arzt zu werden. Er muß lediglich seine Geschichte so spannend erzählen, daß er die Leser fesselt. Er braucht auch seine Mitmenschen nicht unbedingt zu lieben (das wäre ein bißchen viel verlangt), aber er muß sich leidenschaftlich interessieren; und er muß Einfühlungsvermögen besitzen, um in ihre Schuhe zu schlüpfen, um wie sie zu denken und zu fühlen. Vielleicht versagte Goethe als Romancier, weil ihm, maßloser Egoist, der er war, gerade diese Gabe fehlte.

Ich habe nun keineswegs vor, auf den folgenden Seiten Goethes Leben zu schildern; doch da er selbst sagte, alles, was er schreibe (außer seinen wissenschaftlichen Büchern), sei mehr oder minder

autobiografisch, muß ich wohl über einige Episoden aus seinem Leben berichten. Er war erst Anfang Zwanzig, als er an der Straßburger Universität das Jurastudium aufnahm; eine Laufbahn, für die ihn der Vater bestimmt hatte und die keineswegs seinen eigenen Wünschen entsprach. Goethe war ein erstaunlich hübscher Bursche, so hübsch, daß alle, die ihn zum erstenmal sahen, völlig hingerissen waren. Schlank und ein wenig größer als Mittelmaß, hielt er sich so gerade, daß er noch größer wirkte, als er tatsächlich war. Er hatte einen bräunlichen Teint und prächtige, natürlich gelockte Haare; seine Nase war schmal, wenn auch etwas zu lang, seine Lippen waren voll und wohlgeformt; doch das Auffallendste in seinem Gesicht waren die herrlichen braunen Augen mit den ungewöhnlich weiten Pupillen. Er sprühte vor Lebensfreude, und sein Charme war unwiderstehlich. Kinder liebten ihn heiß, denn er konnte stundenlang mit ihnen spielen und ihnen Geschichten erzählen.
Goethe war schon einige Monate in Straßburg, als ihm ein Kommilitone vorschlug, zum etwa zwanzig Meilen entfernten Sesenheim zu reiten und dort ein paar Tage bei seinen Freunden, dem Pastor Brion, seiner Frau und ihren beiden Töchtern zu verbringen. Goethe stimmte zu und wurde herzlich aufgenommen. Eine der Töchter hieß Friederike. Goethe verliebte sich Hals über Kopf in sie, und sie sich in ihn. Wie konnte es anders sein? Sie war noch keinem jungen Mann begegnet, der so gut aussah, so liebenswürdig und ein so ausgezeichneter Tänzer war. »Die Allemanden, das Walzen und Drehen war Anfang, Mittel und Ende. Alle waren zu diesem Nationaltanz aufgewachsen; und Friederike, welche tanzte wie sie ging, sprang und lief, war sehr erfreut, an mir einen so geübten Partner zu finden.« Er liebte alles an Friederike: ihr blondes Haar, ihre blauen Augen, ihre natürliche Anmut, ihre Häuslichkeit, und »sie trug sich noch deutsch, diese fast verdrängte Nationaltracht kleidete Friederiken besonders gut«. Man sagte, als er etwa vierzig Jahre später diese Romanze für seine biografischen Aufzeichnungen

diktierte, habe seine Stimme vor Ergriffenheit gezittert. Ein paar Monate lang waren die Liebenden selig vor Glück. Goethe schrieb für Friederike eine Reihe von Gedichten; viele sind verschollen, aber die noch vorhandenen spiegeln seine feurige Leidenschaft. Wie weit die Beziehung ging, weiß niemand. Aber es wird behauptet, daß er ernstlich an eine Heirat dachte. Das mag stimmen. Aber Goethe zeigte schon damals ein ausgeprägtes Klassenbewußtsein, das später für ihn geradezu typisch wurde. Er stammte aus einer wohlhabenden und angesehenen Familie und wußte, daß sein Vater, ein unnachgiebiger, hochfahrender Mann, von dem er finanziell völlig abhängig war, einer Heirat mit der Tochter eines armen Landpfarrers niemals zugestimmt hätte. Doch er war jung und verliebt; und wir wissen ja, daß Männer in der Glut ihres Verliebtseins mitunter Dinge sagen und versprechen, die sie bei kühlem Kopf wieder vergessen. Sie sind dann baß erstaunt, daß die Frau sie nicht nur behalten, sondern auch noch ernstgenommen hat. So ist es durchaus denkbar, daß Goethe irgendwann etwas gesagt hat, das Friederike glauben ließ, er wolle sie heiraten.

Schließlich machte ihm ein Vorfall deutlich, daß sie bei aller Anmut und Liebenswürdigkeit kaum mehr war als ein Mädchen vom Lande. Die Brions hatten Verwandte in Straßburg, die Goethe etwas herablassend als »von gutem Ansehen und Ruf und in behaglichen Vermögensumständen« bezeichnete. Friederike und ihre Schwester, die Goethe stets Olivie nannte, besuchten sie für eine Weile. Den beiden Mädchen fiel es schwer, sich an eine Lebensart anzupassen, die ihnen fremd war. Sie trugen, wie die Bediensteten, ihre »deutsche Tracht«, während ihre Verwandten und die Damen, die sie besuchten, nach französischer Mode gekleidet waren. Sie mußten sich in dieser ungewohnten Umgebung deplaciert vorkommen; und die Verwandten genierten sich bei ihren Freunden wohl etwas für die armen Kusinen vom Lande, was die Situation nicht angenehmer machte. Friederike nahm die Peinlichkeiten relativ gelassen, aber

Olivie war empört. Der Besuch wurde zu einer Katastrophe. »Endlich sah ich sie abfahren«, schrieb Goethe, »und es fiel mir wie ein Stein vom Herzen: denn meine Empfindung hatte den Zustand von Friederiken und Olivien geteilt; ich war zwar nicht leidenschaftlich geängstigt wie diese, aber ich fühlte mich doch keineswegs wie jene behaglich.« Das alles war nicht schön, aber verständlich. Hatte er je eine Heirat mit Friederike erwogen, so machte ihm diese Erfahrung sicher deutlich, daß sie einfach nicht in Frage kam.

Er entschied, daß sie sich trennen müßten. Da er um diese Zeit für sein Examen arbeitete, hatte er eine plausible Ausrede, weniger oft nach Sesenheim zu kommen. Er machte sein Diplom, und drei Wochen danach verließ er Straßburg und kehrte nach Hause zurück. Doch wollte er Friederike noch einmal wiedersehen und ritt hinüber. Die Trennung tat weh. »Als ich ihr die Hand vom Pferd reichte, standen ihr die Tränen in den Augen, und mir war sehr übel zu Mute.« Er verließ sie, wie er schrieb, als es sie fast das Leben kostete; aber selbst da hatte er nicht den Mut, ihr zu sagen, daß die Trennung endgültig war. Als er es schließlich fertigbrachte, war es per Brief. Er erwähnt, daß Friederikes Antwort ihm schier das Herz zerriß. »Ich fühlte nun erst den Verlust, den sie erlitt«, schrieb er, »und sah keine Möglichkeit, ihn zu ersetzen, ja nur, ihn zu lindern.« Er fügt noch ziemlich verbittert hinzu, daß die Gründe für solch einen Rückzug bei einem Mädchen immer entschuldbar seien, bei einem Mann nie. »Ich hatte das schönste Herz in seinem Tiefsten verwundet, und so war die Epoche einer düsteren Reue, bei Mangel einer gewohnten erquicklichen Liebe, höchst peinlich, ja unerträglich. Aber der Mensch will leben; darum nahm ich aufrichtigen Teil an anderen.« Junge Menschen tragen den Seelenschmerz anderer sehr viel gefaßter; und Goethe hatte doppeltes Glück: Während ihm sein Gewissen sagte, wie schäbig er sich gegen Friederike benommen hatte, konnte er Trost im Dichten finden. »Ich suchte, nach meiner alten Art, abermals Hülfe bei der Dichtkunst. Ich setzte die hergebrachte poetische Beichte wieder fort, um durch diese selbstquälerische Büßung einer inneren Absolution würdig zu werden. Die beiden Marien in *Götz von Berlichingen* und *Clavigo*, und die beiden schlechten Figuren, die ihre Liebhaber spielen, möchten wohl Resultate solcher reuiger Betrachtungen gewesen sein.« Hatte Goethe sie verführt? Wir werden es nie erfahren. Man möchte fast annehmen, daß seine Gewissensbisse wohl weniger bohrend gewesen wären, wenn es sich um nicht mehr als einen leidenschaftlichen Flirt gehandelt hätte. Mag sein, daß Goethe an Friederikes Schmerz dachte, als er die wunderbaren und anrührenden Verse schrieb: *Meine Ruh ist hin, mein Herz ist schwer;* und vielleicht war es seine bittere Reue, die den Hyperempfindsamen und Hochsensiblen veranlaßte, dem tragischen Schicksal Gretchens unvergänglichen Ausdruck zu verleihen.

Doch das ist nur eine der vielen Vermutungen, die angestellt wurden, um den Ursprung seines größten Werkes zu entschlüsseln. Trotzdem dauerte es nicht lange, bis er sagen konnte: »Mein Herz war ungerührt und unbeschäftigt.«

2

Die Leiden des jungen Werther waren die Folge einer weiteren Liebesgeschichte. Etwa sechs Monate, nachdem er Straßburg und Friederike verlassen hatte, ging Goethe an das Kammergericht in Wetzlar, um sein Jurastudium mit einem Praktikum abzuschließen. Auf einem Ball lernte er ein Mädchen namens Charlotte Buff kennen. Sie war mit einem gewissen Johann Georg Christian Kestner verlobt. Goethe verliebte sich Hals über Kopf in sie. Er besuchte sie gleich am nächsten Tag, und bald kam er tagtäglich. Sie unternahmen gemeinsame Spaziergänge, und Kestner begleitete sie, wenn seine Arbeit es zuließ. Er war ein hochanständiger Kerl, zwar ein bißchen trocken, aber bemerkenswert tolerant. Doch bei aller Gutmütigkeit irritierte ihn gelegentlich Goethes unverhohlenes Interesse an seiner Verlobten. In seinem Tagebuch vermerkt er: »Nachher und wie ich meine Arbeit getan, geh' ich zu meinem Mädchen, ich finde den Dr. Goethe da ... Er liebt sie, und ob er gleich ein Philosoph und mir gut ist, sieht er mich doch nicht gern kommen, um mit meinem Mädchen vergnügt zu sein. Und ich, ob ich ihm gleich recht gut bin, so sehe ich doch auch nicht gern, daß er bei meinem Mädchen allein bleiben und sie unterhalten soll ...«

Ein paar Wochen später schreibt er: »Bekam Goethe von Lottchen gepredigt: sie declarierte ihm, daß er nichts als Freundschaft hoffen dürfe; er ward blaß und sehr niedergeschlagen. Wir gingen aus dem Neustädter Tor spazieren ...«

Goethe blieb noch den Sommer über in Wetzlar, schwankend zwischen dem Entschluß, Lotte zu verlassen, und dem Unvermögen, es zu tun; erst mit beginnendem Herbst fand er endlich den Mut dazu. Er verbrachte den letzten Abend mit Lotte und Kestner, ohne etwas von seiner Absicht zu verraten, und am nächsten Morgen war er fort. Er hinterließ einen verzweifelten Brief an Lotte, der sie zu Tränen rührte.

Goethe kehrte nach Frankfurt zurück, und dort erreichte ihn ein paar Wochen später die Nachricht, daß einer seiner Wetzlarer Bekannten, ein junger Mann namens Jerusalem, wegen einer unglücklichen Liebesaffäre Selbstmord begangen hatte. Er schrieb sofort an Kestner um genauere Einzelheiten des Falles, die dieser ihm gewissenhaft schickte; und Goethe notiert in seinem Tagebuch: »Auf einmal erfahre ich die genaueste und umständlichste Beschreibung des Vorganges, und in diesem Augenblick war der Plan zu ›Werther‹ gefunden. Das Ganze schloß sich von allen Seiten zusammen und ward eine solide Masse wie das Eis im Gefäß, das eben auf dem Punkt des Gefrierens steht, durch die geringste Erschütterung sogleich in ein festes Eis verwandelt wird. Diesen seltsamen Gewinn festzuhalten, ein Werk von so bedeutendem und mannigfachem

Inhalt mir zu vergegenwärtigen, und in all seinen Teilen auszuführen, war mir um so gelegener, als ich schon wieder in eine peinliche Lage geraten war, die noch weniger Hoffnung ließ als die vorigen, und nichts als Unmut, wo nicht Verdruß, weissagte.«

Goethe spielte hier auf sein neues Verliebtsein an. »Es ist eine sehr angenehme Empfindung, wenn sich eine neue Leidenschaft in uns zu regen anfängt, ehe die alte noch ganz verklungen ist. So sieht man bei untergehender Sonne gern auf der entgegengesetzten Seite den Mond aufgehen und erfreut sich an dem Doppelglanz der beiden Himmelslichter.«

Das Mädchen, das Anlaß zu diesem poetischen Vergleich gab, war Maximiliane von La Roche; und Goethe schrieb an ihre Mutter: »Die Max ist noch immer der Engel, der mit den simpelsten und wertesten Eigenschaften alle Herzen an sich zieht, und das Gefühl, das ich für sie habe . . ., macht nun das Glück meines Lebens . . .« Doch war für sie bereits eine Heirat mit einem gewissen Peter Brentano arrangiert worden, einem Frankfurter Kaufmann, der mit Heringen, Öl und Käse handelte und wesentlich älter war als sie. Die Ehe des ungleichen Paares wurde geschlossen, und Goethe verbrachte jeden Tag einige Stunden in Gesellschaft der jungen Frau. Nur war Peter Brentano nicht so duldsam wie Kestner und verbot Goethe alsbald das Haus.

Nach seinen eigenen Worten war also die Nachricht von Jerusalems tragischem Tod der zündende Funke, der ihn zu *Werthers Leiden* inspirierte. Sicher hatte er bald erkannt, daß seine eigene unglückliche Affäre mit Lotte Buff, in Verbindung mit dem Selbstmord Jerusalems, ihm den kompletten Stoff für einen Roman lieferte. Hatte er nicht selbst gelegentlich mit dem Gedanken an Selbstmord gespielt? »Kokettieren« nennt es George Henry Lewes in seinem *Leben Goethes* (nach gut hundert Jahren immer noch lesenswert); und ich finde, das trifft es genau. In seinen fünfzig Jahre später verfaßten Lebenserinnerungen bekennt Goethe zwar, seine Seelenqualen seien so groß gewesen, daß ihm die Versuchung, sich das Leben zu nehmen, unausweichlich erschien; und niemand könne ermessen, was es ihn gekostet habe, dem Drang zu widerstehen. Aber ich möchte doch zu bedenken geben, daß Männer, selbst die größten, geneigt sind, bei ihren Erinnerungen ein wenig zu übertreiben. Der junge Goethe besaß Witz, Feuer und Überschwang, doch wie bei anderen auch, waren Depressionen der Preis dafür. So lag auf Goethes Nachttisch um diese Zeit ein Dolch, und er spielte mit dem Gedanken, ihn sich ins Herz zu stoßen. Aber natürlich war das reines Wunschdenken, wie bei vielen jungen Menschen, wenn sie niedergeschlagen sind. Seine Vitalität überwog bei weitem die Versuchung, ein Leben, das er so genoß, wegzuwerfen. Doch ist es durchaus denkbar, daß er sehr wohl erkannte, wie gut sich seine eigenen Gefühlsregungen auf einen Romanhelden übertragen ließen. Also begann er zu schreiben. Er verwendete die Briefform, die damals durch die Romane von Richardson und Rousseaus *La Nouvelle Héloise* sehr in Mode war. Für einen noch wenig routinierten Schreiber ist das der einfachste Romanstil. Wenn auch heute völlig antiquiert, hat er seine Vorzüge; denn er verleiht der geschilderten Handlung vor allem eine überzeugende Wahrscheinlichkeit.

Der Inhalt von *Werthers Leiden* läßt sich in wenigen Zeilen wiedergeben: Ein junger Mann kommt in eine ungenannte Stadt (natürlich Wetzlar), und bei einem ländlichen Sommerfest lernt er ein reizendes Mädchen kennen und verliebt sich in sie. Er erfährt, daß sie verlobt ist; doch er liebt sie bis zur Verzweiflung, reißt sich aber schließlich von ihr los. Nach einiger Zeit treibt ihn die Liebe zu ihr zurück, nur um sie als glücklich Vermählte wiederzufinden. Seine Leidenschaft ist unvermindert – nein, noch unstillbarer; sie verschlingt ihn so völlig, daß alles andere auf der Welt für ihn bedeutungslos wird. Weil seine Liebe hoffnungslos und ein Leben ohne sie unerträglich ist, erschießt er sich schließlich. Der Roman, so kurz er ist (man liest ihn in zwei, drei Stunden), gliedert sich in zwei Bücher. Das erste endet mit Werthers Abreise, das zweite beginnt mit seiner Rückkehr und endet mit seinem Tod.

Das erste Buch hält sich, wie aus meiner Schilderung von Goethes Wetzlarer Zeit zu ersehen ist, ziemlich genau an die Tatsachen. Goethe stattet den Helden mit seinem eigenen Charme aus, seinem lockeren Humor, seiner Herzlichkeit, seiner Geselligkeit und seiner Liebe zur Natur. Genaugenommen zeichnete er ein sehr gewinnendes Selbstporträt. Goethe schrieb eine Idylle, die erfüllt ist von der Romantik langer Sommertage und mondheller Nächte in dieser bezaubernden Landschaft. Man spürt die biedere Rechtschaffenheit dieser schlichten und liebenswerten Menschen, den Hauch jener »Gemütlichkeit«, die damals das Leben in Deutschland bestimmte. Man fühlt mit Lotte (Goethe gab seiner Heldin auch gleich Charlotte Buffs Vornamen), die so gut, so zärtlich, so hübsch und ein so hervorragendes Hausmütterchen ist; man fühlt auch mit ihrem geduldigen und duldsamen Bräutigam, den Goethe Albert nennt; und man fühlt vor allem mit Werther in seiner hoffnungslosen Liebe. Die Lektüre des ersten Buchs ist reine Freude. Es ist eindeutig autobiografisch. Doch jeder autobiografische Roman, ob in der ersten oder dritten Person verfaßt, wird durch ein Verfälschung korrumpiert, die unausweichlich ist. Diese besteht nicht darin, daß sich der Autor fintenreicher, edler und sympathischer macht, als er tatsächlich ist, klüger und attraktiver – das ist, so er will, sein gutes Recht, denn er schreibt ja eine Geschichte und nicht die Historie. Sie besteht vielmehr darin, daß er eine Eigenschaft außer acht läßt, die für ihn charakteristisch ist – seinen schöpferischen Instinkt. David Copperfield etwa ist tatsächlich Schriftsteller, sogar ein recht erfolgreicher, doch das ist kein bestimmender Faktor in der Erzählung, es ist das zufällige Ergebnis seiner Umwelt. Trotzdem hat dieser Umstand nicht mehr oder weniger Rückwirkung auf sein Leben – und die Geschichte, die Dickens erzählen wollte –, als wenn er Verwaltungsbeamter oder Schulmeister gewesen wäre. Wir wissen,

daß Goethe stets, wenn er in Seelen- oder Gewissensnöten war, Trost im Dichten suchte. Er hatte zwar den unwiderstehlichen Drang, sich in jedes hübsche Mädchen zu verlieben, das ihm über den Weg lief; aber gleichzeitig steckte sein Kopf voller Ideen für Theaterstücke und Gedichte; und ich möchte meinen, in seiner tiefsten Seele bedeuteten die ihm mehr als jede noch so heftige, aber flüchtige Leidenschaft. Vielleicht irritierten sie ihn sogar ein bißchen, diese Leidenschaften, weil sie ihn bei seinem eigentlichen Ziel störten – beim Dichten. Von diesem Drang ist bei Werther im ersten Buch nichts zu spüren; er ist ein geselliger, angenehmer, aber doch unbedarfter Dilettant. Als er sich endlich durchringt, Wetzlar und Lotte zu verlassen, hätte er sich vermutlich mit Freunden getroffen, sich mit Gedichteschreiben und einem neuen Verliebtsein getröstet. Das war, wie der Leser gemerkt hat, genau das, was Goethe selbst tat.
Das zweite Buch ist reine Phantasie. Werther ist nicht mehr der Mann, den wir aus dem ersten Buch kennen. Er ist ein völlig anderer Mensch. Als ich das merkte, meinte ich, ich hätte eine interessante Entdeckung gemacht, und war sehr stolz darauf. Doch dann stieß ich zufällig auf die Notiz über Crabb Robinsons Besuch bei Goethes Mutter, Frau Aja; im Verlauf des Gesprächs sagt sie zu ihm, daß der Werther im ersten Buch Goethe sei, der im zweiten Buch jedoch nicht. Seit damals ist so viel über diesen berühmten Roman geschrieben worden, daß auch der fragliche Punkt wohl sattsam erwähnt wurde. Die Tatsache liegt auf der Hand. Natürlich plante Goethe von Anfang an, daß Werther Selbstmord begehen sollte, und um den Leser darauf vorzubereiten, schob er zu Beginn eine Szene ein, in der sich Werther, Lotte und Albert darüber unterhalten, ob Selbstmord zu rechtfertigen sei. Lotte und Albert sind von dem Gedanken entsetzt, während Werther den Standpunkt vertritt, für einen Menschen, dem das Leben unerträglich geworden, sei es der letzte Ausweg. Er behauptet, unter bestimmten Umständen sei es eine notwendige und mutige Tat, die nicht verurteilt, sondern bewundert

werden sollte. Goethe muß wohl instinktiv gewußt haben, daß die Gestalt, die er im ersten Buch gezeichnet und mit seiner eigenen Vitalität ausgestattet hatte, selbst bei größtem Seelenschmerz nicht mehr zum Selbstmord neigte als er selber; folglich mußte er nun eine neue schaffen, die zwangsläufig dazu getrieben wurde. Goethe tat dies. Es war unvermeidlich, daß der Werther des zweiten Buchs ein völlig anderer Mensch wurde als der des ersten.

Einige Zeit nachdem er Wetzlar verlassen hat, überredet ihn ein Freund, die Stellung als Sekretär bei einem diplomatischen Vertreter an einem der deutschen Höfe zu übernehmen. Der Werther, den wir jetzt kennenlernen, ist abweisend, unduldsam, überheblich und übelnehmerisch. Sein Vorgesetzter erwartet natürlich, daß seine Briefe in seinem Stil beantwortet werden; und wenn Werther sie dann in seinem Stil abfaßt und zum nochmaligen Schreiben zurückbekommt, ist er empört. Offenbar war es seinerzeit unter gebildeten jungen Leuten Mode, in »Inversionen« zu schreiben; sie hielten sie für ein elegantes Stilelement. So war es keineswegs unbillig, daß ein erfahrener Diplomat wie der Gesandte solche Floskeln in einem offiziellen Schreiben deplaciert fand; ihm war die gewohnte »Amtssprache« lieber als eine, nennen wir es, »Literatensprache«. Folglich standen Vorgesetzter und Sekretär bald auf Kriegsfuß.

Kurz darauf kam es zu einem Vorfall, der mißliche Folgen hatte. Eines Abends speiste Werther mit einem neugewonnenen Freund, einem hohen Beamten an jenem Hof, bei dem sein Vorgesetzter akkreditiert war. Sein Gastgeber hatte anschließend die adlige Gesellschaft der Stadt zu einem Fest geladen. Nach dem Essen ging er in den Salon, um seine Gäste zu empfangen, und Werther begleitete ihn. Als Bürgerlicher ohne Rang und Titel war er nicht eingeladen worden. Die Gäste finden sich ein: Fürsten, Grafen, Barone mit ihren Damen; und Werther sieht sofort, daß seine Anwesenheit sie überrascht und in diesem erlesenen Kreis mit Ablehnung bemerkt wird; doch mit erstaunlichem Mangel an Takt bleibt er. Eine der einflußreicheren Damen beschwert sich darüber beim Gastgeber; und dieser bittet ihn aufs höflichste, zu gehen. Man darf hier nicht vergessen, wie tief damals in Deutschland die Kluft zwischen Adel und bürgerlichem Mittelstand war. Die Nachricht, daß Werther wegen seines impertinenten Benehmens vor die Tür gesetzt worden war, verbreitete sich wie ein Lauffeuer in der Stadt. Zutiefst beschämt, bat er eine Woche später um seine Entlassung.

Ein gewisser Fürst, der an dem jungen Mann Gefallen gefunden hatte, vielleicht aus Mitleid wegen der Demütigung, die er erlitten, lud Werther ein, ihn auf seine Güter zu begleiten und dort den Frühling mit ihm zu verbringen. Werther nimmt an, doch bereits nach ein paar Wochen kommt er zu dem Schluß, daß den Fürsten und ihn nichts verbindet. »Er ist ein Mann von Verstand«, schreibt er, »aber von ganz gemeinem Verstande. Sein Umgang unterhält mich nicht mehr, als wenn ich ein wohlgeschriebenes Buch lese.« Ein an Selbstüberschätzung leidender junger Mann. Werther reist tatsächlich ab und kehrt auf Umwegen zurück in die Stadt, wo Lotte und Albert mittlerweile verheiratet leben. Albert scheint nicht sonderlich erfreut über das Wiedersehen. Seine Geschäfte zwingen ihn ab und an zu verreisen, und obwohl er nicht nachdrücklich Einspruch erhebt, schätzt er es nicht, daß Werther soviel Zeit bei seiner Frau verbringt. Goethe beschreibt Lottes Gefühle mit großer Subtilität. Zwar weiß sie, daß Albert Werthers Gegenwart mißbilligt, und sie hätte es auch gern, wenn er gehen und sie in Ruhe lassen würde; aber sie bringt es nicht fertig, ihn wegzuschicken. Sie liebt und schätzt ihren Mann, doch ist sie auch mehr als nur ein wenig in Werther verliebt. Weihnachten naht. Albert ist wieder verreist. Lotte hat Werther das Versprechen abgerungen, daß er sie während der Abwesenheit ihres Mannes nicht besuchen wird; er erscheint trotzdem, und sie macht ihm bittere Vorwürfe. Es ist Abend, und, um nicht mit ihm allein zu bleiben, schickt sie jemand zu Freunden und lädt diese ein. Die sind aber schon eingeladen. Werther hat einige

Bücher mitgebracht, und Lotte bittet ihn, etwas vorzulesen. Er hat einige Ossianische Gedichte übersetzt und wählt diese. Was er liest, bewegt beide tief, und Lotte bricht in Tränen aus. Ihr Weinen raubt ihm die letzte Fassung, er reißt sie in seine Arme und küßt sie leidenschaftlich. Schwankend zwischen Liebe und Zorn, sagt sie: »›Das ist das letzte Mal, Werther! Sie sehn mich nie wieder.‹ Und mit dem vollsten Blick der Liebe auf den Elenden eilte sie ins Nebenzimmer und schloß hinter sich zu.« Am nächsten Tag schreibt Werther einen herzzerreißenden Brief an Lotte, in dem er ihr mitteilt, daß er seinem Leben ein Ende setzen wird. Er sagt auch, nun wisse er endlich, daß sie ihn liebe: »Du bist von diesem Augenblicke mein! mein, o Lotte! Ich gehe voran zu meinem Vater, zu deinem Vater ... bis du kommst, und ich fliege dir entgegen und fasse dich und bleibe bei dir vor dem Angesicht des Unendlichen in ewiger Umarmung.« Werther erfährt von Alberts Rückkehr durch seinen Diener und schickt diesen zu ihm mit der Bitte, er möge ihm seine Pistolen leihen, da er eine Reise plane. Albert, der vermutlich über die Nachricht erleichtert ist, leiht sie ihm gern. Früh am nächsten Morgen erschießt sich Werther. Der Brief an Lotte wird unter seinen Papieren gefunden.
Mangelhaft wiedergegeben, ist das der Inhalt von *Die Leiden des jungen Werther.* Die letzten Seiten sind heute noch bewegend. Nach seinem Erscheinen wurde das Buch so erfolgreich, wie es vermutlich kein anderer Roman je war. Es wurde überall gelesen, überall diskutiert und überall imitiert. Es wurde in ein Dutzend Sprachen übersetzt. Die einzigen, bei denen das Buch wenig Anklang fand, waren Kestner und Lotte. Daß sie Goethe als Modell gedient hatten, was sofort klar. Zu Recht war Kestner erbost, sich als langweiligen, engstirnigen Patron geschildert zu finden, der eine so bezaubernde Frau gar nicht verdiene, die, wie Goethe zu verstehen gab, in ihn verliebt gewesen sei.
Viele rätselten, was an diesem Roman Dichtung und was die

Wahrheit sei. Kestner schrieb Goethe einen Protestbrief, Goethes Antwort ist anmaßend: »Da habe ich deinen Brief, Kestner! ... habe deinen Brief und muß dir zurufen: Dank, Dank, Lieber! Du bist immer der Gute! O, könnte ich dir an den Hals springen, mich zu Lottens Füßen werfen ... Könntet ihr den tausendsten Teil fühlen, was ›Werther‹ tausend Herzen ist, Ihr würdet die Unkosten nicht berechnen, die ihr dazu hergabt!«

Liest man heute *Die Leiden des jungen Werther,* fragt man sich unwillkürlich, was eigentlich damals dieses Furore ausgelöst hat. Ich glaube, die Antwort ist, daß sie genau das trafen, was wir heute den Zeitgeist nennen. Die Romantik lag in der Luft. Die Schriften Rousseaus wurden überall verschlungen. Ihr Einfluß war überwältigend. Die deutsche Jugend jener Zeit war der Aufklärung mit ihrer rigiden rationalen Denkweise überdrüssig; und die Nüchternheit der orthodoxen Religionen hatte ihren sich nach Unbegrenztheit sehnenden Herzen nichts zu bieten. Rousseau bot den jungen Menschen genau das, was sie erstrebten. Nur zu gern glaubten sie mit ihm, daß Gefühl mehr gelte als Vernunft und die Eingebungen des Herzens edler seien als die Ungewißheiten des Verstandes. Sie kultivierten Empfindsamkeit, denn sie war das Merkmal einer schönen Seele. Sie verachteten den gesunden Menschenverstand, denn er entbehrte des Gemüts. Ihre Gefühlsäußerungen kannten keine Grenzen, bei geringstem Anlaß brachen Männer wie Frauen in einen Strom von Tränen aus. Man schrieb Brief, die von Exaltiertheit trieften; selbst Leute, die alt genug waren, um davor gefeit zu sein, erlagen der Mode. Wieland, der Dichter und Gelehrte und damals um die Vierzig, begann einen Brief an Lavater mit der Anrede: »Engel Gottes ...« und schloß mit den Worten: »Könnte ich nur drei Wochen bei Ihnen sein! Aber ich fühl' es voraus, Sie würden mir zu lieb werden. Ich würde im eigentlichen Sinne vor Liebe krank werden; und sterben, wenn ich Sie wieder verlassen müßte.«

Der deutsche Kommentator bemerkt zu diesen Ergüssen lediglich,

Wieland habe häufig Freunde besucht und auch wieder verlassen, ohne daß er an Liebeskummer dahingesiecht sei. In solch einem emotionsgeladenen Klima war es kein Wunder, daß *Die Leiden des jungen Werther* die Leser im Sturm eroberten. Die Hoffnungslosigkeit dieser leidenschaftlichen Liebe rührte sie zutiefst; und daß Werther, der Enge des irdischen Daseins überdrüssig, die Freiheit im Tod suchte, erregte in den zarten Herzen Respekt und Bewunderung. Werther machte Goethe berühmt; und noch Jahre danach, ganz gleich, was er inzwischen geschrieben hatte, galt er nur als Verfasser dieses Buches. In seinem ganzen, doch sehr langen Leben hatte Goethe nie wieder einen derart überwältigenden Erfolg.

3 *Die Leiden des jungen Werther* erschienen im Herbst 1774. Gegen Ende des gleichen Jahres klopfte ein gewisser Major von Knebel an die Tür des Goethe-Hauses; er war der Reisebegleiter der beiden jungen Prinzen von Weimar. Er überbrachte den Wunsch seiner Schützlinge, den berühmten Dichter kennenzulernen. Die Begegnung fand statt, und die beiden jungen Leute (der ältere von ihnen war noch nicht einmal achtzehn) waren restlos begeistert von ihm.

Kurz danach wurde Goethe von einem Freund zu einem Hauskonzert bei einer gewissen Frau Schönemann mitgenommen, einer reichen Bankierswitwe. Sie hatte ein einziges Kind, eine blonde und blauäugige Tochter, und als Goethe eintrat, saß sie am Flügel und spielte. Wie das bei ihm so war, verliebte er sich sofort in sie. Es dauerte nicht lange, dann liebte sie ihn auch. Das Attachement behagte weder ihrer Familie noch seiner. Die Schönemanns gehörten zur gehobenen Frankfurter Gesellschaft, und als reiche Erbin erwartete man von Lili eine entsprechende Heirat. Goethes Großvater war jedoch nur Schneider gewesen, der die Witwe eines Gastwirts geheiratet und bis an sein Lebensende dessen einträgliches Gewerbe fortgeführt hatte. Sein Sohn, Goethes Vater, studierte die Rechte und erwarb sich den Ehrentitel eines Kaiserlichen Rats, der ihm zwar gesellschaftlichen Rang verlieh, doch keinen so hohen, um ihm den Zutritt zur Frankfurter Oberschicht zu ebnen. Zudem war er ein harter, unbeugsamer Mann, der es wenig tolerierte, daß sein Sohn ein so verwöhntes Mädchen ins Haus brachte. Lili war erst sechzehn und hatte Spaß an den Vergnügungen, die sich ihr boten. Sie tanzte leidenschaftlich gern, und liebte Gesellschaften und Picknicks. Goethe war sich wohl klar darüber, daß ihre verspielte Welt nicht ganz die seine war; aber er liebte sie zu sehr, um sich Gedanken darüber zu machen. Er widmete ihr Gedichte, darunter einige seiner schönsten; allerdings haben sie nicht ganz die jugendliche Leidenschaft, wie die für Friederike; man spürt einen Hauch von Unsicherheit. Er war sich seiner selbst und auch Lilis nicht sicher. Doch gegen die Vorbehalte beider Familien verlobten sie sich. Aber mit diesem Schritt meldeten sich bei Goethe auch Zweifel. Er war sechsundzwanzig, voller Lebenshunger und sich seiner großen Begabung bewußt. Er wollte keine häuslichen Bindungen.

Nach langem Grübeln (wie anzunehmen) und, falls er Lilis Gefühle mit einbezog, wohl auch mit einigen Gewissensbissen, kam er zu dem Schluß, daß er sich die Liebe zu ihr aus dem Herzen reißen müsse. Dabei kam ihm ein, wie es ihm erscheinen mußte, glücklicher Zufall zu Hilfe. Zwei junge Adlige, die Grafen Stolberg, die ihn als Dichter bewunderten, kamen nach Frankfurt und freundeten sich mit ihm an. Sie wollten gerade zu einer Reise durch die Schweiz aufbrechen und luden Goethe dazu ein. Er nahm an. Sie machten sich in derselben Kleidung auf den Weg, die Werther stets getragen und in der er laut seinem Testament auch begraben sein wollte: blaue Jacke, gelbe Hose und Weste, Stulpstiefel und ein runder grauer Hut. Goethe ging, ohne Lili ein Wort zu sagen, ohne Adieu; und das nahmen sie und ihre Familie ihm begreiflicherweise sehr übel. Es war, milde ausgedrückt, rüpelhaft; aber gelegentlich konnte Goethe anderen gegenüber ziemlich brutal sein. Der Schmerz, den er zufügte, ließ ihn überraschend kalt. Die drei jungen Männer durchwanderten die Schweiz und bewunderten die Landschaft; doch Goethe konnte Lili nicht vergessen. Wir wissen aus ein paar rührenden Zeilen, die er schrieb, wie sehr er sich nach ihr sehnte. Soweit es also dies betraf, war die Reise ein Mißerfolg.

Er kam wieder zurück nach Frankfurt. Aus den vorhandenen Berichten ist nicht ganz ersichtlich, ob sich die beiden jungen Leute noch als verlobt betrachteten. Sie trafen sich weiterhin häufig. Sie waren auch immer noch ineinander verliebt. Also mußte irgend etwas geschehen; und Goethes Vater, der die Verbindung beendet haben wollte, schlug ihm eine ausgedehnte Italienreise vor. Das war nun ein langgehegter Wunsch Goethes, und er nahm den Vorschlag mit Freuden an. Doch mitten in die Reisevorbereitungen kam der junge Herzog von Weimar mit seiner frischangetrauten Gattin, einer Prinzessin von Hessen-Darmstadt, auf der Durchreise nach Frankfurt; und er lud Goethe aufs herzlichste und dringlichste für einige Wochen nach Weimar ein. Die Einladung war verlockend, und Goethe nahm sie an, gegen den Willen seines Vaters, der so vertrauten Umgang mit dem Hochadel mißbilligte. Ein Reisetermin wurde vereinbart. Ob Goethe diesmal den Anstand besaß, Lili von seinem Vorhaben zu unterrichten, wissen wir nicht. Doch läßt sich aus einer in *Dichtung und Wahrheit* geschilderten Episode schließen, wie es um *ihre* Gefühle stand. Ein oder zwei Tage vor seiner Abreise schlenderte er spätabends durch die Straßen von Frankfurt, und unwillkürlich zog es ihn unter Lilis Fenster. Sie saß am Flügel, und er hörte sie ein Lied singen, das er vor nicht ganz einem Jahr für sie geschrieben hatte. »Es mußte mir scheinen, daß sie es ausdrucksvoller sänge als jemals, ich konnte es deutlich Wort für Wort verstehen«, schrieb er. »Nachdem sie es zu Ende gesungen, sah ich an dem Schatten, der auf die Rouleaux fiel, daß sie aufgestanden war; sie

ging hin und wider, aber vergebens suchte ich den Umriß ihres lieblichen Wesens durch das dicke Gewebe zu erhaschen. Nur der feste Vorsatz, mich wegzubegeben, ihr nicht durch meine Gegenwart beschwerlich zu sein, ihr wirklich zu entsagen, und die Vorstellung, was für ein seltsames Aufsehen mein Wiedererscheinen machen müßte, konnte mich entscheiden, die so liebe Nähe zu verlassen.«
Achtzehn Monate später heiratete Lili standesgemäß einen wohlhabenden Bankier.

Goethe hatte seinen Aufenthalt in Weimar eigentlich nur für zwei oder drei Monate geplant; doch dann blieb er, abgesehen von ein paar Reisen, den Rest seines Lebens dort. Der junge Herzog schätzte ihn außerordentlich, und bald waren die beiden unzertrennlich. Sie zechten zusammen, sie jagten zusammen, und sie poussierten mit den Bauernmädchen, die ihnen unterwegs begegneten. Die würdigen Hofbeamten, die glaubten, der ausschweifende Dichterling würde ihren Herrn auf Abweg bringen, wären ihn am liebsten losgewesen; aber der Herzog konnte und wollte sich nicht von ihm trennen, und um ihn zu halten, bot er ihm einen Posten in seinem Kabinett an, der mit regelmäßigen Einkünften und einem Gartenhaus am Fluß ausgestattet wurde. Es war ein kluger Schachzug, Goethe an Weimar zu binden, denn er erwies sich als tüchtig, umsichtig und verantwortungsfreudig. Mit der Zeit fielen ihm immer mehr Aufgaben zu, und er bewältigte sie aufs beste. Es scheint mir eine weitverbreitete Auffassung zu sein, daß Goethe den schlimmsten Fehler seines Lebens beging, als er dem Drängen des Fürsten nachgab. Ihn, einen Dichter, sogar einen großen, stellte man vor Aufgaben, die ein tüchtiger Verwaltungsbeamter ebensogut ausführen konnte. Das stimmt wohl. Doch sollte man dabei auch an die äußeren Umstände denken. Er war erst sechsundzwanzig, energiegeladen und wollte sein Leben in vollen Zügen genießen. Er kannte seine bescheidene gesellschaftliche Stellung, und man sollte es ihm nicht verübeln, daß ihm die erwiesene Gunst von höchster Warte schmeichelte. Es war nur natürlich, daß er die Gelegenheit nutzte, um in einer Welt Fuß zu fassen, die soviel prächtiger war als die bürgerliche Enge Frankfurts.

Sein Vater hatte ihm die finanzielle Unterstützung entzogen. Und auch damals konnte ein Dichter ebensowenig von seinen Gedichten leben wie heute. Die Literaten waren genötigt, als Prinzenerzieher zu arbeiten oder eine schlechtbezahlte Stellung an einer Universität zu übernehmen. Schiller, bereits Deutschlands angesehenster Dichter, hielt sich mit Übersetzungen aus dem Französischen über Wasser.

Ich weiß nicht, warum jene, die Goethe vorwarfen, mit der Übernahme seines Dienstes bei einem unbedeutenden Landesfürsten habe er sich selbst verraten, ihm nicht auch geraten haben, was er sonst hätte tun sollen. Ich bin nach wie vor der Meinung und bleibe dabei, obwohl es mir anscheinend niemand glaubt: Selbst Dichter verhungern ungern in einer Dachkammer. Im Lauf der Zeit avancierte Goethe von einem Staatsamt zum andern, und als gerade Dreißigjähriger war er de facto Premierminister des Herzogtums. Auf Ansuchen des Herzogs verlieh ihm der Kaiser das Adelspatent, und damit war er nun »Geheimer Rath von Goethe«.

Er war jedoch kaum ein paar Monate in Weimar, als er sich von neuem verliebte. Diesmal galt seine Anbetung Charlotte von Stein, der Gattin des herzoglichen Stallmeisters Freiherr von Stein. Sie war sieben Jahre älter als Goethe und Mutter von sieben Kindern, von denen allerdings nur drei noch lebten. Sie war eigentlich nicht schön, besaß aber eine zierliche, anmutige Figur, und sie war klug. Goethe war begeistert von dieser Frau, mit der er sich über alles unterhalten konnte, was ihn interessierte, und in der er eine intelligente Zuhörerin gefunden hatte. Wie üblich war er voll leidenschaftlicher Ungeduld; doch Frau von Stein, eher an einem Freund interessiert als einem Liebhaber, widerstand lang seinem Drängen. Dann überredete Goethe den Herzog, die Schauspielerin Corona Schröter an das Weimarer Hoftheater zu engagieren. Er hatte eben seine *Iphigenie* geschrieben, und bei der Aufführung vor dem Hof spielte Corona Schröter die Titelrolle und Goethe den Orest. Das Publikum meinte, nie ein schöneres Paar auf der Bühne gesehen zu haben. Offenbar spürte Frau von Stein die Gefahr, Goethe an die attraktive und gewitzte Schauspielerin zu verlieren; und um das zu verhindern, wurde sie seine Geliebte. Ihre Beziehung war vier oder fünf Jahre ausgesprochen glücklich.

4 Schon als Kind interessierte sich Goethe fürs Theater. Seine Großmutter hatte ihm ein Puppentheater geschenkt, und er hatte dafür Stücke verfaßt und sie zur Begeisterung anderer Kinder und deren Eltern gespielt. Als er nach Weimar kam, war Liebhabertheater dort die große Mode. Als neuer Akteur war er sehr willkommen. Die Truppe bestand aus Mitgliedern der herzoglichen Familie, einigen Kammerherrn, die man dafür ködern konnte, und ab und zu noch ein oder zwei Berufsschauspielern. Sie spielten ihre Stücke nicht nur in Weimar, sondern auch in Adelshäusern der Umgebung. Kulissen und Requisiten wurden auf Maultiere verladen, und die Akteure ritten auf ihren Pferden nebenher. Die Aufführungen fanden im Freien statt oder in einem Saal des Schlosses, und nach dem Abendessen ritt man wieder nach Hause. Möglicherweise weckte der Spaß an diesen Aufführungen bei Goethe wieder die Erinnerung an eine Romanidee, die er schon in Frankfurt gehabt hatte. In seinem Tagebuch von 1779 wird sie zum erstenmal erwähnt. Der geplante Titel war *Wilhelm Meisters Theatralische Sendung*. Es sollte jedoch noch zwei Jahre dauern, bis er mit dem Schreiben begann. Das Schema, das er wählte, war altbewährt – so alt und erfolgreich, schätze ich, wie seinerzeit das *Satyrikon* von Petronius. Spanische Verfasser von Schelmenromanen hatten diesen pikaresken Stil überall

in Europa in Mode gebracht; und Le Sage mit seinem *Gil Blas,* Henry Fielding mit *Tom Jones* und Smollett mit *Humphrey Clinker* hatten ihre Erfolge damit. Die Methode ist kurz folgende: Der Held muß aus dem Vaterhaus, er wandert dahin und dorthin, besteht die mannigfachsten Abenteuer, doch zuletzt kommt alles zu einem guten Ende, und er heiratet ein wunderschönes, reiches Mädchen. Der Vorteil bei diesem Schema ist, daß der Verfasser die verschiedensten Figuren einführen, eine beliebige Anzahl überraschender Episoden und Zufälle erfinden kann und so mit viel Abwechslung den Leser fesselt. Goethes Roman sollte ursprünglich zwölf Bücher umfassen. Er schrieb das erste, machte zwei Jahre Pause, schrieb dann das zweite und dritte, und danach, bis zur Vollendung des sechsten, jedes Jahr eines.

Für einen Roman scheint das eine recht seltsame Arbeitsweise. Die meisten Autoren, die an einem belletristischen Stoff arbeiten, sind davon so gefangengenommen, daß sie an nichts anderes denken können; und wenn sie erschöpft ihr Tagewerk beenden, ungeduldig darauf brennend, am nächsten Tag weiterzuschreiben, betrachten sie die Zeit dazwischen als vergeudet. Offenbar war Goethe imstande, den Faden der Erzählung nach einem Jahr so wiederaufzunehmen, als hätte er erst vor ein paar Stunden mit Schreiben aufgehört. Die Handlung läuft so glatt von Kapitel zu Kapitel, in logischer Abfolge, daß man eigentlich nur annehmen kann, er hatte den ganzen Ablauf von Anfang an fertig im Kopf und konnte ihn aus seinem erstaunlichen Gedächtnis nach Belieben abrufen. Die meisten Theater in Deutschland wurden damals von irgendeinem Fürsten unterhalten; und der Theaterdirektor mußte jene Opern, Possen und Melodramen aufführen, die ein nur auf Unterhaltung bedachtes Publikum verlangte. Als Goethe den Roman begann, hatte er ein ganz bestimmtes Ziel, eine Idee, die damals in der Luft lag: Das Theater sollte ein Instrument zur Bildung der breiten Masse werden, und damit richtungweisenden Einfluß auf die deutsche Kultur ausüben. Man kann nur vermuten, daß Goethe vorhatte, seinen Helden, Wilhelm Meister, nach anfänglichen Widrigkeiten zu einem Theaterdirektor zu machen, der sowohl Schauspieler als Dichter war und der mit seinen Dramen ein »Deutsches Nationaltheater« schuf, das mit denen Frankreichs und Englands auf einer Stufe stand.

Doch war Goethe seit einiger Zeit zunehmend ruhelos geworden. Das Hofzeremoniell, die Besuchsreisen des Herzogs zu anderen Fürstenhäusern hatten ihren anfänglichen Reiz verloren. Die Weimarer Gesellschaft, die ihm zu Beginn so geistreich und stimulierend erschienen war, empfand er jetzt als eng und provinziell. Seine offiziellen Pflichten wurden ihm zur Last. Goethe hatte sich in Charlotte verliebt, als sie dreiunddreißig war; jetzt war sie in den Vierzigern – genau gesagt dreiundvierzig. Es war nicht mehr das romantische Abenteuer mit einer großen Frau, es war zum Alltag geworden, jeder wußte davon und nahm es hin, es hatte den Muff der Familiarität. Frau von Stein hatte einen Zug zum Gouvernantenhaften; sie hatte Goethes Umgangsformen den letzten Schliff gegeben und seine Schritte in der für ihn noch neuen Welt gelenkt. Sie hatte aus dem Dichter den Hof- und Edelmann gemacht. Die Gedichte, die er ihr widmete, sind zärtlich und liebevoll, aber sie drücken eher Hochachtung und Bewunderung aus als stürmische Leidenschaft. Der Zeitpunkt war gekommen, an dem er spürte, er müsse sich befreien, gleichviel um welchen Preis. Um drei Uhr morgens, nur mit einem Diener, einem Ranzen und einem Mantelsack, reiste er ab, unter dem Pseudonym Johann Philipp Möller, Kaufmann aus Leipzig – in Richtung Italien. Er ging, ohne Charlotte Adieu zu sagen. Er blieb fast zwei Jahre fort.

Es wird behauptet, Charlotte sei nie seine Geliebte gewesen. Ob sie es nun war oder nicht, ist heute nicht mehr wichtig. Für mich liegt der Beweis, daß sie es war, in seinem sang- und klanglosen Verschwinden auf unbestimmte Zeit. Wäre sie nur eine gute Freundin gewesen, der er all die Jahre seine Gedichte vorlas, der er unzählige Briefe schrieb, die er in jedem Dilemma um Rat fragte und deren Rat er schätzte, dann hätte er doch sicher seine Reisepläne mit ihr besprochen. Vielleicht hätte sie ihn nicht gerne ziehen lassen, aber verstanden, daß die Trennung für sein seelisches Gleichgewicht, seine schöpferische Arbeit notwendig war. Falls Charlotte aber seine Geliebte war, dann konnte man kaum von ihr erwarten, daß sie es gelassen hinnahm, wenn ihr Geliebter, und sei's für sein Seelenheil, sie für Monate, wenn nicht länger, im Stich ließ. Vermutlich hat Goethe die von ihrer Seite drohende Szene gescheut, und sie einfach vor ein Fait accompli gestellt. Ich habe bereits erwähnt, daß ihm die Gefühle anderer in der Regel ziemlich gleichgültig waren. Trotzdem, wäre es nur eine platonische Beziehung gewesen, dann hätte auch kein Grund bestanden, ihn nach seiner Rückkehr so betont eisig zu behandeln. Sie wollte seine begeisterten Berichte aus Italien nicht hören. Sie machte ihm bittere Vorwürfe, daß er sie so lange allein gelassen hatte, trotz seiner Versicherung, er sei nur ihretwegen zurückgekommen. Doch sie machte ihm deutlich, daß er, was sie betraf, ruhig ganz hätte wegbleiben können. Das war nun freilich nicht der Ton, den er gewohnt war, und er schrieb an Charlotte: »Aber ich gestehe es gern, die Art, wie du mich bisher behandelt hast, kann ich nicht erdulden. Wenn ich gesprächig war, hast du mir die Lippen verschlossen; wenn ich mitteilend war, hast du mich der Gleichgültigkeit, wenn ich für Freunde tätig war, der Kälte und Nachlässigkeit beschuldigt. Jede meiner Mienen hast du kontrolliert, meine Bewegungen, meine Art zu sein getadelt und mich immer *mal à mon aise* gesetzt. Wo sollte da Vertrauen und Offenheit gedeihen, wenn du mich mit vorsätzlicher Laune von dir stießest?« Es nutzte nichts. Charlotte war nicht zu besänftigen, und von da an sahen sie sich nur noch bei offiziellen Anlässen.

Ehe Goethe Weimar verließ, hatte er bereits das siebte Buch seines Romans begonnen; doch auch wenn er oft in Gedanken damit

spielte, sowohl in Italien als auch nach seiner Rückkehr nach Weimar, schrieb er nicht weiter.
Ich wage die Behauptung, daß er wußte, wie er weiterschreiben sollte. Er hatte erst knapp die Hälfte des Romans geschrieben, und schon war das Ende vorgezeichnet. Wilhelm war inzwischen Theaterdirektor und Regisseur; und Goethe mußte wohl erkannt haben, daß es bis zum pikaresken Ausgang mit glücklicher Heirat am Schluß kaum noch etwas zu erzählen gab, was nicht bereits erzählt worden war. Möglicherweise hätte er das Werk gar nicht beendet, wenn ihm nicht eine völlig neue Wendung eingefallen wäre, die dem Roman nun Tiefe und Gewicht verlieh, die im ursprünglichen Konzept nicht vorgesehen waren. In den acht Jahren seit Goethes Flucht nach Italien war viel geschehen. Die Französische Revolution hatte stattgefunden. Ludwig XVI. und seine schöne Königin waren auf dem Schafott gestorben. Die Truppen der jungen Republik hatten das österreichische Heer, das gegen sie angetreten war, zurückgeworfen und das Rheinland überrannt. Wahrscheinlich ahnte Goethe, daß der Mensch der Zukunft sich wesentlich von dem der Vergangenheit unterscheiden würde. Er mußte einer veränderten Welt Rechnung tragen. Als er sich dann 1794 von neuem an den Roman machte, hatte er ein ganz anderes Ziel im Auge: Er wollte die charakterliche Entwicklung des Helden unter den verschiedenen ihn prägenden Einflüssen zeigen, bis der schließlich im Vollbesitz seiner natürlichen Fähigkeiten diese in den Dienst der Menschheit stellen konnte. Goethes Leitmotiv war nun nicht mehr die Theaterkunst, sondern die Lebenskunst. Ich bin mir nicht sicher, ob es so etwas auch wirklich gibt; das Wort jedenfalls deutet es an, und vielleicht bedeutet es auch etwas. Bei anderen Kunstgattungen, zum Beispiel der Malerei, setzt das Medium seine eigenen Grenzen; doch beim Medium Leben bestimmt nur der Tod die Grenze und beendet seine Ausübung. Bei anderen Kunstformen kann man es durch Übung zur Meisterschaft bringen; aber beim Leben läßt sich höchstens das Beste

aus einer mißlichen Sache machen. Kunst ist die Auswirkung gezielter Absicht; das Leben dagegen wird so weitgehend vom Zufall bestimmt, daß es nur durch ständiges Improvisieren gemeistert werden kann.
Goethe verbrachte geraume Zeit damit, das ursprüngliche Manuskript zu kürzen, umzustellen und umzuschreiben. Der vollendete Roman erschien dann unter dem Titel: *Wilhelm Meisters Lehrjahre.*

5 Die Geschichte ist sehr kompliziert, und ich kann dem Leser nur das nackte Gerippe aufzeigen. Ehe ich das versuche, muß ich ihn allerdings warnen, denn die Leser des achtzehnten Jahrhunderts erwarteten von einem Roman, daß möglichst viel darin passierte. Sie wollten überraschende, ganz unerwartete Zwischenfälle; und solange das zutraf, scherte es sie wenig, wenn sie noch so unwahrscheinlich waren. Was geschah, mußte so haarsträubend sein, daß sie sich entsetzen konnten. Die realistischen Romanciers des neunzehnten Jahrhunderts brachten die Wahrscheinlichkeit in die Belletristik; und ihre Zielvorstellung war: Alles, was passierte, sollte nicht nur wahrscheinlich, sondern auch unentrinnbar sein. Der heutige Leser, selbst wenn er es nicht weiß, ist ein Determinist; der Leser des achtzehnten Jahrhunderts glaubte an die unerwarteten Wendungen des Zufalls.
Wilhelm Meister ist der Sohn eines Kaufmanns, der einen gewissen Werner zum Geschäftspartner hat; beide haben den Wunsch, daß Wilhelm und der junge Werner in die Fußstapfen der Väter treten. Gleich zu Anfang des Romans hat Wilhelm ein Verhältnis mit einer hübschen Schauspielerin namens Marianne, die mit einer reisenden Theatertruppe nach Frankfurt gekommen ist. Wilhelm ist die Vorstellung, in das Geschäft des Vaters einzutreten, verhaßt. Er ist vom Theater besessen und über beide Ohren verliebt. Er will Marianne

heiraten und zum Theater gehen. Wilhelm hat kaum Geld, und sie hat einen reichen Liebhaber, auf dessen Großzügigkeit sie angewiesen ist. Als Wilhelm dahinterkommt, ist er zutiefst verletzt, sterbensunglücklich und bricht zusammen. Nach seiner Genesung verabscheut er das Theater und will nichts mehr damit zu tun haben. Drei Jahre lang arbeitet er fleißig im Kontor der Firma. Nun schicken ihn sein Vater und dessen Partner auf eine Geschäftsreise, um Außenstände einzufordern. Einige Tage bleibt er in einem Provinzstädtchen, und begegnet zwei Schauspielern, Laertes und Philine, die dort gestrandet sind, weil ihr Ensemble Pleite gemacht und sich aufgelöst hat. Auch eine Seiltänzer- und Gauklertruppe trifft ein und gibt eine Vorstellung. Bei diesen ist Mignon. Ihr hat Goethe sein wohl berühmtestes Gedicht gewidmet: *Kennst du das Land, wo die Zitronen blühn?* Wilhelm sieht, wie sie vom Direktor der Truppe brutal geschlagen wird; er greift ein, und nachdem er seinerseits den Rohling verprügelt hat, kauft er sie ihm für dreißig Taler ab. Die Gaukler ziehen weiter. Kurz darauf taucht das Schauspielerehepaar Melina auf, das Wilhelm von früher kennt. Sie wollten zu dem Ensemble, dem auch Philine und Laertes angehört hatten, und sind enttäuscht, daß es nicht mehr existiert. Der Umgang mit den Schauspielern weckt in Wilhelm wieder die alte Theaterleidenschaft; um nun ein neues Unternehmen zu gründen, läßt er sich von Melina überreden, das nötige Geld vorzustrecken, damit sie die vom vormaligen Besitzer zurückgelassenen Kulissen und Kostüme auslösen können. Da dieses Geld aus den Schuldenzahlungen an seine Firma stammt, ist es einigermaßen gewissenlos von ihm, es für einen solchen Zweck zu verwenden.

Weitere Schauspieler finden sich ein und werden engagiert. Ein geheimnisvoller Harfenspieler taucht auf, ein alter, weißbärtiger Mann in einer langen, braunen Kutte. Wilhelm ist sehr angetan von seinem Spiel und seinen Liedern und überredet ihn, bei der Truppe zu bleiben. Dann kommt ein Stallmeister in das Gasthaus, wo

Wilhelm und die Schauspieler wohnen, um für seine Herrschaften, einen Grafen und seine Gemahlin, die am nächsten Tag eintreffen sollen, Quartier zu bestellen. Diese reisen zurück in ihr Schloß, wo sie einen Prinzen als Gast erwarten, einen berühmten Feldherrn, der sich mit seinen Regimentern im Anmarsch befindet, um in der Nähe sein Hauptquartier aufzuschlagen. Das gräfliche Paar trifft ein und schlägt dann den Schauspielern vor, sie zur Unterhaltung ihres hohen Gastes zu engagieren. Als Wilhelm der Gräfin vorgestellt wird, ist er von ihrer Schönheit und edlen Anmut tief beeindruckt. Alles wird vorbereitet, und Wilhelm beschließt, die Schauspieler zu begleiten, teils, um die bezaubernde Gräfin wiederzusehen, und teils, weil er sich dadurch Zugang zu Adelskreisen verspricht. Genau wie Goethe glaubt er, daß man nur in dieser Gesellschaftsschicht Benehmen, Kultur und Bildung erwerben könne. Heutzutage bemüht sich der Adel, verarmt und seiner Privilegien beraubt, keine Anmaßung zu zeigen; und wenn er törichterweise vornehm tut, macht er sich nur lächerlich. Leider muß ich den Leser noch einmal daran erinnern, daß zur Zeit Goethes in ganz Europa, und vor allem in Deutschland, eine gewaltige Kluft zwischen dem Adel und dem einfachen Volk klaffte. Sie gehörten zu verschiedenen Spezies. Der Adel verlangte nicht nur den unterwürfigen Respekt der Untergeordneten, sondern er wurde ihm auch gezollt. Theoretisch zumindest besaß nur er Schliff und Bildung, und im Gegensatz dazu waren die Bürgerlichen ungehobelt.

Von den bisher eingeführten Personen ist Philine die einnehmendste. Sie ist ein entzückendes Geschöpf – völlig amoralisch, aber großzügig, warmherzig und lieb. Sie ist ein Mädchen, das sich jedem hingibt, der ihr gefällt und bei dem es sich lohnt. Sie ist eine Nutte, und Goethe mißbilligt sie; doch sie ist so reizend, daß er sie trotzdem gernhaben muß. Er behandelt sie durchweg zärtlich und mit Nachsicht. Ich glaube, er spürte, daß sie, wenn auch nicht tugendhaft, so doch ohne Untugenden war. Schon bei ihrer ersten Begegnung verliert sie ihr Herz an Wilhelm; doch dieser hochgesinnte junge Mann übersieht ihre Avancen. Sie hat den jungen Burschen Friedrich unter ihrer Fuchtel; er macht ihre Besorgungen und bedient sie. Gibt es Streit, jagt sie ihn davon, doch nach ein paar Tagen ist er wieder da, weil er ohne die Hübsche nicht leben kann. Wilhelm, doch nicht ganz unempfänglich für Philines Reize, ist inzwischen geneigt, ihrem Schmeicheln nachzugeben, als er erfährt, daß sie den Stallmeister des Grafen erobert und zum Abendessen eingeladen hat. Voll Eifersucht und Wut, daß ihm ein anderer zuvorgekommen ist, beschließt er, Philine von nun an mit Verachtung zu strafen. So bereitet es ihm einige Genugtuung, als er hört, daß Friedrich, der bei dem bewußten Abendessen servieren mußte, eine Schüssel Ragout nicht auf den Tisch gestellt, sondern dem Stallmeister und Philine über den Kopf gegossen hat.

Die Schauspieler erreichen das Grafenschloß in strömendem Regen und müssen entdecken, daß man sie im alten Schloß einquartiert hat, das unbewohnt und unmöbliert ist. Nur Philine bekommt durch die Gunst des Stallmeisters ein Zimmer im neuen Schloß. Sie versteht es, sich bei der Gräfin einzuschmeicheln, die sie bald nicht mehr entbehren will; und durch Philines Vermittlung erhält Wilhelm Zutritt bei der hochgeborenen Dame. Diese ist angetan von seinem guten Aussehen, seinen Fähigkeiten und seinem Charme. Er liest ihr vor und rezitiert ihr seine Gedichte. Ebenso leicht zu entflammen wie Goethe selbst, beginnt Wilhelm sie zu lieben und glaubt nur zu gern, daß auch er ihr nicht gleichgültig sei. Die gewitzte Philine durchschaut schnell die Sachlage und tut alles, um die beiden zusammenzubringen, obwohl sie doch selber ein bißchen in ihn verliebt ist. Wahrhaftig, eine erstaunliche junge Frau!

Der Prinz trifft mit seinem Hofstaat ein, und zu seiner Unterhaltung werden verschiedene Festlichkeiten vorbereitet. Was da alles passiert, wird sehr lebendig und humorvoll geschildert. Ganz bezaubernd ist die Beschreibung vom Lever der Gräfin, die Hofmannsthal im ersten

Akt des *Rosenkavaliers* so wirkungsvoll in Szene gesetzt hat. Wilhelm macht die Bekanntschaft eines gewissen Majors Jarno aus dem Gefolge des Prinzen, der sowohl ein Mann von Welt als auch ein Mann des Geistes ist. Er gibt Wilhelm einen Band mit Shakespeare-Dramen: eine Offenbarung. Doch dann, scheinbar aus heiterem Himmel, bricht ein Krieg aus, und die Gesellschaft im Schloß zerstreut sich in alle Winde. Die Schauspieler werden entlohnt und entlassen. Am Abend vor ihrer Abreise bringt Philine Wilhelm zur Gräfin und läßt die beiden allein, damit sie Abschied nehmen können. Die Gräfin schenkt Wilhelm einen Ring, der eine Haarlocke von ihr enthält; und ehe beide sich versehen, halten sie sich in den Armen. Sie reißt sich los und ruft: »Fliehen Sie mich, wenn Sie mich lieben!« Und er entflieht.

Die fahrenden Schauspieler machen sich auf den Weg nach dem reichen Hamburg, wo sie sich ein neues Engagement erhoffen. Während einer Rast auf einer Waldwiese werden sie von bewaffneten Banditen überfallen und ausgeraubt. Wilhelm setzt sich mutig zur Wehr und wird niedergeschossen. Als er wieder zur Besinnung kommt, ruht sein Kopf in Philines Schoß. Gerade da trabt ein älterer Herr heran, begleitet von einer jungen Dame und Berittenen; als sie den Verwundeten sehen, halten sie an. Die junge Frau scheint äußerst besorgt und deckt ihn mit dem Mantel des älteren Herrn zu. Trotz seiner schweren Verwundung ist Wilhelm tief beeindruckt von ihrer Schönheit und rührenden Zuwendung. Er verliebt sich sofort in sie; und die »Schöne Amazone«, wie er sie poetisch nennt, geht ihm von da an nicht mehr aus dem Sinn. Man bringt ihn in das Gasthaus eines nahen Dorfes; und dort hat auch schon der Rest der Truppe Unterschlupf gefunden. Philine hat ihre Koffer und all die hübschen Geschenke der Gräfin gerettet, weil sie mit dem Anführer der Banditen, wie es so schön heißt, ein bißchen geschäkert hat. Verständlicherweise erregt das die Empörung der andern, denen nichts geblieben ist als die Kleider am Leib. Sie geben Wilhelm die

Schuld, weil er sie überredet hat, die kürzere, aber gefährlichere Strecke zu wählen statt der viel weiteren, doch sichereren. Sie überlassen ihn seinem Schicksal. Nur der Harfenspieler, Mignon und Philine bleiben bei ihm. Philine pflegt ihn liebevoll, und bald ist er auf dem Weg der Besserung. Eines Morgens beim Erwachen findet er sie schlafend am anderen Ende des Betts und ist entzückt, denn eine »kindlich lächelnde Ruhe schwebte über ihrem Gesicht«. Doch als sie erwacht, stellt er sich wieder schlafend. Ein paar Tage später verschwindet sie ohne ein Wort.

Wenn ein ungebundener junger Mann die Avancen einer so bezaubernden »leichtfertigen Schönen« verschmäht, wird das bei vielen wohl nur halbherzige Bewunderung auslösen. Goethe sagte, Wilhelm sei ein geliebtes und bühnengerechtes Selbstporträt; doch er sagte auch, er sei ein törichter Tropf. Zeitgenossen und die Nachwelt teilten seine Meinung. Carlyle, der die *Lehrjahre* übersetzte, nannte ihn einen Schlappschwanz. Dieses Urteil ist unverdient hart. Wilhelm war freundlich und mitfühlend, und das Unglück anderer ging ihm zu Herzen. Er nahm die mißhandelte Mignon unter seine Fittiche und den hilflosen, halbirren Harfenspieler. Er tat, was er konnte, um die Leiden der unglücklichen und reichlich anstrengenden Aurelie zu lindern, der wir später noch begegnen werden. Jung und unerfahren, ließ er sich von jedem das Fell über die Ohren ziehen, der es gar nicht wert war, daß er ihm mit seinem Geld aus der Patsche geholfen hatte. Er war unerschrocken, und als die Schauspieler attackiert wurden, kämpfte er, bis er umfiel. Manch anderer Romanheld hat die Herzen seiner Leser mit weniger ins Auge fallenden Tugenden erobert. Es war nicht gerade nett von Carlyle, sich über seine Enthaltsamkeit zu alterieren.

Schon lange vorher hatte Goethe sich selbst porträtiert: im ersten Buch von *Werthers Leiden,* dann in den beiden Dramen *Götz von Berlichingen* und *Clavigo.* Allen dreien fehlt wie Wilhelm die Charakterfestigkeit. Sie sind Schwächlinge und nicht Herr ihrer Gefühle.

Man kann daraus nur den Schluß ziehen, daß Goethe wußte, wie tief diese Züge in ihm selbst verwurzelt waren. Er übertrug auf Wilhelm die eigenen Beweggründe, Gedanken, Gefühle und Abneigungen. Goethe trug gern seine eigenen Gedichte vor, das gleiche tut Wilhelm; Goethe hatte eine Schwäche für lange Abhandlungen, die er über jedes Thema hielt, das ihn im Augenblick interessierte; so auch Wilhelm. Goethe gab ihm sein eigenes Temperament, seine Ideale, seinen Drang nach Bildung, seine Hingabe an die Kunst, seine Begabung als Dichter und seine Empfänglichkeit für weiblichen Charme. Er gab ihm aber auch die eigene Unschlüssigkeit, den eigenen Mangel an Durchsetzungsvermögen und die Neigung, sich von allen und jedem beeinflussen zu lassen. Zugegeben, man muß nachsichtig sein, um bei Wilhelm nicht gelegentlich die Geduld zu verlieren. Und, wie das so oft passiert, wenn der Autor der Held seiner Geschichte ist, der Held wird »gehandelt« – er handelt nicht selbst; und darum bleibt er eher vage im Vergleich zu den anderen, objektiv gezeichneten Personen.

6 Als Wilhelm genesen ist, reist er, noch immer entschlossen, Schauspieler zu werden, mit dem Harfner und Mignon weiter nach Hamburg, wo sein Freund Serlo Direktor eines Theaters ist. Dort erreicht ihn der Brief seines Jugendfreunds Werner (Sohn von seines Vaters Geschäftspartner) mit der Nachricht, Wilhelms Vater sei gestorben.

Werner schlägt ihm alsdann vor, mit dem ererbten und seinem eigenen Vermögen ein großes Landgut zu kaufen und zu bewirtschaften. Wilhelm lehnt diesen Vorschlag ab, und sein Antwortschreiben liest man mit einiger Bestürzung. Die aufschlußreichsten Passagen daraus seien hier zitiert. »Daß ich Dir's mit *einem* Worte sage: mich selbst, ganz wie ich da bin, auszubilden, das war dunkel von Jugend auf mein Wunsch und meine Absicht ... Ich weiß nicht, wie es in fremden Ländern ist, aber in Deutschland ist nur dem Edelmann eine gewisse allgemeine, wenn ich sagen darf, personelle Ausbildung möglich. Ein Bürger kann sich Verdienste erwerben und zur höchsten Not seinen Geist ausbilden; seine Persönlichkeit geht aber verloren, er mag sich stellen, wie er will. Indem es dem Edelmann, der mit den Vornehmsten umgeht, zur Pflicht wird, sich selbst einen vornehmen Anstand zu geben, indem dieser Anstand, da ihm weder Tür noch Tor verschlossen ist, zu einem freien Anstand wird, da er mit seiner Figur, mit seiner Person, es sei bei Hofe oder bei der Armee, bezahlen muß, so hat er Ursache, etwas auf sie zu halten und zu zeigen, daß er etwas auf sie hält. Eine gewisse feierliche Grazie bei gewöhnlichen Dingen, eine Art von leichtsinniger Zierlichkeit bei ernsthaften und wichtigen kleidet ihn wohl, weil er sehen läßt, daß er überall im Gleichgewicht steht. Er ist eine öffentliche Person, und je ausgebildeter seine Bewegungen, je sonorer seine Stimme, je gehaltener und gemessener sein Wesen ist, desto vollkommener ist er. Wenn er gegen Hohe und Niedre, gegen Freunde und Verwandte immer ebenderselbe bleibt, so ist nichts an ihm auszusetzen, man darf ihn nicht anders wünschen. Er sei kalt, aber verständig; verstellt, aber klug. Wenn er sich äußerlich in jedem Momente seines Lebens zu beherrschen weiß, so hat niemand eine weitere Forderung an ihn zu machen, und alles übrige, was er an und um sich hat, Fähigkeit, Reichtum, alles scheinen nur Zugabe zu sein.«

Ich überspringe drei Absätze. Der Brief geht dann folgendermaßen weiter: »Ich habe nun einmal gerade zu jener harmonischen Ausbildung meiner Natur, die mir meine Geburt versagt, eine unwiderstehliche Neigung. Ich habe, seit ich dich verlassen, durch Leibesübung viel gewonnen; ich habe viel von meiner gewöhnlichen Verlegenheit abgelegt und stelle mich so ziemlich dar. Ebenso habe ich meine Sprache und Stimme ausgebildet, und ich darf ohne Eitelkeit sagen, daß ich in Gesellschaften nicht mißfalle. Nun leugne ich dir nicht, daß mein Trieb täglich unüberwindlicher wird, eine öffentliche Person zu sein und in einem weiten Kreis zu gefallen und zu wirken. Dazu kömmt meine Neigung zur Dichtkunst und zu allem, was mit ihr in Verbindung steht, und das Bedürfnis, meinen Geist und Geschmack auszubilden, damit ich nach und nach auch bei dem Genuß, den ich nicht entbehren kann, nur das Gute wirklich für gut und das Schöne für schön halte. Du siehst wohl, daß das alles für mich nur auf dem Theater zu finden ist und daß ich mich nur in diesem einzigen Elemente nach Wunsch rühren und ausbilden kann. Auf den Brettern erscheint der gebildete Mensch so gut persönlich in seinem Glanz als in den obern Klassen; Geist und Körper müssen bei jeder Bemühung gleichen Schritt gehen, und ich werde da so gut sein und scheinen können als irgend anderswo.«

Anscheinend bedeutet das, daß ein Bürgerlicher, wenn er auf der Bühne große und edle Gestalten spielt, jene Kultiviertheit und Bildung erwerben kann, die das natürliche Erbe des Adels sind. Doch es kann auch mehr bedeuten: nämlich, daß wir in einer Welt leben, die nur den Anschein einer uns stets unbekannt bleibenden Wirklichkeit hat; und daß für uns kaum ein Unterschied besteht, ob wir unsere Rolle auf den Brettern des Theaters spielen oder auf jener Bühne, die wir groteskerweise das wirkliche Leben nennen.

Mit dem Geld, das Wilhelm jetzt zur Verfügung steht, erwirbt er sich eine Teilhaberschaft an Serlos Theater. Serlo muß nun, wenn auch etwas widerstrebend, zustimmen, daß alle inzwischen eingetroffenen Schauspieler der alten fahrenden Truppe engagiert werden. Philine ist natürlich mit dabei; sonst könnte sie nicht zu Wilhelm sagen, was mittlerweile als geflügeltes Wort in die Zitatenlexika eingegangen ist: »Wenn ich dich lieb habe, was geht's dich an!« Worauf, soweit man uns informiert, Wilhelm die Antwort schuldig bleibt. Philine wird Serlos Geliebte.

Die erste Inszenierung unter der gemeinsamen Leitung ist *Hamlet,* und Wilhelm soll die Titelrolle spielen. Goethes Humor war eher boshaft als ausgelassen, in seinen jungen Jahren spielte er liebend gern anderen einen Streich; und diese *Hamlet*-Aufführung bot ihm die Gelegenheit, eine höchst amüsante Szene zu schreiben – obwohl ich nicht ganz sicher bin, ob sie auch als solche gedacht war. Die Kostümprobe findet statt, danach zieht sich Wilhelm in sein Zimmer zurück. Er beginnt gerade, sich auszuziehen, als er mit Staunen vor seinem Bett ein Paar Pantöffelchen (offensichtlich Philines) entdeckt. Dann bemerkt er die etwas in Unordnung geratenen Bettvorhänge und schließt daraus, daß Philine sich dahinter versteckt hat. Ärgerlich ruft er:

»›Stehen Sie auf, Philine! Was soll das heißen? Wo ist Ihre Klugheit, Ihr gutes Betragen? Sollen wir morgen das Märchen des Hauses werden?‹

Es rührte sich nichts.

›Ich scherze nicht‹, fuhr er fort, ›diese Neckereien sind mir übel angewandt.‹

Kein Laut! Keine Bewegung!«

Er reißt die Vorhänge auf und – das Bett ist leer. Er ist wenig erbaut davon, daß ihn das Mädchen zum Narren gehalten hat. Am folgenden Abend ist Premiere, und Wilhelm hat großen Erfolg. Das wird gebührend gefeiert, und danach begibt er sich wieder auf sein Zimmer. Er zieht sich rasch aus, löscht das Licht und steigt ins Bett. Er hört ein leises Rascheln und richtet sich auf – »als er sich von zarten Armen umschlungen, seinen Mund mit lebhaften Küssen verschlossen und eine Brust an der seinen fühlte, die er wegzustoßen nicht Mut hatte«. Als er am Morgen erwacht, ist das Bett neben ihm leer. Seltsamerweise ist er sich nicht ganz sicher, mit wem er die Nacht verbracht hat; der Leser, entschieden schlauer, weiß natürlich, daß es Philine gewesen ist. Offenbar hat sie sich von dem Abenteuer mehr erhofft, denn bald darauf verschwindet sie abermals. Wir begegnen ihr nicht wieder; nur gegen Ende des Buches erfahren wir, was aus ihr geworden ist.

Auf einer der vorigen Seiten erwähnte ich *Aurelie.* Sie war Schauspielerin, Serlos Schwester und spielte in der *Hamlet-* Aufführung neben Wilhelm die Ophelia. Ein in der Nähe wohnender Edelmann namens Lothario hatte sie verführt und mit ihrem Kind Felix im Stich gelassen. Sie siecht an gebrochenem Herzen und einer unheilbaren Krankheit dahin. Auf dem Sterbebett übergibt sie Wilhelm einen Brief, und er muß ihr versprechen, diesen dem Treulosen zu übergeben. Er, immer voll Mitgefühl für andere, ist bereit, Lothario zur Rede zu stellen und ihm seine Schuld am Tod des armen Mädchens klarzumachen. Wilhelm läßt Mignon und den Harfenspieler zurück und macht sich auf die Reise zu Lotharios Landsitz. Die Sinne des Harfner sind mittlerweile völlig verwirrt, und ein freundlicher Geistlicher nimmt ihn in seine Obhut. Die Beziehungen zwischen Wilhelm und Serlo sind nun reichlich gespannt. Wilhelm beharrt darauf, daß sie keine Stücke bringen, wie sie sich das Publikum wünscht, sondern nur solche, die sie, seiner Meinung nach, zu ihrer Seelenbildung sehen sollten. Die Zuschauer bleiben aus, und Serlo wäre vermutlich froh gewesen, seinen Partner loszuwerden.

Während er zum Schloß reitet, rekapituliert Wilhelm die dramatische Strafpredigt, mit der er den Grausamen beschämen will. Er kommt im Schloß an, und nach einigen Verzögerungen steht er Lothario gegenüber. Er gibt ihm Aureliens Brief. Lothario nimmt ihn ins Nebenzimmer, und Wilhelm sieht durch die offene Tür, daß er ihn liest. Er kommt zurück und sagt beiläufig, aber freundlich zu Wilhelm, daß er im Augenblick zu beschäftigt sei, um die Angelegenheit mit ihm zu besprechen. Er bittet seinen Abbé, sich um den Gast zu kümmern, der über Nacht bleiben werde.

Von hier an wird die Geschichte zunehmend komplizierter und zunehmend unwahrscheinlicher. Goethe fängt ein Kapitel mit einem Streitgespräch an, bei dem es darum geht, ob der Roman oder das Drama den Vorzug verdiene; und er läßt Serlo sagen: »Das Drama soll eilen, und der Charakter der Hauptfigur muß sich nach dem Ende drängen ... Der Roman muß langsam gehen, und man muß dem Zufall gar wohl sein Spiel erlauben.« Das stimmt. Doch nur bedingt. Es hängt eben immer davon ab, was für ein Drama und was für ein Roman dem Verfasser vorschwebt. Goethe hat in *Wilhelm Meisters Lehrjahre* bis zum Exzeß Gebrauch davon gemacht. Es passieren die abwegigsten Dinge und die unwahrscheinlichsten Zufälle. Die Geschichte, die bis dahin einigermaßen realistisch war, wird plötzlich wildromantisch. Natürlich war es nicht leicht, was Goethe sich da vorgenommen hatte. Er wollte zeigen, wie Wilhelm alle nur möglichen Bildungswege offenstanden; und beginnend mit dessen Theaterlaufbahn, war es sein Ziel, ihn nun in eine höhere Lebensform aufsteigen zu lassen. Leider war das Mittel seiner Wahl nicht das glücklichste. Zur damaligen Zeit war die Freimaurerei in Deutschland sehr en vogue, Goethe und der Herzog und viele Höflinge wurden Mitglieder der Logen. Die Männer, denen Wilhelm im Schloß begegnet, Lothario, der Abbé und Jarno, den er von früher kennt (alles Adlige), haben sich zu einem Geheimbund zusammengeschlossen, dessen Hochziel die Verbrüderung aller Menschen ist. Für Wilhelm beginnt nun eine neue Lehrzeit, nicht wie bisher eine Ausbildungszeit im Bereich der Kunst, sondern in der praktischen Tätigkeit zum Nutzen der Menschheit. Offengestanden, das ganze Brimborium von Geheimbund, samt okkultem Turm, Zeremonien und Verkleidung, ist ein bißchen albern; und die beteiligten Personen sind wenig überzeugend: Sie reden endlos, und ihre Gespräche, wie erbaulich auch immer, sind nur zu oft todlangweilig. Es stellt sich heraus, daß die Bruderschaft Wilhelm schon lang im Auge und seinen Werdegang verfolgt hat. Doch warum diese jungen Adligen ausgerechnet den Sohn eines mittelständischen Frankfurter Kaufmanns zu einem der Ihren machen, wird mit keinem Wort erklärt. Am Tag nach Wilhelms Eintreffen duelliert sich Lothario. Da er seine Beziehung zu einer verheirateten Frau abgebrochen hat, hat ihn deren

Ehemann gefordert, um die ihr angetane Kränkung zu sühnen. Lothario wird verwundet, und deshalb kann Wilhelm die Angelegenheit, deretwegen er ins Schloß gekommen ist, nicht zur Sprache bringen. Er bleibt. Doch als er schließlich Lothario seinen schändlichen Verrat an Aurelie vorhalten kann, wischt dieser die Sache mit der unwiderlegbaren Antwort von Tisch: »Ach, sie war nicht liebenswürdig, wenn sie liebte; und das ist das größte Unglück, das einem Weib begegnen kann.« Wilhelm schweigt dazu; er wirft ihm aber dennoch vor, daß er das Kind Felix, das sie ihm geschenkt, vernachlässigt hat. Hierauf erwidert Lothario, falls Aurelie ein Kind habe, sei es gewiß nicht von ihm.

Allmählich wird Wilhelm klar, daß er seinen Gastgeber völlig verkannt hat. Lothario hat einen Teil seines Lebens in Amerika verbracht; als er jedoch zu der Überzeugung gekommen war, daß er seine Talente ebensogut zu Hause wie im Ausland einsetzen könne, kehrte er nach Deutschland zurück. »Hier oder nirgends ist Amerika!« ist sein sprichwörtlich gewordener Ausruf. Er ist jetzt nur mit der Verwaltung seiner Güter beschäftigt. Er vertritt die für damalige Begriffe geradezu revolutionäre Ansicht, daß den Arbeitern ein angemessener Anteil an dem zustehe, was sie mit ihrer Hände Arbeit geschaffen haben. Er wird von allen bewundert, geliebt und geachtet. Er ist freundlich zu Gleichgestellten, gütig zu Untergebenen, gastlich, kultiviert, intelligent, menschlich und von der Natur prädestiniert, Menschen zu führen. Ich glaube, Goethe wollte mit ihm das Bild eines großen und edlen Mannes zeichnen – im Grunde hat er das Musterbild des wohlhabenden, hochgeborenen Mannes skizziert, der sich einigermaßen seiner Verantwortlichkeiten bewußt ist. Allerdings weiß ich nicht, ob es sonderlich für ihn spricht, daß er ein ausgemachter Schürzenjäger ist.

Wilhelm wird mit dem Auftrag betraut, Lydie, ein Mädchen bescheidener Herkunft, das im Schloß als Lotharios Geliebte gelebt hat und die er nun wieder los sein will, in die Obhut einer gewissen Therese zu bringen. Therese ist eine patente junge Frau, eine ausgezeichnete Wirtschafterin, sparsam und resolut. Zudem ist sie noch sehr hübsch, und Wilhelm fühlt sich zu ihr hingezogen, obwohl er immer noch von seiner Schönen Amazone träumt. Er verbringt einige Tage bei ihr, und sie erzählt ihm des langen und breiten ihre Lebensgeschichte. Hieraus sei nur erwähnt, daß sie Lothario hätte heiraten sollen; als er jedoch entdeckte, daß er ein paar Jahre zuvor der Liebhaber ihrer Mutter gewesen war, hatte er, entsetzt über diese Entdeckung, die Verlobung gelöst. Warum er das getan hat, ist freilich nicht ganz logisch, denn so etwas kommt in den besten Kreisen vor und war noch nie ein Ehehindernis. Wilhelm kehrt zurück ins Schloß, und man schlägt ihm vor, er solle nach Hamburg reiten, um Mignon und Felix zu holen. Er tut dies, und es kommt zum endgültigen Bruch mit Serlo. Nun entdeckt er auch, daß Felix gar nicht, wie man ihn glauben machte, Aureliens Sohn ist, sondern seiner. Als er damals Marianne verlassen hatte, war sie schwanger und im Kindbett gestorben.

Wieder im Schloß, ereignen sich die überraschendsten Dinge. Wilhelm, dessen Ausbildung in der Kunst des Lebens offenbar abgeschlossen ist, wird in die Bruderschaft aufgenommen. Lothario erbt ein Vermögen und trifft Vorbereitungen, einen riesigen Besitz in der Nähe zu erwerben; dort soll jedes Mitglied ein ansehnliches eigenes Landgut erhalten. Ein Kaufmann aus Frankfurt ist jedoch ebenfalls an dem Besitz interessiert, und Lothario lädt ihn ein, damit sie die Angelegenheit zur beiderseitigen Zufriedenheit regeln können. Der Mann trifft ein, und wie der Zufall so spielt, entpuppt er sich als Wilhelms Jugendfreund Werner.

Tief berührt von der Tatsache, daß Felix sein Sohn ist, und im Bewußtsein der großen Verantwortung, die nun auf ihm ruht, kommt Wilhelm zu dem Schluß, daß das Kind eine Mutter braucht. Also schreibt er Therese und bittet sie, seine Frau zu werden. Zwar liebt er sie nicht, aber er bewundert und schätzt sie, und er glaubt,

daß sie seinen Sohn wie einen eigenen lieben wird. Während er noch auf ihre Antwort wartet, besucht er Lotharios Schwester Nathalie, die sich der kränklichen Mignon angenommen hat. Zu seinem Erstaunen (allerdings nicht unserem) entdeckt er in ihr die Schöne Amazone seiner Träume. Er braucht sie nur zu sehen und weiß, daß er sie von Herzen liebt. Sie überreicht ihm einen Brief, den Therese ihr zu diesem Zweck gegeben hat. Darin steht, daß sie seinen Antrag annimmt. Die Lage, in der sich Wilhelm nun befindet, könnte man schlicht als Bredouille bezeichnen. Doch glücklicherweise entdeckt Lothario rechtzeitig, daß Therese nicht die Tochter seiner ehemaligen Geliebten ist, sondern der illegitime Sproß ihres Gatten; und damit steht der Verbindung nichts mehr im Wege. Dies entbindet Wilhelm von seinem Verlöbnis, und er muß nicht länger, wozu er edelmütig entschlossen war, seine leidenschaftliche Liebe zu Natalie verbergen.
Ein neuer Akteur trifft im Schloß ein. Ein italienischer Marchese, der Deutschland bereist. Mittlerweile hat der Harfenspieler seinen Verstand wiedergefunden, sich den Bart abrasiert und trägt Kleider, die zu einem Herrn auf Reisen passen. Der Marchese erkennt in ihm seinen lange verlorengeglaubten Bruder. Inzwischen stirbt die dahinsiechende Mignon und wird einbalsamiert. Der Marchese, dem man die Tote zeigt, erkennt an einem bestimmten Mal an ihrem Arm, daß sie seine Nichte und die Tochter des Harfners ist – das Kind einer inzestuösen Beziehung zwischen seinem Bruder, der damals noch Mönch war, und ihrer Schwester. Der Harfner, der dies durch einen Zufall hört, schneidet sich die Kehle durch. Dann taucht der muntere Taugenichts Friedrich auf und entpuppt sich als Lotharios jüngerer Bruder. Er lebt nun mit Philine zusammen, hat sie aber nicht mitgebracht, da sie in anderen Umständen und nicht präsentabel ist. Um das Familientableau zu komplettieren, treffen der Graf und die Gräfin, die wir bereits kennen, im Schloß ein; die Gräfin ist nämlich eine weitere Schwester Lotharios. Schließlich erfährt man,

daß die Schöne Amazone, Natalie, Wilhelms Liebe erwidert, und die beiden heiraten wollen. Um alle losen Enden zu verknüpfen, erklärt Jarno, daß seine Hochzeit mit Lydie, Lotharios abgeschobener Geliebten, bevorsteht! Während er an dem Roman schrieb, schickte Goethe jedes abgeschlossene Buch an Schiller zur Begutachtung. Seltsamerweise war die einzige Unwahrscheinlichkeit bei den geschilderten Ereignissen, gegen die Schiller etwas einzuwenden hatte, daß drei Adlige drei Bürgerliche heiraten!
Goethe muß also der Meinung gewesen sein, er hätte damit seinem Roman einen befriedigenden Schluß gegeben; denn er läßt ganz am Ende Friedrich zu Wilhelm sagen: »Du kommst mir vor wie Saul, der Sohn Kis, der ausging, seines Vaters Eselin zu suchen, und ein Königreich fand.« Die Kommentatoren sehen darin eine tiefere Bedeutung. Das wundert mich. Ich weiß nicht, was Wilhelm anderes erlangt hat als die Einheirat in den Adel und ein ansehnliches Landgut. Was mich aber noch mehr verwundert, ist die Prämisse, die Wilhelm fraglos schluckt, daß ein praktisch tätiges Leben – er wird, wie es scheint, den Rest seines Lebens mit der Verwaltung seines Gutes zubringen – einem Leben als Künstler, Schauspieler, Dichter oder Gelehrter unwidersprochen überlegen sein soll. Ich meine doch, es liegt auf der Hand, daß jenes Leben das beste ist, das jedem die Möglichkeit gibt, die Begabungen und Fähigkeiten, die ihm die Natur geschenkt hat, optimal zu entfalten.
Ich finde, es ist schade, daß Goethe den Roman nicht auf der Ebene zu Ende geführt hat, auf der er ihn begann. Nicht, daß dann ein großes Werk daraus geworden wäre; aber es wäre zumindest ein gutes Buch geworden, das dem Vergleich mit den besten der pikaresken Romane standgehalten hätte. Wenn allerdings ein Roman, so wie ihn Goethe letztendlich in Druck gab, ein Mißerfolg ist, dann hat das schwerwiegendere Folgen, als wenn irgendein x-beliebiger Roman, trotz seiner Schwächen, ein voller Erfolg wird. *Wilhelm Meister* ist der Prototyp eines bestimmten literarischen Genres, des *Bildungs-*

romans, dessen sich eine lange Reihe deutscher Schriftsteller mehr oder minder glücklich angenommen haben. Das vortrefflichste Beispiel ist natürlich Thomas Manns *Der Zauberberg.* Ich kenne keine adäquate Übersetzung für den Begriff Bildungsroman – die Definition *Erziehungsroman* finde ich im Grunde abstoßend. Dieses Romangenre schildert die Lehrjahre, die einen jungen Mann auf das Leben vorbereiten. Allerdings ist das, wie manche irrtümlich annehmen, keine speziell deutsche Erfindung; denn etwa *David Copperfield* und *Pendennis* sind Beispiele für ein- und dasselbe, ebenso wie *L'Éducation sentimentale.* Es bietet dem Verfasser die Möglichkeit, seine Ansichten über die mannigfachen Probleme, denen der Mensch in den Wirren und Zufällen des Lebens begegnet, darzulegen; nur vergißt er dabei, daß man Philosophie lieber den Philosophen überlassen sollte, die, falls sie Lust haben zu philosophieren, es auch können. Es gibt noch einen merkwürdigen Umstand, den ich mir nicht erklären kann, aber vielleicht ist er für dieses Genre symptomatisch: Die Helden dieser Romane, von *Wilhelm Meister* bis *Zauberberg* sind keine sonderlich starken Charaktere; vielleicht lösen sie deshalb bei uns eher ein Gefühl der Irritation als Mitgefühl aus.

7 Goethe spielte längere Zeit mit dem Gedanken, eine Fortsetzung zu *Wilhelm Meister* zu schreiben; und bedauerlicherweise begrüßte Schiller diese Idee. Doch sollten einige Jahre vergehen, bis er sich ans Werk machte. Er gab ihm den Titel *Wilhelm Meisters Wanderjahre.* Als es dann erschien, wußte – laut Eckermann (Goethes Sekretär) niemand so recht etwas damit anzufangen. Es war eine verworrene, verwirrende und entsetzlich langatmige Geschichte. Doch gerechterweise sei gesagt, daß der Leser darin eine Vielzahl scharfsinniger Bemerkungen über Themen wie Religion, Erziehung und Gesellschaftsstrukturen entdecken kann, allerdings lassen sich

diese entschieden einfacher in den diversen Sammlungen Goethischer Weisheiten und Maximen nachlesen.
Wir sind nun im Jahr 1808. Aus Italien zurückgekehrt, wurde Goethe zwar von seinen offiziellen Funktionen entbunden, aber er blieb weiter der Berater des Herzogs. Zum Gartenhaus am Fluß schenkte ihm der Herzog noch ein großes, behagliches Haus in der Stadt; und dort empfing er seine Verehrer und bewirtete seine Freunde. Er war nun nicht mehr der schlanke, hübsche Jüngling, der mit überschäumender Vitalität und hinreißendem Charme jeden, der ihm begegnete, in seinen Bann zog. Er war mittlerweile Sechzig. Er war korpulent, hatte ein Doppelkinn, und die feingeschnittenen Gesichtszüge waren etwas schwammig geworden. Sein Auftreten hatte von jeher eine gewisse Reserviertheit gehabt, als wolle er sich instinktiv gegen allzu familiäre Annäherungen schützen; mit zunehmendem Alter wurde dies überdeutlich. Er war zu einer respekteinflößenden Persönlichkeit geworden. Schiller, mit dem Goethe nach anfänglichem Zögern schließlich doch vertraut wurde, schrieb über ihn an Theodor Körner: »Öfter um Goethe zu sein würde mich unglücklich machen: er hat auch gegen seine nächsten Freunde kein Moment der Ergießung, er ist an nichts zu fassen; ich glaube in der Tat, er ist ein Egoist in ungewöhnlichem Grade. Er besitzt das Talent, die Menschen zu fesseln und durch kleine sowohl als große Attentionen sich verbindlich zu machen; aber sich selbst weiß er immer frei zu behalten. Er macht seine Existenz wohltätig kund, aber nur wie ein Gott, ohne sich selbst zu geben.«
Henry Crabb Robinson wurde um diese Zeit (als Korrespondent der Londoner *Times*) von einem Bekannten bei Goethe eingeführt; doch der Mann, den er zu Recht für ein Genie hielt, begegnete ihm mit unnahbarer Würde, eisig verschlossenen Lippen und einem durchdringenden Blick, dem kaum standzuhalten war. Nach dem Besuch notierte er in seinen Aufzeichnungen: »Mein Gefährte erzählte von den Mißgeschicken und seltsamen Abenteuern seiner Jugend. Goe-

the lächelte dazu, wie es mir schien, mit huldvoller Herablassung. Nachdem wir entlassen und wieder an der frischen Luft waren, kam es mir vor, als fiele ein Stein von meiner Brust, und ich rief erleichtert: ›Thank Goodness!‹«

Heine, für seine Respektlosigkeit bekannt, hatte sich vor seinem Besuch bei Goethe genau zurechtgelegt, welch profunde und brillante Dinge er ihm sagen wollte; doch als er dann vor ihm stand, war er so von Ehrfurcht überwältigt, daß ihm nichts anderes mehr einfiel als die saftigen Pflaumen, die an den Bäumen entlang der Straße von Jena nach Weimar gehangen hatten.

All dies läßt den großen Mann doch ziemlich negativ erscheinen. Tatsächlich konnte er in Gesellschaft, die ihm nicht zusagte, frostig und distanziert sein; aber unter Menschen, die er mochte, war er locker, heiter und redselig. Nur irritierte ihn zunehmend das provinzielle Leben in Weimar, darum verbrachte er immer öfter längere Zeit in der benachbarten Universitätsstadt Jena. Dort hatte er den hochgebildeten Buchhändler Fromann kennengelernt; und in dessen Familien- und Freundeskreis diskutierte er über Kunst und Literatur. Fromann und seine Frau hatten ein Mädchen namens Minna Herzlieb adoptiert, als sie zehn Jahre alt war; sie wurde ein besonderer Liebling des Dichters. Sie wuchs heran. Mit Achtzehn war sie außergewöhnlich hübsch. Goethe verliebte sich in sie, und wie üblich, schlug sich seine Leidenschaft in Gedichten nieder. Er schrieb eine kleine Folge von ganz bezaubernden Sonetten. Die Fromanns freilich brachte Goethes Vernarrtheit in die größte Verlegenheit; er war nicht nur vierzig Jahre älter als Minchen, er war obendrein verheiratet.

Bald nach seiner Rückkehr aus Italien hatte ihm, während eines Spaziergangs im Stadtpark von Weimar, ein junges Mädchen eine Bittschrift übergeben, in der sie Goethe anflehte, er möge die Bewerbung ihres Bruders um eine Anstellung in Jena befürworten. Christiane Vulpius war die Tochter eines kleinen Staatsbediensteten;

dieser war verstorben, und sie arbeitete in einer Fabrik in der Nähe. Sie war ungebildet, hatte aber hübsches Haar, strahlende Augen und eine anmutige Figur. Goethe fand sie bezaubernd und wurde bald ihr Liebhaber. Ein paar Monate später nahm er sie in sein Haus, weil sie ein Kind erwartete; und schließlich gebar sie ihm einen Sohn. Er erhielt den Vornamen August nach dem Herzog, der auch sein Pate war, und getauft wurde er von Herder, dem Superintendenten des Herzogtums. Im Lauf der Zeit gebar Christiane noch drei weitere Kinder, eines starb als Kleinkind, die beiden anderen bei der Geburt. Goethe heiratete sie 1806. Sein Sekretär und sein Sohn August, mittlerweile siebzehn Jahre alt, waren die Trauzeugen.

Goethes fatale Neigung hatte die Fromanns veranlaßt, Minna Herzlieb vernünftigerweise für eine Weile anderswo unterzubringen; und Goethe entschied sich, nach schweren inneren Kämpfen, für den einzigen Ausweg aus dieser mißlichen Situation: Er kehrte zurück nach Weimar und zu Christiane. Wir wissen ja, daß Goethe in Zeiten der Niedergeschlagenheit für gewöhnlich Trost in der Dichtung suchte; doch diesmal wandte er sich der Prosa zu und schrieb einen Roman: *Die Wahlverwandtschaften.* Er beteuerte, daß dieser keine Zeile enthalte, die er nicht selbst empfunden; und daß er in keines seiner Werke so viel seines eigensten Ichs gelegt habe. Als das Buch erschien, wurde es zwar von den Kritikern gelobt, aber – was Goethe zutiefst kränkte – von den Lesern abgelehnt. Dies überrascht nicht, denn die Schwächen sind eklatant. Wie manch anderer Autor, so erspähte auch er mit Argusaugen die Mängel in der Arbeit anderer, nur bei den eigenen war er mit Blindheit geschlagen; und in seiner hochfahrenden Art meinte er, niemand habe das Recht, seinen Roman zu beurteilen, der ihn nicht dreimal gelesen hätte.

Die Idee, auf der die Geschichte basiert, hat der verstorbene Professor Robertson in seinem *The Life and Work of Goethe* so ausgezeichnet formuliert, daß ich lieber ihn zu Wort kommen lasse. Ziemlich zu Beginn des Buches (4. Kap.) erklärt nämlich der Hauptmann das

Leitmotiv, das Robertson etwas verkürzt zusammenfaßt: »An allen Naturkörpern, die wir gewahr werden, bemerken wir zuerst, daß sie einen Bezug auf sich haben; Regentropfen vereinigen sich zu ganzen Strömen; aber wie jeder gegen sich selbst, so muß er auch gegen andere ein Verhältnis haben. Manche werden sich schnell vereinigen wie Wein mit Wasser, oder wie Öl und Wasser mit Hilfe eines Laugensalzes. Der Grad der Verwandtschaft kann zwischen verschiedenen Körpern so stark sein, daß bei ihrer Vereinigung etwas gänzlich Neues entsteht, wie wenn Schwefelsäure auf Kalkerde gegossen wird und daraus Gips entsteht, wobei die Kohlensäure entflieht. Es mag sogar eine dritte Art des Verwandtseins geben, eine doppelte oder eine über Kreuz. Zwei Paare von Elementen, A und B, C und D sind innig verbunden; doch wenn beide Paare in Berührung gebracht werden, könnte sich A von B trennen und mit D verbinden, während es B und C ähnlich ergeht.« So macht also Goethe gleich zu Anfang seine Absicht klar; denn er überträgt das chemische Prinzip auf die menschliche Ebene.

Bekanntermaßen zeichneten die großen Romanciers des neunzehnten Jahrhunderts ihre Romanfiguren nach Menschen, die sie kannten. Einige, wie beispielsweise Turgenjew, gaben offen zu, daß sie ohne ein lebendes Vorbild keine ihrer Gestalten hätten erfinden können. Das Vorbild modelten sie dann dem Konzept entsprechend um, und zuletzt hatte die so entstandene Figur kaum noch Ähnlichkeit mit dem ursprünglichen Modell. Aber die Vorbilder existierten, unverzichtbar – selbst wenn es nur dieser oder jener Charakterzug war, vielleicht lediglich ein bestimmtes verdrossenes Grinsen, ein verschlagener Blick oder ein lautes Gelächter; denn ohne sie wäre die Gestalt nicht zu dem geworden, was sie ist. Und vielleicht war es gerade diese Machart, die es ihnen ermöglichte, ihre Gestalten lebendiger erscheinen zu lassen als Menschen im wirklichen Leben. Aber ich vermute, daß kein anderer Romancier außer Goethe je auf die bizarre Idee kam, chemische Reaktionen zum Vorbild zu nehmen.

Die Handlung von *Wahlverwandtschaften* ist sehr einfach. Eduard, ein wohlhabender Baron, lebt mit seiner Frau Charlotte in einem Schloß, umgeben von einem großen Anwesen. Sie hatten sich schon als Kinder geliebt; doch waren beide, auf Druck ihrer Familien, eine Vernunftehe eingegangen; ihre jeweiligen Partner starben, und sie heirateten. Wir erfahren nicht, wie lange das alles zurückliegt, aber am Anfang der Geschichte sind beide noch in ihren besten Jahren. Sie sind damit beschäftigt, die Ländereien zu meliorieren und den Park zu verschönern. Eines Tages macht Eduard seiner Frau den Vorschlag, daß sie einen seiner früheren Freunde, der ihnen bei ihren Unternehmungen behilflich sein könnte und dem er auch verpflichtet sei, einladen sollten. Dieser Freund wird namentlich nicht genannt, sondern stets nur als der »Hauptmann« bezeichnet. Man würde nun von Charlotte etwa eine Antwort erwarten wie: »Ausgezeichnet, lade ihn ein, wenn du möchtest!« Tatsächlich aber erwidert sie: »Das ist wohl zu überlegen und von mehr als einer Seite zu betrachten.« Nach längerem Hin und Her stimmt Charlotte dann der Einladung zu, macht aber gleichzeitig den Vorschlag, daß auch ihre Nichte Ottilie eingeladen werden solle.

Beide treffen ein. Ottilie ist Achtzehn, scheu und schön; der Hauptmann eine stattliche Erscheinung. Eduard und Ottilie fühlen sich in Seelenverwandtschaft zueinander gezogen, ebenso Charlotte und der Hauptmann. Dann geschieht etwas Merkwürdiges: Eduard hat als junger Mann in der Armee gedient und darüber ein Tagebuch geführt; nun möchte er die Aufzeichnungen zu einem Buch verarbeiten. Ottilie soll die Manuskripte kopieren. Eduard sieht die Abschriften und stellt erstaunt fest, daß die ersten Seiten in Ottilies zarter Mädchenschrift geschrieben sind, die späteren jedoch seiner eigenen Handschrift gleichen. »Du liebst mich!« ruft er und schließt sie in die Arme. Inzwischen haben auch Charlotte und der Hauptmann erkannt, daß sie sich zutiefst lieben; und der Hauptmann kommt zu dem Schluß, es stünde für ihn nur ein Weg offen: zu gehen – und

das tut er auch. Charlotte, der die Leidenschaft ihres Gatten für Ottilie nicht verborgen geblieben ist, möchte sie wieder zurück auf die Schule schicken. Doch Eduard will davon nichts hören und bietet an, selbst fortzugehen, mit dem Versprechen, keinen Versuch zu unternehmen, Ottilie zu treffen oder ihr zu schreiben, wenn sie nur weiter im Schloß bleiben könne. Er zieht in ein Haus auf einer seiner anderen Besitzungen. Er schickt den gemeinsamen Freund Mittler zu Charlotte und bittet sie, in die Scheidung einzuwilligen – die offenbar im protestantischen Deutschland leicht zu erreichen war –, damit er Ottilie und sie den Hauptmann heiraten könnten.
Mittler kommt mit der Nachricht zurück, daß Charlotte schwanger ist. In seiner heißen Sehnsucht nach Ottilie hatte Eduard (ob Zufall oder Laune) eine Nacht bei seiner Frau verbracht. Nun wäre zu erwarten, daß Eduard von dieser Nachricht beglückt sein würde. Immerhin besaß er große Ländereien, und die Aussicht auf einen Erben hätte ihn begeistern müssen; außerdem hatte er Charlotte geliebt, da wäre es nicht nur ganz natürlich, sondern auch rein menschlich das Anständigste gewesen, wenn er zu ihr ins Schloß zurückgekehrt und sich unter diesen Umständen wie ein Mann betragen hätte. Keine Spur! Ohne ersichtlichen Grund glaubt er für sich nur einen Weg offen: Er muß wieder in die Armee eintreten, die sich gerade im Krieg befindet, um dort den Tod zu suchen. Das Kind kommt zur Welt, und zur Überraschung aller hat es Ottilies Augen und die Züge des Hauptmanns. Wirklich erstaunlich! Goethe wollte offenbar damit beweisen, daß bei dieser sexuellen Vereinigung Eduard von seiner Leidenschaft für Ottilie besessen war, und Charlotte von ihrer für den Hauptmann, und das so gezeugte Kind dies widerspiegelte. Das ist natürlich kompletter Unsinn.
Der Krieg wird gewonnen, und Eduard kehrt zurück in das Haus, das er schon vorher bewohnt hat. Der Hauptmann besucht ihn, und nach einer Weile schickt er ihn zu Charlotte, um sie zur Scheidung zu bewegen. Während er noch auf deren Antwort wartet, reitet er

durch den ausgedehnten Park; dort trifft er zufällig auf Ottilie, die am See mit Charlottes Kind spazierengeht. Er erzählt ihr, in welchem Auftrag der Hauptmann unterwegs ist; und sie verspricht, ihn zu heiraten, wenn Charlotte in die Scheidung einwilligt. Sie trennen sich, und sie steigt in einen Kahn, um über den See zu rudern. In ihrer Aufregung verliert sie ein Ruder, und als sie es zu fassen versucht, fällt das Kind ins Wasser und ertrinkt.

Nun sind die vier, Eduard und Ottilie, Charlotte und der Hauptmann, wieder im Schloß vereint. Da ihr und Eduards Kind tot ist, willigt Charlotte in die Scheidung ein. So ist scheinbar eine befriedigende Lösung für alle Beteiligten gefunden. Doch Ottilie kann den Tod des Kindes nicht verwinden, denn sie gibt sich die Schuld daran. Sie sieht es als eine Strafe für ihre sündige Liebe zu Eduard und weigert sich, ihn zu heiraten. Sie benimmt sich immer merkwürdiger: Sie weigert sich, zu sprechen und zu essen, und schließlich stirbt sie. Eduard kann den Verlust nicht ertragen und stirbt gleichfalls. Mit Charlottes Einverständnis wird er neben Ottilie beigesetzt.

Das ist kurzgefaßt die ganze Geschichte. Der Unwahrscheinlichkeiten sowohl bei dem, was sich ereignet, als auch in der Art, wie es sich ereignet, sind Legion. Weitschweifigkeit ist ein weiteres Übel. Goethe hatte schon ziemlich früh begonnen, seine Texte zu diktieren – ein Verfahren, das sich bei mehr als einem berühmten Romancier als verhängnisvoll erwies –, und wenn er einmal anfing, eine Nebenfrage zu erörtern, die ihn gerade interessierte, obwohl sie nichts mit dem eigentlichen Thema zu tun hatte, dann fand er kein Ende. So hatte er ein Faible für das, was wir heute als Landschaftsgärtnerei bezeichnen; und in den *Wahlverwandtschaften* beschreibt er in unerträglicher Länge, welche Veränderungen Charlotte und der Hauptmann in Eduards Park vornehmen. Doch der schlimmste Exkurs, der Seiten um Seiten füllt, ist eine Episode, die sich zwischen Eduards Auszug in den Krieg und seine Rückkehr schiebt: Charlotte hat eine

Tochter aus ihrer ersten Ehe namens Luciane. Nach Beendigung ihrer Schulzeit zog diese nicht zu ihrer Mutter, sondern aus nicht näher erklärten Gründen zu einer Großtante. Nun hat sie sich verlobt, und das junge Paar, zusammen mit einer Schar von Freunden und Verwandten, besucht Charlotte im Schloß. Es ist mitten im Winter, und man vergnügt sich mit Schlittschuhlaufen und Rodeln. Die jungen Leute spielen verschiedene Instrumente, sie singen und tanzen und rezitieren Gedichte. Sie inszenieren Tableaux vivants, und Goethe beschreibt jedes einzelne in enervierender Länge. Doch zumindest in einer Hinsicht ist das nicht uninteressant, da es dem Leser ein sehr lebendiges Bild davon vermittelt, wie sich im ausgehenden achtzehnten Jahrhundert der deutsche Adel bei seinen oft Wochen dauernden Besuchen von Schloß zu Schloß die Zeit vertrieb. Allerdings hat das mit der Geschichte, die Goethe eigentlich erzählen will, nicht das geringste zu tun, und deshalb irritiert es nur. Die beteiligten Personen sind uninteressant, und man will auch gar nicht wissen, was aus ihnen wird. Sie sind so unpersönlich wie die Buchstaben eines Alphabets. Sie sind lediglich Marionetten, die der Verfasser agieren läßt, um eine seiner obskuren Theorien zu veranschaulichen. Sie atmen nicht. Robertson formuliert das sehr treffend: »Sie verdanken, was sie an sogenanntem Leben haben, weniger der Phantasie und Intuition als ihrer Zweckmäßigkeit.« Leider ein Irrtum! Der Hauptfehler bei den *Wahlverwandtschaften* liegt bereits in der Grundkonzeption. Daß Eduard und Ottilie und auch Charlotte und der Hauptmann sich voneinander angezogen fühlen, ist ja wohl möglich; nur wenn das Ganze haargenau parallel abläuft, kann man es nicht ganz ernst nehmen. Marivaux hätte aus derselben Situation ein anmutiges Vierpersonenstück gemacht und Shaw ein bissiges. Der tragische Ausgang erweckt weder Mitleid noch Furcht.

8 Nun habe ich in diesem Essay doch mehr über Goethes Leben erzählt, als ich ursprünglich wollte. Ich weiß nicht, welches Bild von ihm der Leser daraus gewonnen hat – ganz sicher ein unvollständiges und darum falsches. In einem Märchen der Brüder Grimm kam einmal ein Jüngling ins Schloß der Goldenen Sonne, wo eine verzauberte Prinzessin ihrer Erlösung harrte. Doch als er sie sah, erschrak er zu Tode: Ihr Gesicht war voller Runzeln, die Augen waren eingesunken und ihr Haar ein häßliches Rot. »Bist du die Königstochter, deren Schönheit die ganze Welt preist?« fragte er. Und sie erwiderte seufzend: »Dies ist nicht meine wahre Gestalt. Das Auge der Sterblichen erblickt nur diese garstige Hülle. Aber damit du meine wahre Schönheit siehst, schau in den ›Spiegel, der niemals lügt‹, er wird dir mein wirkliches Gesicht zeigen.« Sie gab ihm den Spiegel, und er erblickte das schönste Mädchen, das die Erde je gesehen hatte.

So ist das wohl auch mit Goethe. Als Mensch war er ein Egoist, ein Egozentriker, er war hochfahrend, intolerant und ertrug keine Kritik; er war Höhergestellten gegenüber zu devot und recht gleichgültig, wenn er andere verletzte. Heine meinte so scharfsinnig wie boshaft, daß er die Besten unter den zeitgenössischen Schriftstellern unterschätze und sein Lob den Zweitbesten vorbehalte, weshalb ein Lob von Goethe als Stempel der Mittelmäßigkeit betrachtet werden müsse.

Nur in seinen Gedichten zeigt sich sein eigentliches Ich. Im Spiegel seiner bezaubernden Liebeslyrik, der großen Oden, offenbart sich der Mann, der er in Wirklichkeit war. Goethe hat irgendwann einmal gesagt, daß ein großer Mann wie jeder andere sei, nur mit größeren Tugenden und Untugenden. Wenn er dabei an sich selber dachte, so stimmte es wohl. Doch seine Schwächen, worin sie auch bestanden, milderten sich im Alter. Aus Eckermanns *Gesprächen mit Goethe* wissen wir viel über seine letzten Lebensjahre. Es ist dies eines jener sympathischen Bücher, die man an jeder beliebigen Stelle aufschlagen kann und etwas Lesenswertes finden wird. Es stimmt, daß Eckermann oft seinen Anteil an den Dialogen in unnötiger Breite wiedergibt. Doch das tat auch William Hazlitt (1778–1830), als er seine Gespräche mit dem berühmten Maler Northcote aufschrieb – nur war eben Goethes Sekretär kein so brillanter Stilist wie Hazlitt. Eckermann war eines von fünf Kindern eines armen Bauern, und hatte sich mit Zähigkeit und eisernem Fleiß eine gediegene Bildung angeeignet. Er veröffentlichte einen Band mit Gedichten und kritischen Aufsätzen, in denen er Goethe huldigte. Er schickte ihn dem Dichter, der Gefallen daran fand und den Wunsch äußerte, den Verfasser kennenzulernen. Ein Treffen wurde arrangiert. Goethe erkannte sofort, daß ihm sein junger Bewunderer von Nutzen sein konnte; doch da Goethe vor seiner Abreise nach Marienbad stand, wurde vereinbart, daß sie sich nach Beendigung der Kur in Jena wiedertreffen sollten.

Goethe war mittlerweile Vierundsiebzig. Er war viel umgänglicher als in seinen mittleren Jahren, entgegenkommender und liebenswürdiger. Nach Porträts aus dieser Zeit zu schließen, hatte er viel von seiner Korpulenz verloren, die um die Fünfzig so typisch für ihn gewesen war. Noch immer war er eine stattliche Erscheinung. Sein weißes Haare war voll und gelockt; sein Blick war immer noch so durchdringend, und seine Lippen waren so schmal und streng wie damals. Auch hatte er seinen Charme bewahrt, jene Ausstrahlung, die jeden in seinen Bann zog, der ihm begegnete. Christiane Vulpius war nun schon ein paar Jahre tot. Sie war ihm eine gute Gefährtin gewesen; in den letzten Jahren hatte sie zwar ein bißchen viel getrunken, aber sie hatte sein Haus gut bestellt und für seine Bequemlichkeit gesorgt. Er vermißte sie sehr.

In Marienbad traf er die neunzehnjährige Ulrike von Levetzow wieder, die er schon zwei Jahre zuvor kennengelernt hatte. Sie war reizend und anmutig. Schon damals hatte er sie recht hübsch gefunden, jetzt fand er sie noch bezaubernder – und ewiger junger

Schwärmer, der er war, verliebte er sich aufs heftigste in sie. Sicher war die Zuwendung des berühmten Mannes für Ulrike sehr schmeichelhaft, und sie war von ihm fasziniert. Er machte ihr einen Heiratsantrag; und wie es scheint, hat sie ihn nicht abgewiesen, denn er teilte seiner Familie (vermutlich zu deren Entsetzen) mit, daß die Hochzeit bald stattfinden würde. Doch Ulrikes Mutter verweigerte ihre Zustimmung zu einer Verbindung, die für jeden vernünftig Denkenden in einem so grotesken Mißverhältnis stand. Goethe war gekränkt, unglücklich und zutiefst gedemütigt. Er verließ Marienbad. Während der Heimfahrt in der Kutsche schrieb er ein Gedicht, *Elegie,* in das er alle Gefühle legte, die seine Liebe zu Ulrike in ihm wachgerufen hatte, und seine leidenschaftliche Trauer über ihren Verlust. Es ist ein schönes Gedicht, aber es hat nicht mehr die Ursprünglichkeit einiger seiner früheren Liebesgedichte, die wie eine Stimme direkt aus dem Herzen sind; impulsiv wie das Lied eines Vogels, aus dem durch einen glücklichen Zufall ein Gedicht geworden ist. Die Gefühle in der *Elegie* sind zweifellos echt, doch sie spiegeln sich in einer Beschaulichkeit, die Goethe genügend Distanz für ausgefeilte literarische Arabesken gab. Die frühen Liebesgedichte und diese *Elegie* ähneln sich nicht mehr als die wilden Blumen, Enzian, Seidelbast und Eisenhut, die im Frühling auf den Vorbergen der Alpen blühen, und die Zinerarien und Zyklamen, die in unseren nördlichen Breiten im Treibhaus wachsen. Doch haben mich die beiden vorangestellten Zeilen tief berührt:

Und wenn der Mensch in seiner Qual verstummt,
Gab mir ein Gott zu sagen, was ich leide.

Als er schließlich in Jena eintraf, hatte Goethe sein seelisches Gleichgewicht zumindest so weit wiedergefunden, daß er den bereits gefaßten Plan in die Tat umsetzen und Eckermann überreden konnte, zu ihm nach Weimar zu übersiedeln. Goethe führte ihm das verlockende Bild vor Augen, welche Vorteile das Leben in gebildeter, geistvoller Gesellschaft einem jungen Mann bringen würde, und welchen Einfluß dies auf die Entfaltung seiner Persönlichkeit und seines dichterischen Talents hätte. Eckermann schluckte hingerissen und blindlings den Köder samt Leine, Haken und Blinker; und zwei Wochen später folgte er Goethe nach Weimar. Goethe gab ihm sofort zu tun, und er hielt ihm neun Jahre lang fleißig bei der Arbeit. Eckermann versuchte zwar einige Male auszubrechen, aber Goethe ließ ihn nicht los. Mit der für ihn typischen Achtlosigkeit untergrub er die eigenständige literarische Entwicklung des armen Burschen. Sein Talent war vielleicht nicht sehr stark, aber immerhin – trotzdem erlangte Eckermann, wenn auch nicht, wie er es sich wohl gewünscht hätte, eine bescheidene Unsterblichkeit.

Eckermann speiste oft mit Goethe, manchmal nur zu zweit, manchmal in Gesellschaft; denn der alte Herr war immer noch ein großzügiger Gastgeber. August hatte geheiratet, und seine Frau Ottilie übernahm bei solchen Gelegenheiten die Rolle der Hausfrau. Sie war eine lebenslustige junge Frau, und Goethe mochte sie. Seine beiden Enkelsöhne vergötterte er. Eckermann notierte all die bemerkenswerten Dinge, die Goethe bei ihren gemeinsamen Ausfahrten äußerte, auch wenn sie sich oft viele Stunden im Arbeitszimmer gegenübersaßen, ebenso die Bemerkungen, die beim Essen mit bedeutenden Persönlichkeiten fielen. In einem Fall vermerkt er nur, daß die Unterhaltung heiter und brillant war. Schade, daß er gerade diese nicht des Aufzeichnens wert fand. Er unterließ es, weil er eben ein sehr ernsthafter junger Mann war und seine Aufmerksamkeit hauptsächlich den Goetheschen Sentenzen galt. Da Goethe schon immer einen Hang zum Dozieren gehabt hatte, fand er reichlich Stoff für sein Notizbuch. Goethes Freunde starben einer nach dem andern. Als Schiller starb, sagte er, mit ihm gehe die Hälfte seines Lebens dahin. Friederike Brion starb. Als ich in Straßburg war, fuhr ich nach Sesenheim; ich wollte sehen, was aus dem Haus geworden war, wo der Pastor mit seiner glücklichen Familie gelebt, und die Kirche, in der er gepredigt hatte. Die Umgebung dürfte sich nur wenig verändert haben. Die grünen Wiesen, durch die Goethe und Friederike einmal wanderten, sind noch da. Dann ging ich zum Friedhof und suchte ihr Grab. Ich fand es nicht, doch beim Hinausgehen entdeckte ich zwölf Gräber britischer Flieger aus dem Zweiten Weltkrieg. Auf elf der sauberen weißen Steine standen Name und Alter des Toten. Nur auf dem zwölften (vermutlich, weil die Überreste nicht mehr zu identifizieren waren) stand lediglich »A British Airman« und etwas darunter »Known to God«. Erschütternd.

Lotte Buff und Lili Schönemann starben. Frau von Stein starb. Der Herzog starb. August von Goethe starb. Kanzler von Müller hatte die bittere Aufgabe, »solche Schreckenskunde dem ehrwürdigen Vater beizubringen. Doch er empfing sie mit großer Fassung und Ergebung. ›Non ignoravi, me mortalem genuisse!‹ (Ich weiß, daß ich einen Sterblichen gezeugt) rief er aus, als seine Augen sich mit Tränen füllten.« Der Schmerz über diesen Verlust traf ihn schwerer, als er zeigen wollte. Ein oder zwei Tage danach erlitt er einen Schlaganfall. Doch erholte er sich bald so weit, daß er seine Arbeit wieder aufnehmen konnte. Erst zwei Jahre später kam die Krankheit, die zu seinem Tod führen sollte. Er mußte das Bett hüten. Am Morgen des 22. März 1832 fühlte er sich etwas besser, er stand auf und setzte sich in einen Lehnstuhl. Seine Gedanken schweiften ab, und seine Erinnerungen schienen bei Schiller zu weilen. Der Tag neigte sich, und es wurde dunkel im Zimmer. Er sagte zu seinem Diener Friedrichen: »Macht doch den Fensterladen auf, damit mehr Licht hereinkommt.« Das waren seine letzten Worte. Die Nachwelt allerdings befriedigte das nicht, sie beschloß, die letzten Worte sollten seinem ein langes Leben währenden Streben nach Höherem entsprechend sein: »Mehr Licht«.

Einmal, als sie noch jung, sorglos und glücklich waren, hatte der Herzog auf einem Berg eine Jagdhütte bauen lassen; und Goethe hatte mit dem Bleistift an die Wand geschrieben:

Über allen Gipfeln
Ist Ruh,
In allen Wipfeln
Spürest du
Kaum einen Hauch;
Die Vöglein schweigen im Walde
Warte nur, balde
Ruhest du auch.

In seinem letzten Lebensjahr kam Goethe noch einmal dort hinauf und las die Zeilen, die er vor fast einem halben Jahrhundert geschrieben hatte. Er weinte. Was das Alter so schwer zu ertragen macht, ist nicht das Nachlassen der Kräfte, psychisch und physisch, sondern die Last der Erinnerungen.

Ein Heiliger

1 Als ich 1936 nach Indien fuhr, hatte ich vor, die meiste Zeit, die mir dort zur Verfügung stand, in den Fürstenstaaten zu verbringen. Ich hatte das besondere Glück, daß mir mein alter Freund Aga Khan Empfehlungsschreiben an verschiedene Maharadschas gegeben hatte. Sie luden mich zu sich ein und sorgten auf das großzügigste für meine Unterhaltung. Als sie erfuhren, daß ich nicht hier war, um Tiger zu schießen oder ihnen etwas zu verhökern, auch nicht mit dem dringenden Wunsch, Tadsch Mahal, die Höhlen von Adschanta oder den Tempel von Madura zu besichtigen, sondern daß ich Gelehrte, Schriftsteller und Künstler kennenlernen wollte, geistliche Lehrer und heilige Männer, waren sie sehr überrascht und erfreut. Ich war für sie ein Novum. Was bis dahin lediglich Höflichkeit gewesen war, wurde nun von dem Wunsch bestimmt, alles zu tun, um ein Vorhaben zu unterstützen, das sie begrüßten. Auf diese Weise lernte ich einige Menschen kennen, die für mich von außerordentlicher Bedeutung waren.

Unter meinen Büchern befinden sich auch die fünfzehn Bände von Baring-Goulds *Lives of the Saints.* Ab und zu hole ich einen Band aus dem Regal und lese, was er über diesen oder jenen, der gerade meine Neugier geweckt hat, zu berichten weiß. So habe ich die Autobiografie der heiligen Theresa gelesen, die Lebensbeschreibungen des Franz von Assisi, der Katharina von Siena oder des Ignatius von Loyola, verfaßt von Menschen, die sie selber gekannt hatten. Ich kam jedoch nie auf die Idee, daß ich jemals das Glück haben sollte,

einen lebenden Heiligen zu begegnen. Aber dies ist mir tatsächlich passiert. Auf dieser Reise kam ich auch nach Madras und traf dort Leute, die sich offenbar dafür interessierten, was ich bisher in Indien unternommen hatte. Ich erzählte von den heiligen Männern, die meinen Besuch freundlich geduldet hatten; und sie schlugen mir spontan vor, daß sie mich zu dem berühmtesten und am meisten verehrten Swami von ganz Indien bringen wollten. Sie sprachen von ihm als dem »Maharschi«. Von nah und fern kämen die Pilger, um bei ihm Belehrung, Rat und Trost in ihren Sorgen zu suchen. Swami ist ein Hinduwort und bedeutet soviel wie geistlicher Lehrer, doch wird es anscheinend auf jeden Asketen angewendet. Wie sich herausstellte, lebte dieser nur ein paar Autostunden von Madras entfernt in einem Ort, der Tiruwannamalai heißt; und sein Aschram, sein Lehrzentrum und seine Klause, lagen am Fuß des heiligen Berges Arunaschala. Der Berg ist heilig, weil er als Verkörperung des Gottes Schiwa gilt, und zu dessen Ehre feiern Tausende von Menschen einmal im Jahr ein Fest.
Ohne zu zögern nahm ich den Vorschlag an, und ein paar Tage danach brachen wir frühmorgens auf. Nach einer langen, öden Fahrt bei großer Hitze und über staubige, von Ochsenkarren aufgepflügte Straßen, kamen wir reichlich durchgerüttelt im Aschram an. Man sagte uns, der Maharschi würde uns bald empfangen. Wir hatten einen Korb mit Früchten mitgebracht, weil dies, wie man uns erklärt hatte, das geziemende Gastgeschenk sei. Aber vorerst machten wir uns an den Picknickkorb, den wir vorsorglich ebenfalls im Auto mitgebracht hatten. Plötzlich wurde ich ohnmächtig. Man trug mich in eine Hütte und legte mich auf ein Gurtbett. Ich weiß nicht, wie lange ich bewußtlos war. Aber als ich zu mir kam, war mir so elend, daß ich mich kaum rühren konnte. Man hatte den Maharschi von dem Vorfall unterrichtet und daß ich nicht zum Versammlungsraum kommen könne, wo er für gewöhnlich die Besucher empfing. Er kam jedoch bald

darauf in Begleitung von zwei oder drei seiner Schüler in die Hütte, in die man mich gebracht hatte.

Das Folgende sind meine Notizen, die ich sofort nach meiner Rückkehr nach Madras in mein Tagebuch machte: Der Maharschi war für einen Inder etwa mittelgroß, sein Teint wie dunkler Honig, er hatte kurzgeschorenes, weißes Haar und einen ebensolchen Bart. Er war eher rundlich als dick. Obwohl er nur ein schmales Lendentuch trug (was sein Biograf wenig taktvoll als Schamlatz bezeichnet), wirkte er ausnehmend gepflegt, beinahe elegant. Er hinkte ein wenig und ging langsam, auf einen Stock gestützt. Sein Mund war ziemlich groß mit wulstigen Lippen, und die Bindehaut seiner Augen war blutunterlaufen. Seine Haltung war ganz unbefangen und doch voll Würde. Sein Gesichtsausdruck war heiter, lächelnd und höflich; er wirkte auf mich keineswegs wie ein Gelehrter, sondern eher wie ein liebenswürdiger alter Bauer. Er sprach ein paar freundliche Worte zur Begrüßung, dann setzte er sich nicht weit von meinem Lager auf den Boden.

Ein paar Minuten lang lag sein Blick sanft und wohlwollend auf meinem Gesicht, dann aber sah er nicht mehr mich an, sondern seine Augen waren merkwürdig starr seitwärts über meine Schulter gerichtet. Sein Körper war völlig reglos, nur ab und zu klopfte ein Fuß leicht auf den Boden. Etwa eine Viertelstunde lang verharrte er so; und man sagte mir später, er habe seine Meditation auf mich konzentriert. Als er – wenn ich so sagen darf – zurückkam, sah er mich wieder an. Er fragte mich, ob ich ihm etwas sagen wolle oder eine Frage an ihn hätte. Ich fühlte mich schwach und elend, und sagte ihm das, worauf er lächelte und meinte: »Schweigen ist auch ein Gespräch.« Er wendete den Kopf etwas zur Seite, und mit dem Blick über meine Schulter, nahm er die Meditation wieder auf. Niemand sagte etwas; die anderen, die noch in der Hütte waren, standen neben der Tür und hatten den Blick auf ihn gerichtet. Nach einer weiteren Viertelstunde stand er auf, verneigte sich leicht zu

einem lächelnden Gruß, und dann hinkte er langsam, auf seinen Stock gestützt und gefolgt von seinen Schülern, aus der Hütte.
Ich weiß nicht, war es auf die Ruhe zurückzuführen oder auf die Meditation des Swami, jedenfalls fühlte ich mich wesentlich besser; und nach kurzer Zeit ging es mir so gut, daß ich in den Versammlungsraum gehen konnte, wo er tagsüber saß und nachts auch schlief. Es war ein langgestreckter, kahler Raum, fünfzehn Meter lang und etwa halb so breit. Ringsum waren Fenster, aber das vorgezogene Dach dämpfte das Licht. Der Swami saß auf einem niedrigen Podest, auf dem ein Tigerfell lag, und vor ihm stand ein kleines Messingbecken, in dem Räucherwerk brannte. Ab und an trat ein Schüler vor und zündete ein neues Stäbchen an. Der Geruch stieg sehr angenehm in die Nase. Die Gläubigen, ob Bewohner des Aschram oder ständige Besucher, saßen mit gekreuzten Beinen auf dem Boden. Einige lasen, andere meditierten. Nach einer Weile kamen zwei Fremde, Hindus, mit einem Korb voller Früchte herein; sie warfen sich zu Boden und übergaben ihr Geschenk. Der Swami nahm es mit einem leichten Neigen des Kopfes an und winkte einem Schüler, es fortzubringen. Er sprach freundlich mit den Fremden und bedeutete ihnen dann mit einem weiteren Kopfnicken, daß sie sich zurückziehen sollten. Sie warfen sich wieder vor ihm nieder und setzten sich dann zu den übrigen Anhängern. Der Swami versenkte sich in die Meditation der seligen Unendlichkeit, die Samadhi genannt wird. Ein leichtes Erschauern schien durch die Anwesenden zu gehen. Die Stille war gespannt und überwältigend. Man hatte das Gefühl, daß sich etwas Geheimnisvolles ereigne, daß man den Atem anhalten müsse. Nach einer Weile schlich ich auf Zehenspitzen hinaus.
Später erfuhr ich, daß meine Ohnmacht die wunderlichsten Gerüchte in Umlauf gesetzt hatte. Die Nachricht verbreitete sich in ganz Indien. Man schrieb sie der Ehrfurcht zu, die mich ergriffen hatte, als ich dem heiligen Mann gegenübertreten sollte. Einige meinten,

seine Ausstrahlung hätte mich bereits ergriffen, ehe ich ihn selber sah, und hätte mich für kurze Zeit ins Unendliche entrückt. Wenn Hindus mich danach fragten, beließ ich es bei einem Lächeln und einem Achselzucken. Tatsächlich war das nicht das erste und auch nicht das letzte Mal, daß ich ohnmächtig wurde. Die Ärzte sagen, dies resultiere aus einer Reizbarkeit meines Solarplexus, wodurch das Zwerchfell gegen das Herz gedrückt wird; und daß dieser Druck eines Tages möglicherweise etwas zu lang dauern könnte. Mir wird übel, und ich weiß, was nun kommt; ich lege den Kopf zwischen die Knie, so wie ich es vor vielen Jahren als Medizinstudent bei einem Praktikum in der Ambulanz des St.-Thomas-Krankenhauses nervösen Frauen zu raten lernte, denen ein Ohnmachtsanfall drohte. Bei mir ist das zwecklos: Ich habe einen kompletten Blackout und weiß von nichts, bis ich wieder zu mir komme – eines Tages vielleicht auch nicht mehr.

Doch seit diesem Vorfall besuchen mich immer wieder Inder, die den Mann sehen wollen, der durch die besondere Gnade des Maharschi ins Unendliche entrückt wurde; genauso, wie die Leute Herman Melville aufsuchten, weil er unter Menschenfressern gelebt hatte. Ich versuche ihnen zwar klarzumachen, daß dies lediglich eine lästige Eigenheit meines Körpers sei, eine Idiosynkrasie, die aber weiter nichts zu bedeuten hat, als daß ich anderen Leute damit auf die Nerven gehe. Doch alle schütteln nur ungläubig den Kopf. Woher wolle ich denn wissen, fragen sie mich, daß ich nicht doch ins Unendliche entrückt worden sei? Darauf weiß ich nie, was ich antworten soll; denn das einzige, was ich sagen könnte, unterlasse ich lieber, weil ich sie nicht kränken möchte. Ich müßte ihnen nämlich sagen: Wenn es das Unendliche war, so ist es das absolute Nichts. Diese Vorstellung ist wiederum nicht so abwegig, wie es auf den ersten Blick scheint, bedenkt man, daß nach ihrer Glaubensvorstellung in einem tiefen, traumlosen Schlaf das Bewußtsein ruht und die Seele sich mit dem ewig Absoluten, das man Brahman nennt,

verbindet. Ich kann später noch etwas anderes anführen, das dies alles weniger bizarr erscheinen läßt.
Das Aufsehen, das der Zwischenfall erregte, war für mich unwichtig, hatte aber große Bedeutung unter den Anhängern des Maharschi, die mir Unmengen von Material über ihn schickten: Lebensläufe, seine Antworten auf ihm gestellte Fragen, Abhandlungen über seine Lehre und vieles andere. Ich habe einen Großteil davon gelesen und daraus ein lebendiges Bild von diesem außergewöhnlichen Mann gewonnen. Ich möchte nun auf den folgenden Seiten dem Leser weitergeben, was ich aus den verschiedenen Veröffentlichungen, die mir zum Teil unbekannte indische Freunde liebenswürdigerweise schickten, gelernt habe.
Die Geschichte, die ich zu erzählen habe, ist merkwürdig und anrührend, deshalb möchte ich sie so schlicht wie möglich erzählen, ohne Kommentar, ohne Tadel und ohne Kritik an Verhaltensweisen, die einem westlichen Leser übertrieben erscheinen müssen – kurz gesagt, so naiv wie jene Mönche früher einmal das Leben berühmter Heiliger aufgeschrieben haben.
Doch ehe ich damit anfangen kann, muß ich dem Leser etwas von den Glaubensvorstellungen des Maharschi erklären; denn ohne deren Grundzüge zu kennen sind seine Handlungs- und Lebensweise kaum zu verstehen. Ich gehe auch mit einigen Skrupeln an dieses Unterfangen, da es um eine Materie geht, mit der ich doch nur oberflächlich vertraut bin. Was ich darüber weiß, habe ich aus Büchern. Das wichtigste ist wohl Sir Charles Eliots *Hinduism and Buddhism*, Radhakrischnas *History of Indian Philosophy*, und seine Übersetzung der *Upanischaden*, Krisnaswami Iyers *Vedanta, or the Science of Reality*, Prof. Barnetts *Brahma Knowledge* und Sankaras *Vivekachudamani*. Ich habe sehr oft den genauen Wortlaut dieser Autoren benutzt, und wenn es nicht zu ermüdend wäre, könnte ich einen Großteil des nächsten Abschnitts in Anführungszeichen setzen.
Die Religion der Hindus ist nicht allein Religion, sie ist auch eine

Weltanschauung und zugleich eine Lebensweise. Macht man sich die primären Grundsätze zu eigen, folgt alles übrige zwangsläufig nach, so wie eine philosophische Schlußfolgerung aus der Prämisse und Mittelphase hervorgeht. Es ist eine uralte Religion, eine Verschmelzung des Glaubens der Drawiden, der ältesten Bewohnern Indiens, mit dem der Arier, die im zweiten Jahrtausend vor Christus ins Land kamen; in gewisser Weise systematisiert wurde sie erst durch die Weisen der *Upanischaden,* deren älteste ein paar tausend Jahre später lebten. Wenn eine Religion sehr alt ist, so heißt das nicht, daß sie auch wahr ist; aber es bedeutet zumindest, daß sie über Jahrhunderte hinweg den religiösen Ansprüchen derer genügte, die an sie glaubten.

2

Vorhin erwähnte ich Samadhi im Zusammenhang mit Meditation. Da ich das nun relativ häufig tun werde, und einige meiner Leser eventuell nicht genau wissen, was es bedeutet, will ich es lieber erklären. Samadhi wird meist (wenn auch nicht ausschließlich) durch lange Meditationsübungen erreicht. Meditation ist eine körperlich-geistige Übung, bei der sich der Geist auf einen bestimmten Gegenstand konzentriert. Der Unterschied liegt darin, daß in der Meditation die Außenwelt nicht völlig ausgeschlossen wird, wie das für Samadhi charakteristisch ist. Wenn etwa die Anhänger des Maharschi im Aschram zu bestimmten Zeiten Gedichte rezitieren oder vorlesen, und dabei ein Wort falsch betonen oder eine Verszeile unrichtig zitieren, korrigiert sie der Maharschi ausführlich, obwohl er sich in tiefer Meditation befindet. So etwa ergeht es auch einem erfahrenen Musiker, der, obwohl in ein bedeutendes Musikstück versenkt, plötzlich einen falschen Ton hört und ihn halb unbewußt korrigiert, während er sich ungestört weiter dem Klanggenuß hingibt. Samadhi ist ein tranceähnlicher Zustand, ein völliges Aufgehen in der »Höchsten Wirklichkeit«, dem Brahman, in dem der Adept

eins ist mit dem »Absoluten«; und im Geist erlebt er das ganze Sein, das Wissen und die Seligkeit. Ein Geübter kann diesen Zustand durch einen Akt des Willens herbeiführen, und er ist dann für die Außenwelt unerreichbar. Hierzu ein Beispiel:
Als ich in Kalkutta war, lernte ich einen recht bekannten indischen Biologen kennen, der mit einer Amerikanerin verheiratet war. Er war sehr religiös und meditierte täglich ein oder zwei Stunden. Wir sprachen zufällig über Samadhi, und seine Frau erzählte folgende Geschichte: Ihr Mann sollte an einer wissenschaftlichen Tagung in einer bestimmten Stadt teilnehmen, und das bedeutete eine Nacht Eisenbahnfahrt. Der Wagen, in dem sie Platz fanden, war überfüllt, und es war unmöglich, sich auch nur auszustrecken. Als der Zug losfuhr, versenkte sich der Biologe in Samadhi und kam erst wieder an ihrem Bestimmungsort zurück. Die ganze Nacht über hatten die Mitreisenden gegessen und geredet. Die hölzernen Sitze waren hart und unbequem, und die arme Frau hatte kein Auge zugetan. Bis zum Morgen hatte sie rasende Kopfschmerzen, und jeder Knochen tat ihr weh; doch ihr Mann war frisch und ausgeruht. Als sie ins Hotel kamen, konnte sie nur noch ins Bett kriechen, während er den ganzen Tag arbeitete, als hätte er gemütlich in seinem eigenen Bett geschlafen.

3 Die *Upanischaden* sind eine Sammlung theologisch-philosophischer Texte in Prosa und Versen, die von altindischen Weisen auf ihrer Suche nach der Wahrheit niedergeschrieben wurden. Das Wort Upanischad stammt aus dem Sanskrit und bedeutet soviel wie »vertraute Sitzung«, also die Lehren, die der Guru dem Schüler zu seinen Füßen anvertraut. Sie sollen auf göttlicher Eingebung beruhen, und es heißt, sie seien der höchste und reinste Ausdruck mythischen indischen Denkens. Ihr Ziel ist nicht so sehr,

philosophische Wahrheiten zu vermitteln, als vielmehr dem von Ängsten geplagten menschlichen Geist Frieden und Erlösung zu bringen. Oft sind sie geheimnisvoll und schwer zu verstehen. Verschiedene Kommentatoren haben sie im Lauf der Zeit ausgelegt, meist um ihre eigene Lehrmeinung zu untermauern; und von diesen soll, soweit ich weiß, Sankara der bedeutendste sein.

Es heißt, er sei zu Beginn des achten Jahrhunderts unserer Zeitrechnung in Südindien geboren worden und bereits im Alter von Zweiunddreißig gestorben. Er war ein Mann von überragendem Geist, ein Dichter, Philosoph und geistlicher Lehrer. Seine größte Errungenschaft war, die Theorien der *Upanischaden* zu koordinieren und hieraus jene philosophische Lehre zu entwickeln, die Adwaita genannt wird. Adwaita ist die absolute Einheit, oder wie indische Gelehrte lieber sagen, »eine Nichtzweiheit«. Wenn ich es richtig verstanden habe, beruht es auf zwei Grundprinzipien: Sie stehen in ähnlicher Beziehung zueinander wie Zwillingsgestirne, die sich nach Aussage der Astronomen den geheimnisvollen Gesetzen der Schwerkraft gemäß ständig umkreisen. Diese beiden Prinzipien sind: Brahman und Wiedergeburt. Brahman ist die alleinige Wirklichkeit. Brahman ist nicht personifiziert wie der Gott im Christentum oder im Islam; er ist ein Neutrum und hat die Bezeichnung »Es«. Brahman ist Dasein, Bewußtsein und Freude. Es hat keine Bestandteile, keine Eigenschaften, keine Tätigkeit und keine Gefühle; es kennt keine Bindungen, keine Leiden und keine Vergänglichkeit. Es hat weder Anfang noch Ende. Es ist die »Allseele«, das »Eine ohne ein Zweites«, unendlich und unveränderlich. Es ist unerforschlich, denn es ist das Erkennen, das sich nur selbst erkennen kann. Es ist der allmächtige und allwissende Ursprung, der Halt und die Auflösung des Universums. Es ist die alleinige Quelle des Lebens. Von allen Göttern, die sich die Menschen in ihrer Angst und Sehnsucht geschaffen haben, ist es vielleicht das ehrfurchtgebietendste, weil unergründlichste Wesen.

Die Welt ist die Manifestation von Brahman. Es besteht potentiell oder tatsächlich von Ewigkeit zu Ewigkeit. Doch erhebt sich die Frage, weshalb Brahman, obwohl ohne Ende, Ziel oder Wunsch, sich auf diese Weise manifestiert. Zwei Theorien stehen offenbar im Vordergrund: Die eine besagt, daß in dieser Manifestation die Freude und Kraft von Brahman ihren Ausdruck finden. Wenn man jedoch bedenkt, wieviel Kummer und Leid auf der Welt herrschen, drängt sich einem der Gedanke auf, daß Brahman sich vielleicht lieber nicht hätte manifestieren sollen. Eine freundlichere Version ist die, daß die Schöpfung ein spontanes Überströmen der Natur von Brahman sei. Es muß erschaffen, wie Newtons Apfel vom Baum fallen muß. Die Autoren der *Upanischaden* wußten nichts von den Sternenhaufen riesiger Galaxien, Millionen und Millionen Lichtjahre von der Erde entfernt. Sie wußten nichts von den Myriaden von Sternen in der Milchstraße und ihren zugehörigen Planeten, von denen man annehmen kann, sie seien bewohnt. Der menschliche Geist ist wohl überfordert, wenn er sich einen Schöpfer solcher Dimensionen vorstellen soll. Im Vergleich dazu ist das Universum der *Upanischaden* recht klein, trotz seiner vierzehn Welten, alle in Zeit und Raum, und bevölkert mit den verschiedenartigsten Geschöpfen.

Als es dazu kam, daß Brahman sich in dieser Welt manifestierte, geschah das in einer seiner Wesensformen, der man den Namen Ischwara gegeben hat. Ischwara ist ein personifizierter Gott. Er ist der oberste Geist, allwissend, allmächtig und vollkommen. Er ist der Initiator, der Erschaffer, der Erhalter und der Zerstörer dieser Welt. Die Welt geht aus ihm hervor und geht in ihn zurück. Er schafft sie durch die Kraft Maja. Der Begriff Maja läßt sich schwer erklären. Meist wird er mit »kosmische Illusion« übersetzt und dient dazu, das Trügerische der sichtbaren Welt zu benennen. Die Welt ist weder wirklich noch unwirklich. Sie ist ein Teil des Wesens von Brahman, und ihre Wirklichkeit besteht darin, daß sie Wirklichkeit widerspiegelt. Die Welt ist illusorisch (das heißt täuschend), betrachtet man

sie vom Standpunkt der Realität, doch sie ist keine Illusion. Es ist ein Bewußtseinsfaktor. Die Weisen Indiens erklären es gern an folgendem Beispiel: In der Dunkelheit siehst du etwas, das du für eine Schlange hältst, und du läufst davon; aber wenn Licht gemacht wird, dann siehst du, daß das, was du für eine Schlange gehalten hast, nur ein Strick ist. Es war eine Täuschung, daß du das für eine Schlange gehalten hast, was du sahst, denn es *war* ein Strick. Ein Strick hat zumindest so viel Wirklichkeit, daß du damit einen Ochsen anbinden, ein Boot festmachen oder dich selber dran aufhängen kannst. Der Begriff Maja ist aufs engste verwandt mit dem Begriff Awidia; und dies wird mit »Nichtwissen« oder »Nichtkenntnis« übersetzt. Durch Awidia hast du den Strick für eine Schlange gehalten, und durch Awidia wirst du die Scheinwelt und dein eigenstes Ich zur Wirklichkeit von Brahman zurückführen.
Doch warum hat ein allmächtiger und allgütiger Gott eine Welt erschaffen, in der so viel Elend herrscht? Kann Gott der Ursprung einer Welt sein, in der manche gut und manche schlecht behandelt werden? Gott muß ungerecht und grausam sein, wenn er seinen Geschöpfen so verschiedene Schicksale auferlegt. Keiner, der *Die Brüder Karamasow* gelesen hat, vergißt die grausame Geschichte, die Iwan seinem Bruder Aljoscha erzählt, als sie über das Böse sprechen. Iwan vermag an einen Gott zu glauben, der die Bösen für ihre Sünden bestraft – nur, warum sollen unschuldige Kinder leiden. Er erzählt Aljoscha, wie ein brutaler Grundbesitzer einen kleinen Buben, einen Leibeigenen, der mit einem Steinwurf einen seiner Hunde gelähmt hatte, diesen nackt ausziehen, davonjagen und dann die Hundemeute auf ihn hetzen läßt, die ihn vor den Augen seiner Mutter zerfleischt. Iwan sagt, wenn es einen Gott gibt, der so etwas zuläßt, dann ist er böse, und er weigert sich, an ihn zu glauben.
Die Frage des Bösen war, wie wir wissen, schon immer die Crux der monistischen Religionen. Die Hindus haben sich damit arrangiert, indem sie an eine Wiedergeburt und an das Karma glauben. Der

Körper wird mit dem Tod zerstört, doch etwas – die Hindus nennen es den »feinstofflichen Körper« – bleibt bestehen und wandert in eine andere vorübergehende Behausung. Offenbar weiß niemand, wie der Gedanke der Reinkarnation in das indische Bewußtsein gedrungen ist. Es wurde angedeutet, daß man damit zu erklären versucht, weshalb es in einer von einer allmächtigen Gottheit geschaffenen Welt so ungleiche menschliche Schicksale gibt; daß manche glücklich sind und andere unglücklich, daß manche zur Freude geboren sind, andere zum Leiden. Mir scheint das eher eine Erklärung zu sein, die einen sattsam bekannten Tatbestand rechtfertigen soll, als eine, die aufzeigt, wie es dazu gekommen ist.

Wahrscheinlich haben die eingewanderten Arier diese Vorstellung von der indischen Urbevölkerung übernommen, nach deren animistischem Glauben die Seelen der Toten in Bäumen und Tieren weiterlebten.

Es wäre eine Untertreibung, zu behaupten, der Hindu glaube an eine Wiedergeburt; es ist seine innerste Überzeugung, sie sitzt ihm in den Knochen; er zweifelt ebensowenig an der Tatsache, wie wir daran zweifeln würden, daß wir uns verbrennen, wenn wir die Hand ins Feuer halten. Karma ist die Summe aller Konsequenzen des Tuns eines Individuums in diesem oder einem vorangegangenem Leben; es bestimmt, in welcher Form es wiedergeboren wird. Es sind die Taten aus früheren Leben und die des jetzigen Lebens, von denen die Bedingungen des künftigen Lebens bestimmt werden. Sehen wir unsere Mitgeschöpfe etwas erleiden, das uns unverdient erscheint, sind sie mit einem physischen Schaden auf die Welt gekommen, haben sie einen unerwarteten Unfall erlitten oder sind sie mit irgendeinem jener Übel geschlagen, für die das Fleisch anfällig ist, so wird das nicht einem heimtückischen Schicksal zugeschrieben, sondern jenen Sünden und Fehlern, die sie in einem früheren Leben begangen haben. Wäre Aljoscha Hindu gewesen, so hätte er Iwan erwidert, daß an der ganzen schrecklichen Geschichte nichts ist, was einen an der Gnade Gottes zweifeln lassen könnte. Das Kind habe nur für Taten gelitten, die es in einem früheren Leben begangen hatte, und es würde sicher unter glücklicheren Umständen wiedergeboren werden. Soweit ich weiß, bietet diese Auffassung die plausibelste Erklärung für das Übel in dieser Welt, deren der menschliche Geist überhaupt fähig ist.

Stirbt ein Hindu, so wird sein schwerfälliger Leib – seine Gliedmaßen, Lunge, Herz und Eingeweide – verbrannt; aber sein feinstofflicher Körper – sein Geist, seine Sinne, sein Ich – ist ohne Substanz und kann darum nicht vom Feuer zerstört werden. Der feinstoffliche Körper trägt, wie Christian in *Pilgrim's Progress,* die Last der von dem Toten zu Lebzeiten begangenen Sünden und begleitet die Seele, bis sie nach einer kürzeren oder längeren Zwischenzeit wieder eine neue Wohnung bezieht. Mit »Seele« geben die Übersetzer das Sanskritwort »Atman« wieder. Aber Atman ist mehr als Seele – für den Christen wird die Seele mit jeder Geburt neu geschaffen, während Atman bereits seit aller Ewigkeit besteht. Es ist das eigentliche Ich, die Quintessenz jedes menschlichen Wesens. Es durchläuft unverändert zahllose Geburten, unberührt von den Zufällen des Lebens. Es ist die gleichbleibende Individualität des Menschen, den es bewohnt. Es bleibt unverändert, ob dieser jung oder alt ist, es kennt keine Freuden und keine Leiden. Es ist ein teilnahmsloser Zeuge. Es ist nicht größer als ein Senfsamen und nicht kleiner als das Unendliche. Das Atman ist kein Teil von Brahman, denn Brahman hat keine Teile – es *ist* Brahman. Wie beunruhigend, wie schrecklich, ja, wie erschreckend ist diese Vorstellung! Und wie muß es unser Verhalten zu unseren Mitmenschen beeinflussen, wenn wir glauben – nein, wenn wir genau wissen, daß in uns allen, nicht nur in den Guten und Klugen, sondern auch in Mördern, Dieben, Betrügern, Lügnern, Heuchlern, Aufschneidern, Langweilern und Narren – Gott wohnt.

Ischwara ist, aus dem Sanskrit übertragen, »Herr des Universums«;

er läßt die Welt entstehen, und nach einer Weile nimmt er sie wieder in sich zurück, und wieder nach einer Weile schafft er sie von neuem. In der Zwischenzeit verharren die Seelen, die noch der Strafe von Geburt und Wiedergeburt unterworfen sind, in einer Art Schlaf. Natürlich fragt man, warum Ischwara wieder und immer wieder die Welt entstehen läßt? Die Antwort, die man darauf erhält, ist, daß diese Seelen Gelegenheit haben sollen, ihre begangenen Fehler zu sühnen; und daß dieser Vorgang endlos sein muß, weil er auch keinen Anfang hat. Die Welt besteht von Ewigkeit zu Ewigkeit. Doch fragt man, warum Ischwara, allmächtig und allgütig, keine Menschen erschuf, die ohne Sünde waren – so scheint die einzig plausible Erklärung: daß der Mensch ebenso zur Sünde geboren ist, wie der Funke im Feuer nach oben fliegt. Genauso wie er ohne Herz, Lunge und Eingeweide kein Mensch wäre, so wäre er auch kein Mensch ohne das Böse. Das Böse ist einer seiner notwendigen Bestandteile, ebenso (wenn der etwas frivole Vergleich erlaubt ist) wie Noilly Prat ein notwendiges Ingrediens für einen trocknen Martini ist. Ohne Wermut kann man einen Side-car, einen Gimlet, eine White Lady oder einen Gin und Bitters mixen, aber keinen trocknen Martini.
Es ist das Ziel eines jeden frommen Hindus, die Erkenntnis von Brahman zu erreichen. Er muß so leben, daß er in sich alles Böse überwindet, um dadurch von der langen Folge von Geburt und Wiedergeburt befreit zu sein. Er muß jede Leidenschaft unterdrücken. Er muß Nächstenliebe üben und jeder selbstsüchtigen Begierde entsagen. Er darf sich keiner Gereiztheit hingeben, keiner Trägheit, keiner üblen Laune, keiner Bestürzung. Es ist förderlich, wenn er um seine Auserwählung betet, zu Schiwa oder Wischnu; doch soll er bedenken, daß diese Götter nur Wesensformen von Brahman sind. (Von Sankara wird erzählt, daß er auf dem Sterbebett zu Brahman betete und ihn um Vergebung bat, weil er in Tempeln, die anderen Göttern geweiht waren, gebetet hatte.) Er muß sich darin üben, über dieses »Eine ohne Zweites« zu meditieren. Wenn er

schließlich die Einsicht gewonnen hat, daß er eins mit Brahman geworden ist, was er nicht durch logische Schlußfolgerung, sondern nur durch Intuition und die Gnade Brahmans erreicht, ist er nicht mehr der Wiedergeburt unterworfen. Für den Rest seiner Tage unterliegt er nicht mehr dem Einfluß von Irrtümern seines bisherigen Lebens: irrenden Taten und irrenden Gedanken; er lebt weiter, um die Taten seines jetzigen Lebens zu sühnen. Geht es zu Ende, so vereinigt sich sein Selbst mit dem Ewigen Selbst, das Brahman ist. Behält er sein individuelles Ego? Nein. Warum sollte er, da das Ego doch der Ursprung von Leiden und Sünde ist?

Ich habe mit dieser kurzen und unzureichenden Zusammenfassung versucht, dem Leser die Grundzüge der Lehre Sankaras zu erläutern, damit er besser versteht, was ich auf den folgenden Seiten erzählen möchte – nämlich, was ich aus dem Leben des Maharschi lernen konnte. Seine Lebensgeschichte wurde unter dem Titel *Self Realisation* von Narasimha Swami aufgezeichnet.

4

Der Maharschi wurde 1879 in einem Dorf mit etwa fünfhundert Häusern geboren, knapp fünfzig Kilometer von der bedeutenden Stadt Madura entfernt. Er erhielt den Namen Venkataraman. Sein Vater, Sundaram Ayyar, war Anwalt beim örtlichen Bezirksgericht, eine Art Rechtskonsulent, und er war ein wichtiger Mann im Dorf. Er war gläubig, doch nicht extrem – »Der Hauspriester sprach regelmäßig Gebete vor einer Reihe kleiner Götterfiguren und opferte ihnen von den Speisen, ehe sie der Familie aufgetragen wurden.« Sundaram war gutmütig und gastfreundlich; und es hieß, daß jeder Fremde an seinem Tisch willkommen sei. Es hatte bereits Asketen in der Familie gegeben. Ein Sannyasin, ein in frommer Entsagung lebender Mann, war an die Tür gekommen; doch man hatte ihn weder mit Achtung begrüßt noch hatte man ihm zu essen gegeben. Daraufhin hatte er einen Fluch über das Haus ausgesprochen, daß in jeder Generation ein Mitglied der Familie das Haus verlassen und als Asket um sein Essen betteln solle. Sundaram Ayyars Onkel und sein älterer Bruder hatten tatsächlich das gelbe Gewand angezogen, und man hatte sie nie wieder gesehen.

Als Venkataraman zwölf Jahre alt war, starb sein Vater. Die Witwe zog mit ihren drei Söhnen und einer Tochter zu ihrem Schwager nach Madura; und dort gingen die beiden älteren Jungen in die Schule. Wie es scheint, war Venkataraman ein ganz normaler Junge: Er spielte lieber Fußball, als daß er über Hausaufgaben saß; und seine Faulheit machte der Familie Kummer. Als er sechzehn war, ereignete sich etwas Seltsames. Ein älterer Verwandter kam nach Madura, und als der Junge ihn fragte, woher er komme, sagte der Onkel: »Von Arunaschala.« Bei dem Namen der heiligen Stätte überfiel Venkataraman plötzlich ehrfürchtiges Staunen und Freude, denn dieser Berg ist eine der acht Verkörperungen Gottes, und er war tief berührt. Aber der Eindruck verblaßte und schien keine weiteren Folgen für ihn zu haben. Doch bald danach entdeckte er ein Buch, das sich sein Onkel geliehen hatte. Es war eine Sammlung von Lebensbeschreibungen tamilischer Heiliger. Er war zwar sehr ergriffen, aber es hielt nicht lange an; er spielte weiter Fußball, lief Rennen, rang und boxte. Er war ein starker, sportlicher und hübscher Bursche. Der Wendepunkt kam erst einige Monate später. Er war fast siebzehn. Seine Schüler berichten, was damals geschah, nach seinen eigenen Worten:

»Etwa sechs Wochen bevor ich Madura für immer verließ, vollzog sich der große Wandel in meinem Leben. Ich saß eines Tages allein im oberen Stock von meines Onkels Haus. Ich war so gesund wie immer … Doch plötzlich und unverkennbar wurde ich von Todesangst ergriffen. Ich spürte, ich würde jetzt sterben. Warum ich das spürte, läßt sich heute durch nichts erklären, was ich körperlich fühlte. Auch damals konnte ich es mir nicht erklären. Allerdings versuchte ich gar nicht erst herauszufinden, ob meine Angst einen

realen Grund hatte. Ich spürte, ich würde jetzt sterben, und dachte sofort darüber nach, was ich machen sollte. Ich wollte weder den Rat von Ärzten, noch den von Verwandten oder Freunden. Ich hatte das Gefühl, ich müßte das Problem hier und jetzt alleine lösen.
Der Schock dieser Todesangst lenkte sofort meinen Blick forschend nach innen. Ich sagte mir mental, das heißt, ohne die Wort auszusprechen: ›Jetzt ist der Tod da. Was bedeutet das? Was stirbt denn? Dieser Körper stirbt.‹ Ich stellte den Vorgang des Sterbens an mir dar. Ich streckte meine Glieder aus und hielt sie steif, so als ob die Todesstarre bereits eingesetzt hätte. Ich mimte eine Leiche, um meinen weiteren Untersuchungen mehr Wirklichkeitsnähe zu geben. Ich hielt den Atem an und den Mund geschlossen; ich preßte die Lippen so fest aufeinander, daß kein Laut entweichen konnte. ›Laß nicht das Wort *Ich* oder ein anderes ausgesprochen sein!‹
›Gut, dieser Körper ist tot‹, sagte ich mir. ›Er wird nun steif zum Verbrennungsplatz gebracht und dort zu Asche verbrannt. Aber ist mit dem Tod des Körpers auch das Ich tot? Ist der Körper das Ich? Dieser Körper ist reglos still. Trotzdem spüre ich die ganze Kraft meines Wesens und sogar den Klang *Ich* in mir, doch körperlos. Also ist das stoffliche Ich geistig, etwas, das den sterblichen Körper durchwirkt. Die Materie Körper stirbt, doch die geistige Materie, die ihn durchwirkt, wird vom Tod nicht berührt. Folglich bin ich unsterblicher Geist.‹«
Obwohl Venkataraman das damals noch nicht wußte, war dies der Zustand, den die Weisen »Erleuchtung« nennen. Er hatte bisher nur wenig gelesen und hatte, so seltsam es scheint, weder etwas von Brahman, dem »Allein Wirklichen«, das hinter der Erscheinungswelt steht, gehört, noch von der endlosen Reihe von Geburt und Wiedergeburt. Er wußte nichts vom Leben und hatte keine Ahnung, daß es voller Leiden war. Dieses einschneidende Erlebnis hatte zur Folge, daß er nun jegliches Interesse an der Schule verlor und ihm seine Freunde und Verwandten völlig gleichgültig wurden. Am

liebsten saß er in der vorgeschriebenen Meditationshaltung und versuchte mit geschlossenen Augen und durch Konzentration sich in dem Geist, der er war, zu verlieren. Fast jeden Abend ging er in den Tempel, und während er vor den Götterfiguren stand, überfluteten ihn Wellen der Gefühle. Er weinte, nicht aus Freude oder Schmerz, sondern aus einem Überfließen seiner Seele. Manchmal betete er zu Ischwara, dem Lenker des Universums und der Menschenschicksale, daß seine Gnade auf ihn herabströmen und bei ihm bleiben möge. Damals wußte er noch nicht, daß hinter allem das »Unpersönliche Wirkliche« stand und daß Ischwara eine Wesensform des »Wirklichen« und mit ihm identisch war. Oft betete er gar nicht, sondern ließ das Tiefe in seinem Innern überfließen in das Tiefe, das außen war.

Begreiflicherweise mißfiel seinem Onkel dieses Verhalten, und es machte seinen Bruder wütend. In der Schule verloren die Lehrer alle Geduld mit ihm, weil er ständig seine Aufgaben vernachlässigte. Doch er hörte nicht auf vernünftiges Zureden, und Tadel ließ ihn völlig gleichgültig. Eines Morgens, das Datum ist genau festgehalten, am Samstag, dem 29. August 1896, hatte ihm sein Lehrer, da er wieder unvorbereitet in die Englischstunde gekommen war, als Strafarbeit aufgegeben, einen Abschnitt aus Bains Grammatik dreimal abzuschreiben. Er saß oben im Haus seines Onkels und hatte den Text schon zweimal abgeschrieben; doch als er gerade zum drittenmal ansetzte, fegte er plötzlich Grammatik und Papier zur Seite, nahm die vorgeschriebene Position ein und versenkte sich mit geschlossenen Augen in Meditation. Sein Bruder, der ihn beobachtet hatte, rief: »Warum soll einer, der sich so aufführt, alles haben?« Er meinte damit, warum sollte einer, der lieber meditiert als studiert und der sich seinen häuslichen und gesellschaftlichen Pflichten entzieht, unter dem Vorwand zu studieren weiter zu Hause wohnen? Es heißt, daß man ihm Ähnliches schon öfter gesagt hätte, doch er habe es einfach nicht zur Kenntnis genommen. Dieses Mal nahm er es zur Kenntnis und sagte sich: »Es ist wahr, was mein Bruder sagt. Was habe ich hier noch zu suchen?« Der Gedanke an Arunaschala, der ihn vor Monaten so tief berührt hatte, stieg in ihm auf, und der zwingende Wunsch, dorthinzugehen, ergriff ihn. Arunaschala rief ihn, und der Ruf war ein Ruf von Gott.

Er wußte, daß er heimlich fortgehen und sein Ziel geheimhalten mußte, weil ihn sonst seine Familie zurückholen würde. Er stand auf und sagte seinem Bruder, daß er zu einem Sonderkurs in die Schule gehe. Sein Bruder sagte: »In Ordnung, nur nimm gleich fünf Rupien unten aus der Schachtel mit und bezahle mein Schulgeld.« Venkataraman sah darin eine Hilfe des Unsichtbaren, denn mit dem Geld konnte er sich eine Eisenbahnkarte bis Tiruwannamalai kaufen, von wo es nicht mehr weit zum Tempel von Arunaschala war. Er schaute auf einer alten Landkarte nach und rechnete sich aus, daß das nicht mehr als drei Rupien kostete. Seine Tante gab ihm die fünf Rupien, um die er sie bat. Zwei davon ließ er mit folgendem Brief an seinen Bruder zurück:

»Auf der Suche nach meinem Vater und seinem Befehl gehorchend, macht sich dieser von hier auf den Weg. Es ist der Aufbruch zu einem frommen Unternehmen. Darum soll niemand über diese Sache trauern. Um diesen zu finden, soll kein Geld verschwendet werden. Darum – – – – – –«

Als Nachschrift fügte er hinzu: »Dein Schulgeld wurde nicht bezahlt. Zwei Rupien davon liegen bei.«

Wenn er sich als *dieser* bezeichnete und statt seines Namens nur mit Gedankenstrichen unterschrieb, so wollte er damit andeuten, daß er nun kein Individuum mehr sei, sondern ein Geist, versunken im Unendlichen. Von da an benutzte er nie mehr das Wort *Ich,* und wenn er von sich sprach, tat er es stets in der dritten Person. Er benutzte sie auch in dem Bericht von seiner Bekehrung, den er seinen Anhängern gab, und aus dem ich zitiert habe – die erste Person verwendete sein Biograf lediglich, um es den englischen Lesern leichter zu machen.

Venkataraman ging zum Bahnhof, und nachdem er die Fahrkarte gekauft hatte, blieben ihm noch zwei Rupien und dreizehn Annas. Der Zug hielt bei Sonnenuntergang in Trichinopoly, und mittlerweile hatte er Hunger. Er kaufte sich zwei Birnen und begann zu essen; doch nach dem ersten Bissen war er satt und konnte nichts mehr essen. Das überraschte ihn, denn bisher hatte er mit gutem Appetit zwei volle Mahlzeiten pro Tag gegessen, dazu noch morgens etwas kalten Reis und eine Kleinigkeit am Nachmittag. In einem Ort namens Villapuram mußte er umsteigen. Es war drei Uhr morgens. Er wanderte durch die Straßen, bis es etwas später war, dann ging er zu einem Gasthaus und bat um Essen. Der Wirt sagte ihm, er müsse bis mittags warten. Da setzte sich der Junge hin und versenkte sich in Samadhi. Zu Mittag bekam er eine Mahlzeit, und als er dem Wirt zwei Annas als Bezahlung anbot, fragte ihn dieser: »Wieviel Geld hast du denn?«, und er antwortete: »Nur zwei Annas und einen halben«; worauf der sagte: »Behalte sie!« So machte er sich auf den Weg zum Bahnhof und kaufte sich eine Fahrkarte nach einem Ort namens Mambalapattu, denn weiter reichte sein Geld nicht; und als er dort ankam, beschloß er, den restlichen Weg zu Fuß zu gehen. Er ging und ging und kam schließlich zu einem Tempel. Er wartete, bis das Tor geöffnet wurde, dann ging er hinein, setzte sich und meditierte. Plötzlich sah er eine Lichterscheinung, die blendendhell die Säulenhalle durchströmte. Sie verschwand, und er versenkte sich wieder in Samadhi. Der Priester rüttelte ihn auf, als es Zeit war, den Tempel zu schließen. Er bat den Priester um etwas zu essen, doch der sagte, es gebe nichts; dann bat er ihn, ob er nicht dableiben dürfe; aber es hieß, das sei niemandem gestattet. Der Priester, der noch eine weitere Andacht zu halten hatte, machte sich mit seinen Begleitern auf den Weg zu einem anderen, nicht weit entfernten Tempel; und einer von ihnen sagte Venkataraman, danach könne er etwas zu essen bekommen, also folgte er ihnen. Der Priester vollzog seine Andacht, doch dann weigerte er sich wieder, dem Jungen etwas zu essen zu geben. Da rief einer der Begleiter, der Tempeltrommler: »Dann gib ihm meinen Anteil, Herr!« Man gab ihm einen Teller mit gekochtem Reis und führte ihn zu einem Haus in der Nähe, wo er Wasser bekommen sollte. Aber während er noch wartete, nickte er ein und schlief bis zum nächsten Morgen.

Bei Tagesanbruch machte sich Venkataraman auf den Weg nach Tiruwannamalai, wo am Stadtrand und am Fuß des gottgeweihten Berges der große Tempel von Arunaschala stand. Doch bis dahin waren es gut dreißig Kilometer, und er war hungrig und sehr, sehr müde. Er brauchte etwas zu essen und Geld für eine Fahrkarte. Er trug goldene, mit Rubinen besetzte Ohrringe, die wohl zwanzig Rupien wert waren. Er ging in ein Haus, wo ihm eine mildtätige Frau zu essen gab, und ihr Mann lieh ihm vier Rupien auf die Ohrringe und stellte ihm eine Quittung aus, damit er sie wieder auslösen könne. Später gaben sie ihm noch eine zweite Mahlzeit, und dann schickten sie ihn mit einem Päckchen Süßigkeiten zum Bahnhof. Unterwegs zerriß er die Quittung, denn er wollte die Ohrringe nicht wiederhaben. Er schlief die Nacht über auf dem Bahnhof, und am nächsten Tag brachte ihn ein Zug nach Tiruwannamalai. Bei seiner Ankunft sah er schon von weitem die Türme des Tempels von Arunaschala. Er ging direkt dorthin. Die Tore standen offen, aber drinnen war keine Menschenseele. Er suchte sich einen Weg bis zum innersten Heiligtum, wo ein *Linga* stand, eine ungeformte Steinsäule, die Schiwa symbolisierte; und dort gab er sich in Verzückung dem Gott preis.

Auf dem Rückweg in die Stadt kam er an einer Zisterne vorbei, und er warf das Päckchen mit Süßigkeiten, das ihm am Tag vorher die freundliche Frau gegeben hatte, ins Wasser. Er sagte sich: Wozu Süßigkeiten für diesen Klotz? Mit diesem Klotz meinte er seinen Körper. Während er umherschlenderte, fragte ihn ein Mann, ob er sich nicht sie Haare schneiden lassen wolle; er sagte ja, und der Mann brachte ihn zu einem Friseurladen. Nun war das Auffälligste an ihm

sein langes, schweres, pechschwarzes Haar. Als er aus dem Laden kam, war sein Kopf kahlgeschoren wie bei einem Sannyasa, dem Symbol, daß er nun alle Eitelkeit der Welt hinter sich ließ. Er zerriß seine Kleider und behielt nur einen schmalen Streifen Stoff, der ihm als Lendentuch diente, alles andere warf er fort zusammen mit dem Geld, das er noch übrig hatte. Dann entfernte er den heiligen Faden von seinem Körper. Dies ist eine dünne Schnur aus drei Baumwollfäden, die über der linken Schulter und quer über den Körper zur rechten Hüfte geknüpft getragen wird. Ein Brahmane erhält den heiligen Faden bei einem feierlichen Ritual, wenn er acht Jahre alt ist, als Kennzeichen seiner zweiten Geburt. Indem er sich davon befreite, verwarf Venkataraman das Kastenprivileg und gleichzeitig die VorstelLung, daß der Körper das Selbst sei. Er nahm auch nach dem Scheren seines Kopfes nicht das übliche Bad. Warum soll diesem Klotz der Genuß eines Bades vergönnt sein? fragte er sich. Doch wie durch ein Wunder ging ein heftiger Platzregen nieder und duschte ihn gründlich, ehe er den Tempel der tausend Säulen betrat, wo er sich auf den Boden setzte, um zu meditieren.
Ein paar Wochen lang blieb er dort, hielt die Regeln des Schweigens ein und versenkte sich oft stundenlang in die Seligkeit des Samadhi. Eine Frau, die von seiner Jugend und seiner Frömmigkeit beeindruckt war, versorgte ihn mit dem Wenigen, das er zu essen brauchte. Was ihm jedoch das Leben schwermachte, war ein Trupp bösartiger junger Burschen aus der Stadt; ihnen mißfiel es offenbar, daß einer, der nicht älter war als sie und obendrein ein Fremder, das Leben eines Asketen führte. Sie hatten ihren Spaß daran, ihn mit Steinen und Topfscherben zu bewerfen. Um ihnen zu entgehen, zog er sich in dem Saal, wo die heiligen Figuren verwahrt werden, in eine tiefe Grube zurück. In der Grube war es feucht, dunkel und schmutzig, es fiel kein Licht herein, und es wurde auch nie gefegt. Als der junge Swami, tief in Meditation, dort unten saß, machte sich alles mögliche Ungeziefer über seinen Körper her – Wespen, Ameisen, Moskitos

und Skorpione und saugte sein Blut. Seine Beine waren übersät mit eitrigen Wunden. Er nahm es nicht wahr. Eines Tages kam ein Mann, und nachdem er die jungen Peiniger verjagt hatte, stieg er in die Grube. Erst als sich seine Augen an die Dunkelheit gewöhnt hatten, entdeckte er die vagen Umrisse eines jungen Gesichts. Voller Entsetzen ging er in einen nahen Garten, wo ein frommer Lehrer seine Schüler unterrichtete; er sagte ihm, was er gesehen, und führte ihn zu der Grube. Sie stiegen hinunter und trugen den jungen Mann zum Allerheiligsten eines anderen Tempels, und dort legten sie ihn nieder. Venkataraman, tief in Samadhi, hatte die Augen geschlossen und bemerkte nichts von dem, was mit ihm geschah.

Dort, wo man ihn hingebracht hatte, blieb er einige Wochen; und ein Swami, der dort lebte, sorgte für ihn. Der Swami versorgte ihn mit Essen; doch Venkataraman war oft acht bis zehn Stunden lang in tiefster Meditation, so daß man ihm das Essen in den Mund schieben mußte. Danach zog er in einen Garten in der Nähe um, und dort fand er nach einer Weile einen festen Platz unter einem Mahwabaum. Mittlerweile hatte er die Aufmerksamkeit der Pilger auf sich gezogen, und viele kamen zu ihm. Ein Anhänger, er hieß Nayinar, schloß sich dem frommen jungen Mann an und versorgte ihn mit dem, was er zum Leben brauchte. Nayinar war ein Gelehrter, und er trug ihm die Dogmen und Auslegungen des Adwaita vor, von dem Venkataraman bis dahin noch nie etwas gehört hatte. Schließlich hatte er nicht mehr als die Grundausbildung seiner Schule in Madura erhalten. Doch Nayinar konnte nicht immer bei ihm sein; und während seiner Abwesenheit wurde der junge Swami oft von Neugierigen belästigt, oder törichte Jungen, die ihn für verrückt hielten, trieben ihre bösartigen Scherze mit ihm.

Damals geschah es auch, daß ein anderer Swami, der tief von der Herzensreinheit und der Hingabe des jungen Mannes beeindruckt war, ihn einlud, mit ihm in ein Heiligtum in einer Vorstadt von Tiruwannamalai zu übersiedeln, wo er ungestört meditieren könne.

Venkataraman stimmte zu und blieb achtzehn Monate dort. Während dieser Zeit sah sich ein Asket, den man Palamiswami nannte, veranlaßt, ihn aufzusuchen; er spürte sofort, daß er seinen Erlöser gefunden hatte, und beschloß, ihm nun zu dienen. Er hielt die immer größer werdende Menge von ihm fern und nahm die von den Frommen gespendeten Speisen in Empfang. Zu Mittag, der einzigen Mahlzeit, die er täglich zu sich nahm, gab er dem Swami eine Schale davon, den Rest gab er denen zurück, die sie gebracht hatten.

Venkataraman lebte weiter in strengster Askese. Er wurde entsetzlich mager. Sein ungewaschener Körper war schmutzverkrustet; seine inzwischen wieder nachgewachsenen Haare waren eine verfilzte Masse; seine Fingernägel waren nun so lang, daß er die Hände nicht mehr gebrauchen konnte. Wochenlang saß er auf der Erde im tiefsten Samadhi, und er spürte auch nicht die Tausende von Ameisen, die auf ihm herumkrochen und ihn bissen. Um die richtige Meditationshaltung einnehmen zu können, lehnte er sich an eine Mauer; und noch lange danach sahen die Leute mit Staunen den tiefen Eindruck der Steine an seinem Rücken. Der Ruf des jungen Swami nahm zu, und der Andrang der Pilger wurde so groß, daß er mit dem getreuen Palamiswami in ein Mangowäldchen umzog, das niemand ohne die Erlaubnis des Besitzers betreten durfte. Hier blieb er sechs Monate. Palamiswami hatte Zutritt zu einer Bücherei in der Stadt, und er brachte Venkataraman tamilische Lehrbücher über die Wendanta. Der Swami las und erklärte sie seinem ergebenen Schüler. Der Biograf weist darauf hin, daß das Studium der Bücher für die höhere Erkenntnis des Swamis nicht notwendig war, da er sie bereits erreicht hatte; er studierte sie nur, um die Fragen beantworten zu können, die ihm jene Leute stellten, die auf der Suche nach der Wahrheit zu ihm kamen. Wahrscheinlich war dies auch der einzige Grund, weshalb er das selbstauferlegte Schweigegebot durchbrach. Er hatte es drei Jahre eingehalten, und auch später nahm er es von Zeit zu Zeit wieder auf.

Aus irgendeinem Grund verließ der Swami das Wäldchen und zog in einen benachbarten Tempel. Er wollte wissen, ob er auch ganz alleine leben könne. Er sagte dem guten Palamiswami: »Geh du den einen Weg, erbitte dein Essen und lebe so. Laß mich den anderen Weg gehen, Essen erbitten und so leben. Laß uns nicht mehr zusammenleben.« Der arme Mann ging fort, doch am nächsten Tag kam er wieder. »Wo soll ich hin?« sagte er. »Du hast die Worte des Lebens.« Venkataraman erlaubte ihm zu bleiben; und er blieb als treuer Diener des Swamis, bis er zwanzig Jahre später starb. Auf der Suche nach Ruhe, um ungestört von seinen Anhängern meditieren zu können, wanderte der Swami von Ort zu Ort. Schließlich ließ er sich auf einem Ausläufer des Berges Arunaschala nieder, dort gab es eine Quelle, eine Höhle und einen Tempel für Ischwara. Für gewöhnlich meditierte er im Tempel, und wenn Palamiswami einmal nicht da war, ging er mit seiner Eßschale hinunter in die Stadt und erbettelte sich sein Essen.

5 Als Venkataraman von zu Hause fortlief, war seine Familie verzweifelt und suchte vergeblich nach ihm. Ein junger Mann aus ihrem Bekanntenkreis hörte, wie ein frommer Mann mit großer Ehrfurcht von einem jungen Heiligen sprach, der bei Tiruwannamalai lebte; aus den Antworten auf seine weiteren Fragen schloß er, daß es sich um den Vermißten handelte. Er unterrichtete die Familie, und daraufhin entschloß sich Venkataramans Onkel, nach Tiruwannamalai zu fahren. Dort sagte man ihm, der Swami halte sich im Mangowäldchen auf. Er ging hin, doch der Besitzer ließ ihn nicht hinein. Schließlich überredete er ihn, dem Swami eine schriftliche Nachricht überbringen zu lassen. Venkataraman las sie und ließ seinen Onkel kommen. Der beschwor nun seinen Neffen, nach Hause zurückzukehren, und versprach ihm, daß die Familie ihm

keine Vorschriften machen würde, wie er zu leben hätte, er solle nur in ihrer Nähe sein, damit sie für ihn sorgen könnten. Venkataraman hörte ihm zu, doch er antwortete weder mit einem Wort noch mit einer Geste. Dem Onkel blieb nichts anderes übrig, als ihn mit seinen Gebeten allein zu lassen.

Wieder in Madura, berichtete er Alagammal, der Mutter des Jungen, von seinem erfolglosen Versuch. Sie aber glaubte, wenn sie zu ihm ginge, dann würde sie Venkataraman ganz sicher umstimmen; und dazu war sie fest entschlossen. Allerdings mußte sie warten, bis ihr ältester Sohn, der bei einer Regierungsbehörde arbeitete, Urlaub bekam; dann fuhr sie mit ihm nach Tiruwannamalai. Dort angekommen, mußte sie den Berg hinaufsteigen, denn inzwischen hatte der Swami das Mangowäldchen verlassen, und sie fand ihren Jungen – er war ja kaum mehr als das – auf einem Felsen liegen. Sie war entsetzt über seine verfilzten Haare, seinen schmutzverkrusteten Körper, seine langen Nägel und das dreckige Lendentuch. Sie flehte ihn an, mit ihr nach Hause zu kommen. Er schwieg. Tag um Tag kam sie zu ihm, brachte ihm Leckerbissen und flehte ihn an, Erbarmen mit ihr zu haben. Er sagte kein Wort, als wäre er aus Stein. Zuletzt warf sie ihm seine grausame Gleichgültigkeit vor und brach in Tränen aus. Betroffen stand er auf und ging weg. Aber sie kam wieder und wieder und beschwor ihn unter Tränen. Er blieb ungerührt, sie hätte ebensogut in die leere Luft reden können. Dann wandte sie sich an seine Anhänger, die anwesend waren, und bat sie, für sie ein gutes Wort einzulegen. Einer, den ihre Verzweiflung rührte, sagte zum Swami:

»Die Mutter des Swami weint und betet. Warum gibt er ihr denn keine Antwort? Er braucht doch sein Schweigen nicht zu brechen. Hier ist Bleistift und Papier. Der Swami möge wenigstens schreiben, was er sagen will.«

Ich habe bereits weiter oben erwähnt, daß Venkataraman nie das Wort »ich« verwendete, wenn er von sich sprach. Ich sollte hinzufü-

gen, daß ihn auch niemand mit »du« ansprach. Also nahm er das Papier und schrieb auf tamilisch:
»Der Schöpfer der Welt bestimmt das Geschick der Seelen in Abwägung ihrer früheren Taten. Was vorherbestimmt ist, nicht zu geschehen, das wird nicht geschehen – so sehr man sich auch darum bemüht. Was vorherbestimmt ist zu geschehen, wird geschehen – so sehr man sich bemüht, es zu verhindern. Das ist gewiß. Darum ist es das Beste, zu schweigen.«
Der Urlaub des älteren Bruders ging zu Ende, und er mußte zurück in sein Amt. Der unglücklichen Mutter blieb keine Wahl, als mit ihm zu gehen.
Bald danach suchte sich Venkataraman abermals eine neue Bleibe auf dem heiligen Berg Arunaschala; und ein paar Jahre lang wohnte er in verschiedenen Höhlen. Man nennt sie Höhlen, was sie zweifellos auch einmal waren, doch auf Fotografien sieht man, daß einiges unternommen wurde, um sie zu menschenwürdigen Behausungen zu machen.
Sein Ruf war inzwischen so groß, daß der Besucherstrom ihn vollauf mit Lebensmitteln versorgte – mit Kuchen, Milch und Früchten. Doch da die Besucher ebenfalls verköstigt werden mußten, gingen Palamiswami und die anderen ständigen Begleiter mit ihren Eßschalen in die Stadt hinunter und bliesen auf ihrer Muschel, um die Mildtätigen zu Hilfe zu rufen. Der Swami führte sein meditatives Leben weiter, so wie es der Sanskritvers besagt: »Für den, der sich im Selbst erfreut und darin zufrieden ist, bleibt nichts mehr zu tun.« Manchmal bot man ihm Geld an, doch das wies er streng zurück. Manchmal brachten Besucher Bücher mit, die sie nicht verstanden, und der Swami las sie und erklärte sie ihnen. Aus den Büchern, die er las und den Texten, die man ihm vortrug, wurde er mit der indischen Philosophie vertraut. Sein Gedächtnis war so phänomenal, hieß es, daß er ein Buch nach einmaligem Durchlesen Wort für Wort wiedergeben konnte. Doch meist hielt er sich an die Regel des

Schweigens. Wir erfahren allerdings nicht, wann er anfing, mehr auf seinen Körper zu achten; aber auf Fotos, die aus etwas späterer Zeit stammen, sieht man ihn sehr gepflegt, mit frischem Lendentuch, Haare und Bart kurz gestutzt. In späteren Jahren ließ er sich einmal im Monat Kopf und Bart rasieren. Als ich ihm begegnete, war er, wie gesagt, penibel sauber und gepflegt.

Seine Besucher waren ein buntes Gemisch. Die einen wollten nur etwas zu essen, andere suchten Rat in ihren Nöten und wieder andere versprachen sich geistige Vorteile von einem, der bereits erlöst war. Manche hatten bei der Begegnung seltsame Erlebnisse. Etwa ein gewisser Pillai, er war Angestellter der Finanzbehörde und vermutlich ein intelligenter und nüchterner Mensch; doch als er vor dem Swami saß, sah er ihn in einer Vision von hellem Licht umflossen. Dann war da Eschammal. Diese Frau hatte bereits mit Anfang Zwanzig ihren Mann und ihre Kinder verloren, und sie konnte ihren bitteren Schmerz nicht überwinden. Mit der Erlaubnis ihres Vaters reiste sie zu einem Ort in der Provinz von Bombay, um den dort lebenden heiligen Weisen zu dienen, in der Hoffnung, Linderung ihres Kummers zu finden. Aber keiner von ihnen konnte ihr helfen. Sie kehrte in ihr Dorf zurück, und dort erfuhr sie, daß auf dem Berg Arunaschala ein junger Heiliger lebe, der kein Wort spreche; doch habe er schon vielen, die gläubig zu ihm kamen, geholfen. Eschammal ging hin, sie stieg den Berg hinauf und sah den Swami. Er saß reglos und stumm da. Eine Stunde lang stand sie vor ihm, da spürte sie plötzlich, wie die Last ihres Kummers von ihrem Herzen genommen wurde. Von diesem Tag an bereitete sie für ihn und seine Anhänger das Essen, und das tat sie viele Jahre lang. Sie bezog ein Haus in Tiruwannamalai, wo sie Gläubige und Besucher beherbergte. Als sie eines Tages mit Essen den Berg hinaufstieg, kam sie an einer Höhle vorbei, und daneben sah sie zwei Männer stehen. Der eine war der Swami, der andere ein Fremder. Als sie weiterging, hörte sie eine Stimme sagen: »Wenn einer hier ist (d. h. wenn ›ich‹ hier bin), warum steigst du noch weiter hinauf?« Sie drehte sich nach dem Swami um, aber es war niemand da. Als sie bei seiner Höhle ankam, saß er dort wie üblich mit gekreuzten Beinen und sprach mit dem Fremden.

Der bemerkenswerteste unter den vielen, die vom Charisma des Swamis wie magisch angezogen wurden, war ein gewisser Ganapati Sastri. Er war Sanskritgelehrter, ein Mann von hoher Bildung und ein Dichter. Zehn Jahre war er von einem heiligen Ort zum andern gewandert, um unter den härtesten Bedingungen Buße zu tun. Er hatte ein Gruppe Schüler um sich geschart. Enttäuscht, weil er nirgends den gesuchten Frieden fand, stieg er schließlich den heiligen Berg hinauf, warf sich dem Swami zu Füßen und suchte bei ihm Zuflucht. Die Belehrungen, die er erhielt, machten ihn sehr froh, und danach besuchte er den Swami noch oft. Einmal verbrachte er sieben Jahre in Tiruwannamalai, nur um in seiner Nähe zu sein. Diese Beziehung war ein deutlicher Beweis für die geheimnisvolle Kraft, die der Swami ausstrahlte, denn Sastri war kein junger Mann, der sich zu einem Älteren hingezogen fühlte; sie waren beide gleich alt, und Sastri war als Gelehrter berühmt und war ein namhafter Dichter. Nun neigen Gelehrte und Dichter gern dazu, sich selbst bedeutend zu finden. Sastri war sehr überzeugt von sich und auch nicht gewohnt, sich anderen unterzuordnen. Doch er veranlaßte seine Schüler, sich dem Swami anzuschließen, und er selbst wurde einer seiner glühendsten Anhänger. Er war es, der in einem Gedicht, das er ihm zu Ehren schrieb, den Namen Venkataraman zu Ramana verkürzte, und der die eigenen Anhänger anwies, ihn Bhagawan Maharschi zu nennen. Und als Maharschi werde auch ich im weiteren von ihm sprechen.

Der Biograf des Maharschis erzählt die folgende Geschichte: In einem bestimmten Jahr ging Sastri nach Tiruwottiyur, einem Ort bei Madras, um Buße zu tun. Es gab dort einen Tempel, der Ganescha, dem Sohn Schiwas, geweiht war. Sastri erfüllte ein Gelübde von achtzehntägigem Schweigen und übte sich weiter in Meditation. Am achtzehnten Tag, er hatte sich hingelegt, war aber hellwach, sah er, wie der Maharschi hereinkam und sich neben ihn setzte. Erstaunt wollte er aufspringen, doch der Maharschi nahm Sastris Kopf und drückte ihn auf den Boden. Dies gab Sastri ein seltsames Gefühl, das er als den Segen aus der Hand des Maharschis betrachtete. Tatsächlich hatte der Maharschi aber, seit er damals dort eingetroffen war, Tiruwannamalai niemals verlassen, auch war er nie in seinem Leben in Tiruwottiyur gewesen. Sehr viel später, als Sastri von dem Vorfall in Anwesenheit des Maharschis erzählte, sagte dieser: »Eines Tages, vor ein paar Jahren, legte ich mich nieder. Ich war nicht in Samadhi. Plötzlich fühlte ich, wie mein Körper höher und höher getragen wurde, bis alle Dinge verschwanden, und um mich herum war nur eine grenzenlose Masse aus weißem Licht. Plötzlich sank mein Körper, und die Dinge wurden wieder sichtbar ... Da kam mir der Gedanke, daß ich in Tiruwottiyur war. Ich befand mich auf einer breiten Straße und ging diese entlang. Auf einer Seite, nicht weit entfernt, war ein Ganescha-Tempel. Ich ging hinein und sagte etwas, doch was ich sagte oder tat, daran erinnere ich mich nicht mehr. Plötzlich wachte ich auf und lag genau wie vorher in meiner Höhle ...«

Sastri stellte fest, daß die Beschreibung des Maharschis genau mit dem Ort Tiruwottiyur und dem Ganescha-Tempel, wo er seine Bußübungen vollzogen hatte, übereinstimmte.

Die Zeit verging. Alagammal, die Mutter des Maharschis, kam von Zeit zu Zeit zu ihm. Ihr ältester Sohn und ihr Schwager starben. Der Familie ging es finanziell sehr schlecht. Alagammal meinte, sie wäre glücklicher, wenn sie in der Nähe ihres Sohnes leben könnte; also ging sie nach Tiruwannamalai und wohnte eine Weile bei Eschammal. Der Maharschi zog nun in das sogenannte Skandaschram. Obwohl er nie das Geld annahm, das reiche Verehrer ihm aufdrängen wollten, ließen sie es doch häufig in den Händen seiner Schüler, damit diese es für sein Wohlbefinden verwendeten. Nun war es möglich, für ihn ein kleines Haus zu bauen und einen Garten anzulegen, als er in das Skandaschram übersiedelte. Alagammal zog mit ein und kochte für die Gemeinschaft. Sie ließ ihren jüngsten Sohn kommen, dessen Frau ebenfalls gestorben war, damit er, solange sie noch lebte, bei ihr wäre. Er wurde ein ergebener Anhänger seines Bruders und nahm das gelbe Gewand des Asketen. Alagammal meinte, als Mutter des Maharschis hätte sie besondere Rechte, und er müsse ihr mit besonderer Rücksicht begegnen; doch obwohl er mit Eschammal redete, sprach er nie mit ihr. Als sie sich darüber beschwerte, antwortete er ihr, er betrachte jede Frau als seine Mutter, nicht nur sie allein. Es war sein Ziel, sie von den Trugbildern dieser Welt zu befreien und sie zu lehren, Gelassenheit zu üben. Es war eine harte Lehrzeit für sie; doch allmählich lernte auch sie. Als sie 1922 starb, schien es, als spüre er keinen Schmerz, eher Erleichterung; denn er war überzeugt, daß seine Mutter durch ihre fortgesetzten guten Werke für viele Fehler in ihrem vergangenen Leben gesühnt hatte und ihre Seele nun in eine höhere Region aufsteigen könnte, wo sie eine gewisse Zeitspanne bei den Göttern weilen würde, um dann in einem neuen Menschenkörper ihre noch übrigen Sünden abzubüßen. Wenn jemand von ihrem Ableben sprach, korrigierte ihn der Maharschi: »Es war kein Ableben – sie wurde aufgenommen.« Der Tod war für ihn eine Nebensache, nur ein Ortswechsel, der Übergang in ein neues Leben und zu einem neuen Namen. Alagammal wurde in der Ebene beigesetzt, ein paar Meter von der Straße entfernt. Das Grab wurde ummauert, und später entstand daraus ein Tempel, ein Ort der Anbetung.

Sechs Monate lang besuchte der Maharschi fast täglich das Grab seiner Mutter, und eines Tages blieb er dann für immer da. Zu Anfang gab es dort keine andere Behausung für ihn als einen Verschlag, der die *Linga,* das Symbol Schiwas, schützte; aber bald wurden in der Nähe strohgedeckte Hütten gebaut. Als es sich abzeichnete, daß er wohl für immer hier wohnen wollte, spendeten gläubige Anhänger Geld, und damit wurde der große Versammlungsraum gebaut, wo er den Tag und auch die Nacht zubringen konnte. Von da an und mit seinem zunehmenden Ruf kamen mehr und mehr Besucher. An normalen Tagen waren es an die fünfzig, doch zu besonderen Anlässen, etwa an seinem Geburtstag, kamen sie zu Hunderten. Sie brachten Geschenke, allerdings nahm er nie etwas an, das er nicht mit allen Anwesenden teilen konnte. Brachte man ihm Speisen, so nahm er ein wenig von der Schale und verteilte das übrige.

Aber sein Ruhm hatte auch Nachteile. Es verbreitete sich die Ansicht, er sei reich; und eines Nachts kamen Einbrecher. Der Maharschi ruhte wie üblich auf seinem Podest, und vier seiner Schüler schliefen unter den Fenstern. Der Maharschi sagte den Dieben, daß hier nichts zu stehlen sei, sie könnten aber gern mitnehmen, was sie wollten. Die Schüler machten Anstalten, Widerstand zu leisten, doch der Maharschi verbot es ihnen. »Laßt die Diebe ihre Rolle spielen«, sagte er. »Wir bleiben bei unserer Rolle. Und die sagt uns: ›Gib und vergib!‹ Wir wollen uns nicht einmischen.« Er bot den Dieben an, mit seinen Schülern den Raum zu verlassen, dann könnten sie in Ruhe aussuchen, was ihnen gefalle. Die Einbrecher waren einverstanden, doch ehe sie sie gehen ließen, verprügelten sie sie. Ein Schlag traf den Maharschi am Bein, und er sagte: »Wenn euch das nicht genügt, schlagt noch auf das andere!« Da ließen sie ihn gehen. Anschließend durchstöberten sie Kästen und Truhen nach Geld, sie fanden aber keines, weil keines da war; und zuletzt zogen sie mit einer kümmerlichen Beute ab. In dem Durcheinander war ein Schüler entwischt. Er lief über die Felder in die Stadt und holte die Polizei. Als sie eintraf, saß der Maharschi ruhig und ganz gelassen in dem Verschlag, in den er sich zurückgezogen hatte, und diskutierte mit seinen Schülern theologische Fragen.

Es gibt mehr als eine Schilderung vom Leben im Aschram. Der Maharschi stand morgens zwischen drei und vier Uhr auf, und nach den üblichen Waschungen setzte er sich wieder auf sein Podest. Die Schüler begannen den Tag mit einem Gesang zu seinen Ehren, oder sie rezitierten eines seiner in Tamilisch verfaßten Gedichte zum Lobe von Arunaschala. Dann folgte eine Zeit der Meditation. Etwa ab fünf oder sechs Uhr kamen die ersten Besucher, und nachdem sie sich vor ihm zu Boden geworfen hatten, gingen sie ihren eigenen Verrichtungen nach. Wenn sie fort waren, aß man eine kleine Mahlzeit aus Reis oder Grieß. Dann kehrte der Maharschi auf seinen Platz im Versammlungsraum zurück. Die Schüler beschäftigten sich auf die verschiedenste Weise: Einige pflückten Blumen und flochten daraus Ketten, andere beteten am Grab der Mutter des Maharschis; einige waren mit literarischen Arbeiten beschäftigt, sie redigierten, korrigierten und übersetzten Werke des Maharschis, der inzwischen eine Reihe von Aufsätzen verfaßt hatte, und sie kopierten auch die Schriften anderer heiliger Männer; und einige von ihnen bereiteten die Speisen für die Bewohner und die Besucher vor. Der Maharschi beteiligte sich oft an diesen Arbeiten, er schnitt das Gemüse klein oder mischte die Zutaten für ein Gericht. Wenn er nicht mit Schreiben beschäftigt war, glättete er Spazierstöcke, besserte Trinkschalen aus, flocht die Blattmatten, auf denen die Speisen angerichtet wurden, oder er verfertigte Kopien seiner eigenen Manuskripte, band Bücher ein und las Briefe.

Zwischen elf und zwölf Uhr gab es ein Frühstück, dann wurde die Arbeit wiederaufgenommen, gefolgt von einer Ruhepause. Etwa um drei Uhr aß man eine weitere Mahlzeit, und danach wurden Besucher empfangen. Zum Tagesende wurde noch einmal meditiert, bis es Zeit zum Abendessen war. Um neun Uhr zogen sich alle zurück. Doch manchmal wurde auch die ganze Nacht über laut vorgelesen, wurden Verse rezitiert oder Hymnen gesungen, die der Maharschi komponiert hatte.

Um diese Zeit etwa begann man allgemein von ihm als Bhagawan zu sprechen, und er selbst nannte sich ebenfalls so, wenn er von sich sprach. Aus dem Sanskrit übertragen heißt das soviel wie »Heiliger« oder »Erhabener«, und die Frommen benützen das Wort, wenn sie Gott erwähnen oder ihn ansprechen. Wenn gläubige Anhänger sich dem Maharschi näherten, warfen sie sich vor ihm zu Boden. Er hörte ihnen freundlich zu, wenn sie ihm ihre Gedichte zu seinem Lob vorlasen. Auf den ersten Blick erscheint das als ein Mangel an Bescheidenheit; doch sollte man bedenken, daß der Maharschi sich selbst nicht als Individuum, sondern als reinen Geist sah; sein Körper war lediglich eine Hülle, die es ihm ermöglichte, das Karma seiner gegenwärtigen Existenz zu erfüllen. Die Frommen warfen sich also nicht vor ihm in den Staub und sangen ihre Hymnen nicht ihm, sondern sie priesen damit Brahman, in dem er vor vielen Jahren Verwirklichung gefunden, und mit dem sein Atman sich vereinigt hatte.

Der Maharschi liebte Tiere und übte eine magische Kraft auf sie aus. Der Brahmane betrachtet Hunde als unheilig, verunreinigend und vermeidet deshalb jede Berührung mit ihnen. Der Maharschi sah in ihnen büßende Brüder, die zu ihm kamen, um die Fehler in ihrem früheren Leben zu sühnen. Er achtete darauf, daß sie sauber gehalten und versorgt wurden, und er nannte sie liebevoll »die Kinder des Aschrams«. Er redete mit ihnen und gab ihnen Unterweisungen, die sie verstehen und befolgen konnten. Auch ein Kälbchen lief frei im Aschram herum, und das liebte er besonders. Er hielt es für die Wiedergeburt jener alten Kräuterfrau, die damals, als er zum erstenmal auf den heiligen Berg gekommen war, dort Kräuter und eßbare Stauden sammelte, sie kochte und dem jungen Swami hinaufbrachte. In den Höhlen, die er bewohnte, gab es oft Schlangen, doch er duldete nicht, daß man sie vertrieb. »Wir sind in ihr Haus gekommen«, sagte er, »und wir haben nicht das Recht, sie zu stören.« Eichhörnchen und Krähen kamen zu seiner Höhle, sie brachten ihre Jungen mit und nahmen Futter aus seiner ausgestreckten Hand.

Der Berg wimmelte von Affen. Mit der Zeit verstand der Maharschi, was sie fühlten und was ihre Laute bedeuteten. Wenn es zwischen zwei Rudeln Ärger gab, kamen sie zu ihm, und er schlichtete den Streit. Einmal hörte er, daß einer ihrer Sippenältesten im Sterben lag, und ließ ihn zu sich bringen. Er starb, und der Maharschi bestattete ihn mit allen Ehren, die einem Sannyasin zustehen. Es war zu einer festen Einrichtung geworden, daß der Maharschi einige Male im Jahr mit seinen Schülern den Fuß des heiligen Berges Arunaschala umwanderte. Es gab da eine bequeme Straße mit hohen schattigen Bäumen, mit Zisternen, heiligen Schreinen und Tempeln auf beiden Seiten. Manchmal machten sie sich nach dem Abendessen auf den Weg und kamen in der Morgendämmerung wieder. Manchmal brachen sie auch bei Morgengrauen auf und kamen erst nach ein oder zwei Tagen zurück. Die Wegstrecke betrug zwar nur etwa dreizehn Kilometer, und man hätte sie leicht in ein paar Stunden bewältigt, aber der Maharschi, oft in Samadhi. versenkt, legte in der Stunde nicht mehr als eineinhalb Kilometer zurück und ruhte sich nach etwa zwei Kilometern aus. An einem sehr heißen Tag, als alle müde, hungrig und durstig waren, bemerkte das ein Rudel Affen, sie kletterten in den Wipfel einer Kirschmyrte und schüttelten eine Menge reifer Früchte herunter, dann liefen sie fort, ohne selbst etwas davon zu essen. Die Wanderer nahmen das Geschenk mit Freuden an. Auf diese Weise statteten die Affen dem Maharschi ihren Dank ab. Ein anderes Mal hatte er allerdings weniger Glück. Zufällig streifte er ein Hornissennest, und im nächsten Moment stürzte sich der ganze Schwarm auf ihn. Sie gruben ihre Stacheln in den Schenkel, der sie aufgescheucht hatte. »O ja, das ist das schuldige Bein«, sagte er. »Also soll es büßen.« Er verjagte sie nicht und ging auch nicht weg, bis sie von ihm abließen. Er ertrug die grauenhaften Schmerzen als das Wirken der Gesetze des Karmas.

Mit jedem Jahr besuchten mehr und mehr Menschen den Aschram. Sie kamen aus allen Gesellschaftsschichten. Eines Abends, es war schon dunkel, saß der Maharschi mit einem seiner Anhänger im Versammlungsraum, als sie draußen jemand rufen hörten. Der

Schüler ging hinaus und sah nach; am Tor entdeckte er einen Mann mit seiner Familie. Der Mann fragte, ob er sich mit Frau und Kindern dem Bhagawan nähern dürfe, um seiner Gnade teilhaftig zu werden. Den Schüler überraschte das, weil der Maharschi nie jemanden ausschloß. »Warum fragst du?« sagte er. Und der Mann antwortete: »Wir sind Unberührbare.« Der Schüler wußte, daß es einer Kränkung gleichkam, dem Maharschi diese Frage auch nur zu übermitteln, denn für ihn gab es keine Kastenunterschiede; so sagte er dem Mann nur, daß er willkommen sei. Die ganz Familie trat ein und warf sich vor dem Maharschi zu Boden. Sein Blick ruhte etwa zehn Minuten auf ihnen, und Gnade wurde ihnen gewährt. Der Schüler sagte später, er hätte schon viele reiche und einflußreiche Persönlichkeiten zu Füßen des Maharschis gesehen, denen das nicht zuteil wurde.

Das tamilische Wort, das die Biografen mit »Gnade« wiedergeben, wäre wohl treffender mit »Segen« zu übersetzen. Es hat nämlich etwas von der Kraft einer Zauberformel, die einmal ausgesprochen, nicht mehr zurückgenommen werden kann; so wie Isaak Jakob segnete im Glauben, er segne Esau, und ihm dann nichts anderes übrigblieb, als zu weinen und seine Kleider zu zerreißen. Gnade ist geschenktes Wohlwollen, das den Menschen erbauen und stärken soll, »um fromme Impulse zu wecken und Kraft zu verleihen, um Heimsuchungen zu ertragen und Versuchungen zu widerstehen«.

Der Maharschi sprach nur selten. Die meiste Zeit war er in Meditation versunken; doch allein das Verweilen in seiner Gegenwart half den Besuchern, ihre Sorgen abzuschütteln und Frieden zu finden. Manche sahen ihn umgeben von einem hellen Lichtschein, aber wenn man es ihm erzählte, wischte er es als etwas Bedeutungsloses beiseite. Man stellte ihm viele Fragen. Waren sie leichtfertig, schwieg er; waren sie jedoch ernsthaft, dann gab er Anweisungen, die für den Fragenden in seiner Not hilfreich waren. Manche glaubten fest, daß er Gedanken lesen könne, da er gelegentlich Fragen beantwortete, die sie ihm nicht zu stellen gewagt hatten.

Angeregt durch sein Beispiel, verließen viele ihr Zuhause und kamen zum Aschram mit dem Wunsch, in strenger Enthaltsamkeit zu leben und auf diese Weise die seligmachende Vereinigung mit dem Unendlichen zu erlangen, die Erleuchtung genannt wird. Wußte der Maharschi, daß jemand Verpflichtungen hatte – etwa gegenüber einer Frau oder einer Mutter, die von ihm abhängig war –, so riet er ihm von diesem Schritt ab. Oft fragten ihn auch Leute, ob denn das Ausüben ihres Berufes sie nicht im geistigen Streben hindern werde. Hier ist, was er einem, der ihn das fragte, geantwortet hat: »Es ist möglich«, sagte er, »alle Tätigkeiten des Lebens in Abtrennung auszuüben und nur das Selbst als Realität zu betrachten. Die Annahme ist falsch, daß man ausgerichtet auf das Selbst den vom Leben auferlegten Pflichten nicht nachkommen kann. Es ist wie bei einem Schauspieler. Er kleidet sich, handelt und fühlt sogar entsprechend seiner Rolle; doch er weiß, daß er diese Figur nicht ist, sondern im wirklichen Leben ein ganz anderer. Warum sollte dich also das Körperbewußtsein oder das Gefühl, ›das ist mein Körper‹, stören, wenn du genau weißt, daß du nicht dieser Körper bist, sondern das Selbst? Nichts, was der Körper tut, kann dich aus dem Verweilen im Selbst rütteln. Dieses Verweilen wird die richtige und nützliche Ausübung der körperlichen Pflichten nicht weniger beeinträchtigen, als einen Schauspieler sein privates Leben bei der Wiedergabe seiner Bühnenrolle stört.«
Wenn auch nur kurz, so muß ich hier noch auf jene Glaubensgrundsätze des Maharschis eingehen, zu denen er im Lauf der Zeit gelangte und die für seine Lebensführung bestimmend wurden. Sie stammen aus jener Form des Wedanta, wie sie der große Sankara verkündete und die ich – soweit mir das möglich war – zu Anfang dieses Essays beschrieben habe. Es ist eine pessimistische Lehre. Das heißt nicht, sie deshalb zu verteufeln. Es ist vermessen, eine Weltanschauung zu verdammen, nach der seit Beginn der schriftlich dokumentierten Zeit Weise, Dichter und welterfahrene Männer gelebt haben. Diese Lehre besagt, daß die Welt, das Leben und der Mensch als solcher

böse sind. Dem Menschen ist es vorherbestimmt, daß er von Geburt zum Tod und vom Tod zum Leben wechselt, hundert-, nein, tausendmal wieder, bis er durch die Gnade von Brahman Erlösung findet und sich mit dem Unendlichen vereint. Der Maharschi sah die Welt als einen Ort voller Leid und Sorgen. Die Freuden, die sie bietet, sind bedeutungslos, weil sie vergänglich sind. Was sich verändert, kann nicht ewig sein, und nur das Ewige hat Wert. Aber die Quelle unseres Leidens liegt allein in uns selbst. Sie entspringt unserer Unwissenheit. Denjenigen, die zum Maharschi kamen, um ihre Zweifel zu klären oder ihre Sorgen loszuwerden, sagte er, sie sollten in ihrem eigenen Innern nachforschen; in sich selbst, in ihrem wahren Selbst, dann würden sie das Glück der Erlösung erlangen.
Das Selbst, von dem er sprach, hat seinen Sitz im Herzen, jedoch nicht in dem Herzen, das ein Anatom sezieren kann, sondern in dem Herzen, das liebt – das ist die »Unendliche Wirklichkeit«. Einmal, als Mahatma Gandhi einen Abgesandten zu ihm schickte, fragte dieser beim Abschied: »Welche Botschaft soll ich ihm bringen?« Der Maharschi erwiderte: »Was braucht es Botschaften, wenn Herzen miteinander sprechen?«
Der Mensch, so lehrte der Maharschi, kann sich nur von den Fesseln befreien, den Fesseln von Geburt und Wiedergeburt, wenn er den Knoten löst, der Atman an sein Ego bindet. Wenn Leute ihn fragten, wie man diesen Zustand der Seligkeit erreichen könne, dann sagte er jedem, dazu müsse er sich fragen: »Wer bin ich?« So bemühte er sich, jedem ernsthaft Suchenden klarzumachen, daß er nicht der Körper sei, den er im Augenblick bewohne, sondern das Selbst, das ewig ist. Darauf allein müsse er sein ganzes Trachten ausrichten. Viele beklagten sich, daß ihnen störende Gedanken durch den Kopf gingen, gerade wenn sie mit dieser Absicht meditieren wollten. Der Maharschi sagte ihnen, das sei ohne Bedeutung. Sie sollten solche Gedanken abtun und sich von neuem auf das Selbst konzentrieren; im Lauf der Zeit würde ihnen das ganz leichtfallen. Er war immer voll Verständnis

für menschliche Schwächen und lehrte, daß jede Art der Meditation richtig sei. Jeder müsse die Art und Weise wählen, die seiner Natur entspricht und ihm darum auch am leichtesten fällt. Manche konnten Ablenkungen am besten vermeiden, wenn sie sich auf einen Punkt zwischen Augenbrauen und Nasenspitze konzentrierten. Dies ist eine Yogaübung, doch der Maharschi betrachtete sie mit einiger Skepsis. Er hielt es für besser, den Geist auf ein Ziel zu lenken, wie etwa die Anbetung von Schiwa und Wischnu. Doch selbst das war nur eine Methode, die dem Suchenden half, das wirkliche Ziel seines Strebens, das Selbst, zu finden. Dieses Ziel wird nicht durch Wissen erreicht, sondern durch Inspiration. Wenn der Suchende selbst erfahren hat, daß er weder der physische Körper (die funktionierenden Organe) ist, noch der Verstand (der die Summe seiner Gedanken darstellt); und wenn er entdeckt hat, daß sein Intellekt lediglich das Werkzeug des Eigentlichen und nicht das Eigentliche ist – kurz gesagt, wenn er das Ego ausgelöscht hat, und somit nur das Selbst bleibt, dann kann er mit der Gnade von Brahman die Verwirklichung erreichen. Obwohl sich die Stufen der Verwirklichung beschreiben lassen, ist doch die Verwirklichung selbst unbeschreibbar. Sie ist nur zu spüren.

Der Maharschi war Fatalist. Philosophen haben des langen und breiten die Themen Willensfreiheit und Determinismus beackert; doch soviel ich weiß, sind sie nie zu einer geistig befriedigenden Antwort gekommen. Wenn ich mich nicht sehr täusche, sind sie offenbar der Meinung, daß wir sehr wohl die Möglichkeit haben, ob wir die eine oder die andere Alternativ wählen; doch haben wir uns einmal entschieden, dann war es unausweichlich, daß wir uns so entschieden haben. Nehmen wir an, wir stehen vor einer Weggabelung, und weil wir nicht wissen, ob wir die rechte oder die linke Abzweigung nehmen sollen, werfen wir eine Münze: Bei »Kopf« gehen wir rechts und bei »Zahl« gehen wir links. War es nun vorherbestimmt, daß die Münze ausgerechnet mit »Kopf« herunterfiel und wir deshalb auf der rechten Straße weitergingen? Wenn wir,

die wir keine Philosophen sind, auf unser Leben zurückschauen, dann erscheint uns so manches, das unser Leben entscheidend verändert hat, als purer Zufall. Ich nehme an, der Maharschi hätte gesagt, das sei reine Illusion. Ständig baten ihn Menschen um Rat bei ihren Entscheidungen. Manche wollten wissen, ob es gerechtfertigt sei, sich aktiv an dem Kampf zu beteiligen, der dem Land endlich die Befreiung vom Joch der Fremdherrschaft bringen sollte. Andere wieder, voll Entsetzen über die himmelschreiende Armut der indischen Massen, fragten ihn, ob es richtig sei, wenn sie sich einem sozialen Dienst anschlössen, um so das Schicksal der Armen zu lindern. Der Maharschi sagte ihnen, als erstes sollten sie das Selbst in sich verwirklichen, denn das sei das Wichtigste von allem; danach könnten sie tun, was sie wollten; weil aber nichts ohne göttliche Fügung geschehe, könnte nichts, was sie täten, etwas daran ändern. »Ist es dir nicht bestimmt, zu arbeiten, bekommst du keine Arbeit, auch wenn du ihr nachjagst; wenn es dir bestimmt ist, zu arbeiten, dann kannst du ihr nicht aus dem Weg gehen – man wird dich sogar dazu zwingen. Deshalb überlasse es der Höheren Macht, denn du kannst nicht verzichten oder behalten, wie es dir gerade beliebt.«
So war es ganz selbstverständlich, daß man ihn fragte: »Wenn nur geschieht, was vorherbestimmt, ist es da nicht sinnlos, noch zu beten oder sich anzustrengen?« Mir scheint seine Erwiderung keine recht befriedigende Antwort zu sein: »Es gibt nur zwei Wege, um das Schicksal zu besiegen und von ihm unabhängig zu sein«, sagte er. »Der eine ist, zu ergründen, wem dieses Geschick gilt, und zu erkennen, daß nur das Ego an das Schicksal gebunden ist, nicht aber das Selbst – und daß das Ego nicht existiert. Der zweite Weg ist: die eigene Hilflosigkeit einzusehen und stets zu sagen, ›Nicht ich, sondern du, o Herr!‹, und somit jeden Gedanken von ›Ich‹ und ›Mein‹ aufzugeben und es dem Herrn zu überlassen, mit dir zu machen, was er will ... Wirkliche Hingabe ist die Liebe zu Gott um der Liebe willen und nichts anderes – nicht einmal um der Erlösung willen.«

6 Der Maharschi wurde allmählich alt. Er näherte sich den Siebzig. Seit längerem quälte ihn Rheuma, wie man annahm, eine Folge seines jahrelangen Lebens in Höhlen; und auch seine Augen ließen nach. Gegen Ende 1948 zeigte sich ein kleines Gewächs an seinem linken Ellbogen, es wurde zu einem schmerzhaften Tumor und mußte operiert werden. Die Wunde verheilte, doch nach kurzer Zeit kam das Geschwür wieder, das nun als Krebs diagnostiziert wurde, und eine weitere Operation war angezeigt. Die Ärzte entschieden, wenn man das Leben des Maharschis retten wolle, müsse man den Arm amputieren; doch das lehnte er ab. Lächelnd sagte er: »Kein Grund zur Sorge. Der Körper selbst ist eine Krankheit. Laßt ihm sein natürliches Ende. Wozu ihn verstümmeln?«

Sein Zustand verschlechterte sich. Man versuchte, die Krankheit mit verschiedenen Therapien aufzuhalten, und eine Zeitlang ging es ihm sichtlich besser. Dann zeigte sich ein neues Geschwür, und es mußte erneut operiert werden. Ein zweiter Tumor bildete sich in der Achselhöhle und wuchs schnell. Die Ärzte stimmten überein, daß man jetzt nur noch schmerzstillende Mittel geben könne. Der Maharschi litt große Schmerzen, aber sie schienen ihm gleichgültig zu sein. Er blieb stets gelassen, und wenn er die Behandlungen über sich ergehen ließ, so tat er es nur seinen Anhängern zuliebe. »Wenn es nach mir ginge«, sagte er, »dann würde ich das gleiche sagen, was ich schon immer gesagt habe, eine Behandlung ist überflüssig. Laßt den Dingen ihren Lauf.« Ein anderes Mal sagte er zu einem seiner Getreuen: »Wenn eine Mahlzeit beendet ist, heben wir dann noch die Blattschale auf, von der wir gegessen haben?« Und später sagte er ihm, daß einer, der die Zusammenhänge erkennt, ebenso froh ist, seinen Körper loszuwerden, wie ein Lastenträger, der am Ziel seine Bürde niederlegen kann.

Während der zwei Jahre, die seine Krankheit sich noch hinzog, und solange es ihm noch möglich war, verrichtete der Maharschi jeden Tag seine gewohnten Arbeiten. Eine Stunde vor Sonnenaufgang

badete er, und zu den festgesetzten Stunden empfing er die Pilger, die kamen, um seinen Segen zu erhalten. Die Nachricht von seinem Zustand ging durch ganz Indien, und die Menschen kamen zu Hunderten. Sein einundsiebzigster Geburtstag wurde mit den üblichen Feierlichkeiten begangen, und er hörte den Hymnen zu, die ihm zu Ehren gesungen wurden. Der Elefant aus dem Tempel von Arunaschala kam, und nachdem er sich vor dem Maharschi verneigt hatte, stand er eine Weile still da, dann verabschiedete er sich, indem er mit dem Rüssel die Füße des Maharschis berührte.
Es war nur zu deutlich, daß er nicht mehr lange zu leben hatte. Verengungen der Lunge stellten sich ein, doch als ein Arzt ihm ein Medikament zur Atemerleichterung brachte, winkte er ab. Er sagte ihm, es sei nicht nötig, und bald wäre alles in Ordnung. Er bat seine Betreuer, zu gehen und ihn allein zu lassen. Ausgestreckt auf seinem Bett, gab er einer großen Zahl von Anhängern an diesem Abend ein letztes Mal seinen Segen. Bei Sonnenuntergang bat er, man möge ihn zur rituellen Meditationshaltung aufrichten. Eine Gruppe seiner Schüler, die vor dem Tempeleingang gegenüber dem Raum, in dem er sich befand, saß, begann eine Hymne auf Arunaschala zu singen, die er einmal komponiert hatte. Er schlug die Augen auf, und Tränen der Verzückung rannen ihm übers Gesicht. Sein Herz hörte auf zu schlagen. Der Maharschi hatte das allein Wirkliche der Nichtzweiheit betreten. In dem Augenblick, als er starb, zog ein Komet langsam über den Himmel bis zum Gipfel des heiligen Berges Arunaschala und verschwand dahinter. Unzählige Menschen sahen es, und sie deuten diese seltsame Erscheinung als das Hinübergehen einer großen Seele.

Bischof zwischen Kirche und Krone: John Tillotson und seine Prosa

1 Mißtrauisch betrachtete ich das flache Päckchen, das auf dem Tisch in der Diele zwischen den Briefen lag, die mit der Morgenpost gekommen waren. Ich konnte mir denken, was drin war. Wie alle Schriftsteller, die einen gewissen Bekanntheitsgrad erreicht haben, bekomme auch ich von völlig unbekannten Leuten Manuskripte zugeschickt, damit ich ihre Elaborate beurteile, und häufig mit der Bitte, sie an einen möglichen Verlag weiterzuempfehlen. Auch Verleger schicken mir Romane, meist von enormem Umfang, mit dem Ersuchen um eine kurze Rezension, die sie für Werbezwecke verwenden können. Ich bekomme erbauliche Traktate, die mich, einen ziemlichen Skeptiker, zu einer bestimmten Sekte, der der Verfasser angehört, bekehren sollen. Ich bekomme auch lange Abhandlungen, die in der Regel von pensionierten Staatsbeamten oder Obristen im Ruhestand stammen und sich mit so obskuren Themen befassen, daß sie nur ein einschlägiger Fachmann begreift. Dichter schicken mir dünne, sicher im Selbstverlag erschienene Gedichtbändchen. Es gibt mir jedesmal einen Stich. Mit welch hochgespannten Erwartungen hat jeder von ihnen sein erlesen gedrucktes und kostbar gebundenes kleines Büchlein in die Welt entlassen! Werden sie überhaupt besprochen, dann mit ein paar beiläufigen, dazwischengeschobenen Zeilen; und die Freunde, denen sie geschenkt wurden, blättern vielleicht eine halbe Stunde drin herum.

Es ist mir einfach nicht möglich, all die Bücher zu lesen, die man mir schickt – und vermutlich lohnt es sich auch gar nicht. Was soll ich machen? Ich schreibe jedem der Verfasser einen höflichen Brief, bedanke mich und füge (nicht ganz der Wahrheit entsprechend) hinzu, daß ich ihr Werk mit großem Interesse lesen werde, sobald meine eigene Arbeit es mir zeitlich erlaubt.
Das bewußte Päckchen öffnete ich also erst, nachdem ich die übrige Post gelesen hatte; und dann verständlicherweise ohne große Neugier. Wie erwartet, enthielt es ein Buch – aber keineswegs ein Buch, das ich je erwartet hätte. Es war ein schmales Oktavbändchen, in Kalbsleder gebunden und, obwohl etwas mitgenommen, wunderschön gepunzt. Der Titel lautete: *Maximen und Diskurse moralischer und erhabener Natur – den Werken des Erzbischofs Tillotson entnommen, methodisch geordnet und mit Zwischentexten versehen.* Der Druckvermerk lautete: »J. Tonson, Shakespear's Head, gegenüber Katherine Street in the Strand«, und das Erscheinungsjahr war 1719. Die Widmung lautete:

»Der Vortrefflichsten, Gottesfürchtigsten und Großherzigsten Dame, Lady Cassandra, Countess of Carnavon – Auserwählte Ihrer Familie und des Glückes, in Ihren Verdiensten und Tugenden, eine Zierde Ihres Standes und ein Vorbild Ihres Geschlechtes: Diese ausgewählten Zitate aus Erzbischof Tillotsons Schriften (dessen, Werke den würdigsten Persönlichkeiten dediziert sind), seien der Erlauchten Dame zugeeignet von dem dankbarsten, bescheidensten und ergebensten Ihrer Diener, Lawrence Echard.«

Am Ende das Buches steht eine Liste von anderen Publikationen Jacob Tonsons, aus der man erfährt, daß Lawrence Echard nicht nur Erzdiakon von Stow war, sondern auch der Verfasser einer *Geschichte Englands* in drei Foliobänden, ebenso einer umfassenden *Kirchengeschichte – ausgehend von der Geburt unseres gesegneten Heilands bis zur ersten Begründung der Christenheit durch weltliche Gesetze unter Kaiser Konstantin dem Großen.* Die Liste seiner Werke ist beachtlich. Sie enthält etwa: *Anmerkungen über diverse Regionen Italiens, aus den Jahren 1701, 1702, 1703.* Man findet: die Werke von Mr. William Congreve, ediert von Mr. Addison, in drei Bänden; ebenso die Werke von Mr. Francis Beaumont und Mr. John Fletcher in sieben Bänden, mit Stichen illustriert. Jacob Tonson war ein hervorragendes Mitglied seiner ehrenwerten Zunft. Er war Drydens Verleger, und wie man weiß, kaufte er von einem gewissen Aylmer dessen halben Anteil an *Paradise Lost* (Das verlorene Paradies, von John Milton), den besagter Aylmer für fünf Pfund erworben hatte. Ich habe zwar noch nie die Abbildung einer Buchhandlung aus dem achtzehnten Jahrhundert zu Gesicht bekommen, aber ich nehme an, sie war eng, finster und vollgestopft mit Büchern. In einem rückwärtigen Raum stand vermutlich die Druckerpresse. Als Jacob Tonson wohlhabend wurde, kaufte er sich ein Haus in dem kleinen Ort Barnes; doch sehr wahrscheinlich lebte sein Neffe und Teilhaber, ebenfalls ein Jacob Tonson, mit seiner Familie über dem Laden.

Büchernarren stöberten damals sicher zwischen den Regalen und von Buch zu Buch, wie sie es heute noch in bestimmten Antiquariaten tun. Zum Spaß stellte ich mir vor, daß einer von ihnen vielleicht ein junger, erst kürzlich ordinierter Gelehrter aus Oxford war, der via London aufs Land reiste, um seine Stelle als Hauslehrer bei dem Sprößling eines Adelshauses anzutreten. Kann sein, er entdeckte die *Poetical Works* von John Milton in zwei Bänden; und weil seine Neugier größer war als seine Vorurteile, nahm er einen heraus. Dem enragierten Tory und Oxfordianer, der natürlich diesen Freidenker und Cambridgemann verabscheute, mußte es schrecklich peinlich gewesen sein, daß sich die rasch aufgeschnappten Verse ganz wie große Dichtung lasen. Er stellte das Buch schnell ins Regal zurück, als eine Kutsche vor der Tür hielt, und eine vornehme, elegant gekleidete Dame eintrat und Ovids *Amores* in drei Bänden verlangte und dazu seine *Ars Amandi.* Während ich meine Phantasie so noch durch die Liste von Jacob Tonsons Veröffentlichungen irrlichtern ließ, fiel mir plötzlich ein, weshalb man mir gerade dieses Buch geschickt hatte: In einer meiner Arbeiten hatte ich einmal ein kurzes Zitat aus John Tillotsons Schriften verwendet. Wahrscheinlich war ich in irgendeiner Anthologie englischer Prosa darauf gestoßen, und es hatte mich fasziniert.

2

In seinem Vorwort, mit dem der Erzdiakon von Stowe besagte *Maximen und Diskurse,* die er den Predigten des Erzbischofs entnommen hat, einführt, bemerkte er auch, daß Werke dieser Art zu jeder Zeit als nützlich und erbaulich erachtet worden seien; er räumt jedoch ein, daß keine Nation reicher an solchen Publikationen sei als die französischen Nachbarn. Von diesen Verfassern »wurde keiner so hochgeschätzt wie der Herzog de Rochefuocaut (seine Schreibweise) und Monsieur la Bruyere, Persönlichkeiten, die zutiefst in das Wesen des Menschen und die Geheimnisse seiner Triebe eindrangen, wobei sie oftmals sowohl Schmutz und Abschaum als auch den Reichtum und die Kostbarkeiten der menschlichen Natur zutage brachten.« Er äußert sein Bedauern, daß von solch begehrenswerter Literatur nur wenig in England erschienen und dies wenige kaum ästimiert sei; abgesehen von dem, was sich »in den Werken des verblichenen hochehrenwerten Marquess of Halifax findet, der an Erkenntnissen und Einsichten keinem ausländischen oder englischen Schriftsteller unterlegen war«. Er fährt folgendermaßen fort: »Ich war schon lange der Ansicht, daß es auch bei englischen Schriftstellern viele Sinnsprüche, Sentenzen und komprimierte Argumentationen für so hervorragende Zwecke auszuwählen gibt, die gleichermaßen segensreich und gefällig sind wie jene der ausländischen Verfasser. Vornehmlich in den Schriften des Erzbischofs

Tillotson sind viele Passagen zu entdecken, die keineswegs von geringerem Wert sind, als die der bereit erwähnten Rochefoucaut und la Bruyere.«

Ich bedaure, aber hier irrt der Erzdiakon. Es stimmt, wenn er einräumt, daß jene (La Rochefuocaut und La Bruyere) »eine kunstreichere Hand besaßen, welche die französische Nation durch Studium und Praxis fast zur Affektation gebracht; wohingegen seine (Tillotsons) von angeborener Schlichtheit und Größe ausgezeichnet wird, die dem englischen Empfinden mehr entsprechen«. Echards Ziel war eine Auswahl »des Nutzvollsten und Segensreichsten, und all desen, was am Angenehmsten und Erbaulichsten für jene ist, die den wahren Gefallen an elegantem und korrektem Stile besitzen«.

Vielleicht wäre es besser gewesen, wenn er die beiden französischen Schriftsteller nicht erwähnt hätte, denn das weckt beim Leser Erwartungen, die leider nicht erfüllt werden. Er gliedert sein Buch in zwei Teile. Der erste handelt vom »Dasein und der Natur Gottes, seiner Verehrung und Religion, sowohl in der Theorie als auch in der Ausübung«. Der zweite Teil befaßt sich mit »den unmittelbarsten Bedürfnissen des Menschen und seinen natürlichen Veranlagungen, sowie mit den Tugenden der Gesellschaft und deren entgegengesetzten Lastern«. Ich gebe zu, daß mich dieser Teil am meisten interessierte; und weil ich hoffe, daß er auch den Leser interessiert, möchte ich einige Zitate anführen.

Ich fürchte nur, Lawrence Echard beging einen Fehler, als er seinem Buch den Titel *Maximen und Diskurse* gab. Diskurs weist auf eine längere Diskussion eines bestimmten Themas hin; und eine Maxime ist die prägnante und sinnfällige Formulierung einer Wahrheit. Die Abschnitte, die sich mit Religion im allgemeinen und der Natur und dem Wesen Gottes im besonderen befassen, sind in der Regel kaum eine Seite lang und alles andere als markant. Es sind zwar ganz vernünftige Äußerungen eines durchaus lebenserfahrenen Mannes; aber es ist keine einzige darunter, die einem nach dem Lesen

unauslöschlich im Gedächtnis haftete – jedenfalls keine, die eine so bittere Wahrheit ausspricht, wie die des französischen Herzogs: *Entre deux amants il y a un qui aime et un qui se laisse aimer.* Doch das, was Tillotson zu sagen hatte, das formulierte er leicht und anschaulich. Hier ein paar Beispiele:
»Tugend früh geübt, sitzt wie ein neues Kleid auf einem jungen, schönen Leib, mit Anmut ziert sie den aufrechten und wohlgestalteten Geist und steht ihm vortrefflich.«
»Nach einem verbreiteten Irrtum gilt Mutwille als Witz, Verschlagenheit als Klugheit; in Wahrheit jedoch haben sie nichts gemein, sie sind so weit voneinander entfernt wie Laster und Tugend.«
»Witz ist eine löbliche Eigenschaft, doch sollte er stets in der Obhut eines klugen Mannes sein. Er ist eine geschliffene Waffe, geeignet zu gutem wie auch zu bösem Zweck, wenn nicht recht gehandhabt. Richtig gebraucht, gibt er dem Gespräch die Würze: Das Lobeswerte stellt er zu größerem Vorteil dar, und er enthüllt die Laster und Torheiten der Menschen in all ihrer Lächerlichkeit.«
»Etwas überzeugend zu loben erfordert mehr Geist, als es zu schmähen.«
Dr. Tillotson wußte nur zu gut, wie schwer es dem Menschen fällt, etwas zu loben. »Geht es um Verunglimpfung, so sprudelt die menschliche Erfindungsgabe so reichlich wie ein unerschöpflicher Brunnen; denn diese Art Witz ist so einfach wie gefällig. Sie wird gierig genossen und laut beklatscht, da jeder gern andere gelästert hört, nicht bedenkend, wie bald es sein kann, daß er am Boden liegt und anderen zum Spielball dient.«
Zum Abschluß: »Ein Quentchen Eitelkeit mischt sich in all unsere irdischen Vergnügungen. Es gibt keine Sinnenfreude, die nicht mit Schmerzen erkauft oder von Schmerzen begleitet und beendet wird. Ein Landbesitz wird weder ohne Sorgen erworben, noch ohne Angst erhalten, noch geht er ohne Kummer verloren. Würde und Ruhm sind eine Bürde fast für jeden in der menschlichen Gesellschaft: Wer

sie besitzt, den bedrücken sie, und wer sie nicht besitzt, der haßt und neidet sie.«

Ich hoffe nur, der Leser hat bemerkt, wie modern diese Sentenzen wirken. Die Prosa, die der Erzbischof schrieb, unterscheidet sich nicht wesentlich von der heutigen Sprache eines kultivierten Menschen. Macaulay bezeichnete sie als korrekt, klar, gekonnt, doch ohne Brillanz. Das Wort Brillanz in Verbindung mit Prosa beunruhigt mich immer ein bißchen. Es klingt zu sehr nach falschem Glanz und etwas geschmacklos.

Ich schätze, vor einem halben Jahrhundert hätte man Carlyles Prosa als brillant bezeichnet, und eine Generation später die von George Meredith und Rudyard Kipling. Die Zeit ist schuld, daß ihr Stil nun leicht irritiert. Kann sein, daß Macaulay seinen eigenen Stil brillant fand – durchaus zu Recht übrigens. Kritiker wollen uns weismachen, er habe sich von Dr. Samuel Johnson inspirieren lassen. Doch im Gegensatz zu Johnsons langen und kunstvollen Satzgefügen verwendet Macaulay kurze glatte Sätze und macht reichlichen Gebrauch von antithetischen Begriffen, was Ende des achtzehnten Jahrhunderts sehr en vogue war. Seine Prosa ist flüssig, handfest, dramatisch, überzeugend und höchst lesbar. Auch wenn sie auf die Dauer ein wenig einschläfernd wirkt, wie etwa das Rattern eines Schnellzugs, der mit hoher Geschwindigkeit über ausgeschlagene Gleise rast, so ist das jedenfalls ein klarer Beweis für Dr. Johnsons Ausspruch, daß jeder, der einmal seinen persönlichen Stil gefunden hat, nur schwer davon loskommen kann.

Im letzten Viertel des siebzehnten Jahrhunderts trat in der englischen Prosa ein spürbarer Wandel ein – um zu beurteilen, wie einschneidend er war, braucht man nur Thomas Hobbes mit John Locke zu vergleichen und John Milton mit Joseph Addison. Obwohl stark und lebendig, ist Hobbes' Prosa doch etwas überladen und chaotisch; Lockes dagegen ist sehr geordnet, und sie ist kompakt und treffend. Miltons Prosa ist leicht schwülstig, oft prächtig und leidenschaftlich, aber schwerfällig. Addison wiederum ist elegant und weltgewandt. Man sagt, ich weiß allerdings nicht, mit welcher Begründung, daß dieser Wandel auf folgende Tatsache zurückzuführen sei: Als die Royalisten nicht mehr für ihren glücklosen König Charles kämpfen konnten, flohen sie nach Frankreich; während ihres Aufenthalts fanden sie Geschmack an der Klarheit und prägnanten Kürze der französischen Autoren, die sie zu lesen bekamen; und später, nach der Restauration, als sie ihre endlosen Caféhausgespräche pflegten, bedienten sie sich, wenn sie zu Papier und Feder griffen, derselben Sprache, in der sich auch so wirkungsvoll diskutieren ließ.

Wie auch immer, Tatsache bleibt, daß das geschriebene Englisch nun einfacher und natürlicher wurde. »Die Eigentümlichkeiten und Feinheiten der englischen Sprache sind nur wenigen bekannt«, sagte Dryden. »Diese ganz zu erfassen und anzuwenden, ist selbst für den recht Intelligenten nur möglich, wenn ihm eine breitgefächerte Bildung, sowie vieles Lesen und Verarbeiten jener wenigen guten Autoren, die wir haben, dabei helfen; hinzu kommt das freimütige und häufig gepflegte Gespräch in bester Gesellschaft beiderlei Geschlechts; und, um es kurz zu sagen, ohne die Patina abzustreifen, die er beim Erwerb seines Vorrats an Wissen angesetzt hat.« Weise Worte.

Die Lebensgeschichte von John Tillotson, dem späteren Erzbischof von Canterbury, verfaßte Thomas Birch, und darin erwähnt er, daß »Dryden häufig mit Freuden einräumte, falls er eine Gabe für englische Prosa besitze (zugegebenermaßen war es eine beachtliche), dann verdanke er diesen Umstand, daß er oftmals die Schriften Seiner Gnaden gelesen habe. Und Swift, dessen Urteil für gewöhnlich nicht von einem Übermaß an Höflichkeit geprägt war, verleiht (in einem Brief an einen jungen Kleriker) dem Erzbischof das Attribut ›hervorragend‹.« An späterer Stelle fügt Thomas Birch hinzu: »Addison betrachtet die Schriften Seiner Gnaden als höchstes Richtmaß unserer Sprache; und dementsprechend merkte er bestimmte Passagen in den

Predigten an, die bereits zu seinen Lebzeiten publiziert worden waren; sie sollten als Basis für ein englisches Wörterbuch dienen, das dieser talentierte Schriftsteller plante, als er bei dem Regierungswechsel während der Ära von Queen Anne all seiner öffentlichen Ämter verlustig ging.« Niemand schrieb je besseres Englisch als diese drei berühmten Autoren: Dryden, Swift und Addison; und wenn es stimmt, daß sie aus den Schriften Tillotsons gelernt und von ihnen profitiert haben, so räumt ihm das eine Bedeutung ein, die man ihm sonst nicht zugebilligt hätte. Vielleicht ist also die Annahme nicht zu vermessen, daß wir heute so und nicht anders schreiben, weil der Erzbischof so schrieb und nicht anders.

Es gibt zwei Stilrichtungen englischer Prosa: die schlichte und die überladene. Die bedeutendsten Vertreter der zweiten Stilrichtung unserer Literatur sind natürlich Sir Thomas Browne und Jeremy Taylor mit *The Rule and Exercises of Holy Dying*. Nur ein Narr wird die Schönheit ihres jeweiligen Stils bestreiten. Jedoch den einen oder den anderen als brillant zu bezeichnen, käme einer Abwertung gleich. Auf einer anderen Ebene könnte man auch Samuel Johnson und Edward Gibbon dazuzählen. Doch hier scheiden sich die Geister. Es gibt überkritische Leute, die kein gutes Haar an ihnen lassen. Aber tatsächlich ist es so: Sie sind wie eine Droge; ist man erst einmal auf den Geschmack gekommen, kann man ebensowenig aufhören wie der Süchtige mit seinem Stoff. Wie pathetisch und schwülstig sie auch sind, man liest sie gebannt und zunehmend mit schmunzelnder Begeisterung.

Von diesen beiden Stilrichtungen, der schlichten und der überladenen, läßt sich schwer sagen, ob die eine nun besser ist als die andere. Es gibt kein richtig oder falsch. Es ist reine Geschmackssache. Ich denke nur, der schlichte Stil eignet sich eher für Themen mit pragmatischem Inhalt als der überladene. Geht es einem in erster Linie um das Thema einer Abhandlung, also mehr um Brot und Butter als um die Marmelade darauf, so ist man ohne Verzierungen sicher überzeugender. Um dies zu untermauern, empfehle ich dem Leser, einmal Jeremy Taylors *Liberty of Prophesying* mit *Holy Dying* zu vergleichen. *Holy Dying* ist ein Musterbeispiel für schillernde Arabesken und üppig bildhafte Schilderung. *Liberty of Prophesying* dagegen ist so einfach und direkt geschrieben (natürlich in der Diktion der Zeit), als wäre es ein offizieller Bericht über den Zustand der Marine; denn hier befaßte sich Taylor mit einem Stoff, der ihn ganz persönlich berührte. Seine reichen Pfründe waren eingezogen worden, sein Grundbesitz enteignet, sein Haus geplündert, und er samt Familie auf die Straße geworfen. Nach weiteren Schicksalsschlägen fand er Unterschlupf in Südwales, wo ihn ein Landedelmann, der Earl of Carbery, aufnahm. Seine Frau und die Kinder folgten ihm dorthin. Lord Carbery ernannte ihn zu seinem Hauskaplan, doch sein Gehalt war klein, und wie zu vermuten, wurde es nur unregelmäßig bezahlt. Unter diesen nicht gerade rosigen Bedingungen schrieb er *The Liberty of Prophesying*. Er hatte viel durchgemacht, seine Aussichten waren düster, und er war von der fragwürdigen Großzügigkeit seines Gönners abhängig. So ist es nicht verwunderlich, daß er bei der Niederschrift dieses Buches den »Glanz der Bilder« (ich zitiere hier Edmund Grosse) »vermissen ließ, der für seine besten Werke so typisch ist«. Seine Sprache ist klar, direkt, wenn auch ein bißchen trocken. Die Grundidee läßt sich in wenigen Worten umreißen; und der Chronist der frühen Stuarts hat sie genau erfaßt: »Vernunft ist der oberste Richter in der Religion wie in anderen Bereichen; da Vernunft jedoch eine ganz individuelle Veranlagung ist, so kommt es leicht zu differierenden Ansichten. Weil aber kein Mensch sicher sein kann, daß seine Auffassung richtig oder besser als die eines anderen ist, darum ist es falsch, unorthodoxe Auffassungen zu verketzern, denn es gibt keinen stichhaltigen Beweis, daß sie auf einem Irrtum beruhen.« Kann man sich etwas Vernünftigeres vorstellen?

The Liberty of Prophesying wurde 1646 verfaßt, *Holy Dying* 1651. In den Jahren, die Jeremy Taylor auf Golden Gove, dem Landsitz Lord Carberys, lebte, war die Frau des Earls sein größter Rückhalt; sie war offenbar eine gütige, kluge und unerschrockene Frau. Sie starb nach dreizehnjähriger Ehe, und von ständigen Schwangerschaften erschöpft, bei der Geburt ihres zehnten Kindes. Das war 1650. Ein Jahr danach starb auch Taylors Frau. Daß diese Ereignisse ihn veranlaßten, *Holy Dying* zu schreiben, ist ganz natürlich. Alle stimmen darin überein, daß es von seinen Werken das bedeutendste ist. Kritiker überboten sich in ihrem Lob von Schönheit und Reichtum seiner Sprache, von »ihrem durchsichtigen und nachhaltigen Glanz«, und der überwältigenden Fülle seiner bildhaften Vergleiche. Der Stil ist völlig anders als der von *The Liberty of Prophesying*. Dort setzte er sich mit seinem persönlichen Mißgeschick auseinander, er schrieb nicht zur Erbauung, sondern um zu überzeugen. In *Holy Dying* ließ er seinen besten Anlagen freien Lauf. Zweifellos war sein Schmerz über den Verlust der großzügigen Countess und seiner geliebte Frau tief und ehrlich. Mit *Holy Dying* hat er nicht nur ein unvergängliches Denkmal für diese beiden Frauen geschaffen, sondern möglicherweise auch Trost für sich selbst in den sinnreichen Gedanken gefunden, die ihm seine reiche Phantasie schenkte und die er in so klangvollen Sätzen zu Papier brachte. Es ist eben das unschätzbare Privileg eines wirklich schöpferischen Künstlers, daß er sich im Schöpfungsakt von den Wunden des Lebens heilen kann.

Von diesen beiden englischen Stilarten ist meines Erachtens die schlichte zum tagtäglichen Gebrauch geeigneter als die überladene. Die überladene setzt eine Perfektion voraus, die nur ganz selten erreicht wird; und in unserer ganzen Literatur war dies, soviel ich weiß, nur bei den beiden bisher von mir erwähnten Autoren der Fall. Weniger geniale Schriftsteller haben sich darin versucht, doch die Zeit ist wenig freundlich damit umgegangen. Thomas de Quincey galt um die Mitte des vergangenen Jahrhunderts bei versierten Kritikern als der größte unter den Meistern englischer Prosa. Sie lobten seine Fähigkeit, in unnachahmlicher Manier die Feinheiten und den Reichtum unserer Sprache herauszuarbeiten. Ich finde seinen Stil geschwollen und exaltiert. Vor ein paar Jahren brachte Richard Aldington eine Anthologie, mit Prosa und Gedichten von Schriftstellern des neunzehnten Jahrhunderts heraus, der er den Titel *The Religion of Beauty* gab. Die Gedichte haben ihre ursprüngliche Anmut und Frische bewahrt, doch die Stilisten wie etwa George Meredith, Walter Pater, Max Beerbohm sind leider bereits antiquiert. Liest man die einst köstliche Szene aus *The Ordeal of Richard Feverel* von Meredith, so wirkt die Begegnung von Ferdinand und Miranda heute fast peinlich. Der Abschnitt aus Walter Paters *Æsthetic Poetry* ist dürr und muffig; man hat das Gefühl, daß er ohne einen echten Einfall konzipiert und ohne Bemühen hingeschrieben wurde. Die einzigen Prosastücke in diesem interessanten Band, die man mit Vergnügen lesen kann, sind jene, bei denen der Verfasser nicht den Versuch macht, in gehobener Sprache zu schreiben, sondern beim schlichten Englisch bleibt, so beispielsweise Arthur Symons Arbeit über den armen Ernest Dowson.

3 Sucht man einen Beweis für die Richtigkeit von Buffons Ausspruch: *le style est l'homme même*, kann man schwerlich einen besseren heranziehen als John Tillotson. Ich möchte deshalb, so knapp wie möglich seinen Lebenslauf skizzieren. Obwohl er bewegte Zeiten erlebte, den Bürgerkrieg, das Protektorat von Oliver Cromwell, die Restauration, die Kriege mit den Niederlanden, die Pest, das große Feuer von London und die Glorreiche Revolution, verlief doch sein Leben völlig undramatisch. Er war ein guter Mensch, und bekanntlich ist es viel schwieriger über einen guten Menschen Spannendes zu berichten als über einen Bösewicht. In der National Portrait Gallery hängt ein Bild von ihm. Es zeigt einen

ältlichen, freundlichen Mann mit etwas feistem Gesicht, aber wohlgeformt und sympathisch. Abgesehen von der geistlichen Tracht, könnte man es für das Porträt eines wohlsituierten Gastwirts halten. Auch wenn er mit zunehmendem Alter recht korpulent wurde, soll er in jungen Jahren sehr gut ausgesehen haben, schlank und mit ausdrucksvollen Augen. Außerdem besaß er wohl eine beachtliche Portion jener Gabe, der man im siebzehnten Jahrhundert nicht soviel Bedeutung beigemessen hat wie heute – nämlich Charme. Zwar ist das eine etwas fragwürdige Tugend, denn häufig wird damit ein sonst nutzloses Wesen etikettiert, und man muß sich davor in acht nehmen; wenn er aber mit Begabung, Rechtschaffenheit und hoher moralischer Gesinnung verbunden ist, dann macht er seinen glücklichen Besitzer einfach unwiderstehlich.

Tillotson wurde 1630 in Sowerby in Yorkshire geboren. Sein Vater stammte aus einer alten Familie des niedrigen Landadels und war von Beruf Tuchhändler. Es war damals gar nicht so ungewöhnlich, daß sogar die jüngeren Söhne aus dem höheren Adel Kaufleute wurden. Nach den Romanen von Austen zu schließen, begann man dies erst gegen Ende des achtzehnten Jahrhunderts als gesellschaftlichen Abstieg anzusehen, und in der viktorianischen Ära erreichte dieses Vorurteil seinen Höhepunkt; es bedurfte erst zweier Weltkriege, um es wieder loszuwerden. Ein Tuchhändler war der Mittelsmann, der die frischgeschorene Wolle von den Schafhaltern kaufte und sie den Heimarbeitern zum Spinnen und Weben gab; Garn und Tuch verkaufte er dann mit Gewinn weiter. Tillotsons Vater war ein fanatischer Puritaner, und die frühe Erziehung des Knaben war äußerst streng. Nachdem er mit Siebzehn das Gymnasium mit Auszeichnung abgeschlossen hatte, ging er nach Cambridge. Dort las er das »unsterbliche Werk des Dr. Chillingworth« und lernte hierdurch die Cambridge-Platoniker eingehend kennen. Sein Biograf Thomas Birch, Mitglied der englischen Staatskirche, ist der Meinung, daß er sich damit von seinen früheren Vorurteilen befreite;

»trotzdem«, so fügt er hinzu, »hielt er weiter an den strengen Lebensregeln fest, die ihn geprägt hatten, und er bewahrte sich die rechte Einschätzung und gebührende Liebe für die Menschen jenes Glaubens (die Puritaner)«. In der vorgesehenen Zeit machte er seinen Doktor und wurde mit Einundzwanzig zum Fellow an seinem College gewählt. Sein ehemaliger Tutor, Mr. Clarkson, übergab ihm nun seine eigenen Schüler. Einer von ihnen, John Beardmore, hinterließ einen Bericht über Tillotsons Unterrichtspraxis. »Er war ein vorzüglicher Wissenschaftler«, schreibt er, »ein scharfsinniger Logiker und Philosoph, er argumentierte versiert, sein Urteil war stets fundiert, und er war in jeder Hinsicht der ihm gestellten Aufgabe gewachsen ... Wenn wir in seinem Unterrichtsraum zur Abendandacht zusammenkamen, ließ er uns zunächst ein Kapitel aus dem Griechischen Testament ins Lateinische übertragen; und danach mußte der eine oder andere von uns über seine Tageslektüre referieren ... Dies geschah immer auf Lateinisch, denn ich kann mich nicht erinnern, daß er bei diesen Zusammenkünften je ein Wort Englisch mit uns gesprochen, oder es einem von uns zu tun erlaubt hätte.« Seine Gebete waren nach dem presbyterianischen Ritus »empfunden«, wie es heißt, also improvisiert. Werktags, wenn seine Schüler ihn verließen, hielt er meist einen zurück, um sich noch mit ihm zu unterhalten, ihn zu Ausdauer, Ernst und Fleiß bei seinen Studien zu ermuntern, oder ihm zu sagen »falls er irgendeinen Fehler bemerkt oder gehört hatte, und wer es verdiente, wurde streng zur Rechenschaft gezogen. Er achtete sehr auf das Betragen seiner Schüler und war denen zugeneigt, die er sich gut betragen sah, und brachte ihnen Achtung entgegen, doch war er streng mit denen, die es nicht taten.« John Beardmore fügt hinzu, sein Tutor sei »ein Mann von großem Geist« gewesen, »scharfsinnig, direkt und angenehm im Gespräch, doch mit einem Betragen und Ernst, die weit über sein Alter hinausgingen«. Ich darf noch einmal daran erinnern, daß er damals erst Anfang Zwanzig war.

1656 verließ Tillotson Cambridge, um den Sohn von Edmund Prideaux zu unterrichten, der damals Erster Kronanwalt war. Eine solche Stellung im Haus eines Mannes von Rang oder in prominenter politischer Position war für einen jungen Geistlichen die beste Garantie für seine Karriere; und nach der Restauration führte sie mit Sicherheit zu Pfründen, Dekanaten oder sogar Episkopaten. Da Tillotson auch als Prideaux' Hauskaplan fungierte, mußte er wohl ordiniert worden sein; doch wann das geschah, ist ungewiß. Da er nur von einem presbyterianischen Geistlichen ordiniert worden sein konnte, war es in späteren Jahren vermutlich besser, die Frage nicht mehr aufs Tapet zu bringen.

Oliver Cromwell starb 1658, und 1660 begann Charles II. seine verhängnisvolle Regierung. Tillotson unterwarf sich dem Act of Uniformity und wurde dadurch Mitglied der Church by Law Established (Anglikanische Staatskirche). Er erhielt die Priesterweihe von einem alten schottischen Bischof in Galloway, »der damals in dieser Funktion großen Zulauf hatte«. In einer Anmerkung sagt John Beardmore, daß »dieser Bischof alle englischen Geistlichen geweiht hat, die zu ihm kamen, ohne von ihnen Schwüre oder Subskriptionen zu verlangen, und wie man annimmt, tat er das nur, um mit den Gebühren für die von ihm ausgestellten Weihbriefe seine Existenz zu sichern, denn er war arm«.

Tillotsons erstes Kirchenamt war das Kurat von Cheshunt in Hertfordshire; so nahe bei London konnte er oft seine Freunde dort besuchen, und da er bereits als Prediger einen guten Ruf hatte, wurde er häufig auf verschiedene Kanzeln eingeladen. 1663 erhielt er die Pfarre von Ketton in Suffolk, die durch die Relegation des bisherigen Pfarrers, eines Dissenters, vakant geworden war. Die Pfründe betrug zweihundert Pfund im Jahr. Thomas Birch meint etwas naiv, daß der amtsentsetzte Pfarrer zumindest die Genugtuung hatte, einen so überragend fähigen, offenherzigen und bescheidenen Nachfolger gefunden zu haben. Während seiner Amtszeit dort wurde Tillotson einmal gebeten, an Stelle des ständigen Predigers an der Society of Lincoln's Inn (anglikanisch-theologisches Seminar und Lateinschule) zu predigen; und wie es der Zufall wollte, war einer der Kuratoren, ein Mr. Atkins, anwesend und von Tillotsons Predigt so begeistert, »daß er in die Sakristei ging und ihn fragte, ob er an der Stelle als ständiger Prediger interessiert sei, da diese bald frei werde«. Tillotson wurde tatsächlich in das Amt gewählt, und zwar »zu denselben Bedingungen wie sein Vorgänger, nämlich hundert Pfund, zahlbar in gleichen Teilen jeweils am Ende eines Quartals; die erste Rate mit Beginn des nächsten Quartals, dazu fünfundzwanzig Pfund Diäten während der Ferien, Kostgeld für sich und seinen Diener während des Semesters und ein Zimmer. Und fünf gewählte Kuratoren überbrachten ihm die Nachricht seiner Einsetzung und unterrichteten ihn über die von ihm zu erfüllenden Pflichten: er habe während des Semesters am Tag des Herrn zweimal zu predigen, des weiteren vor und nach Semesterschluß und in der Studierzeit, während der Ferien einmal am Tag des Herrn und je nach Bedarf; auch habe er zusammen mit dem Hauskaplan das Abendmahl auszuteilen, sowohl während des Semesters als auch in den Ferien; zudem habe er ständig in der Institution zu wohnen, und sich nur mit Genehmigung des Kuratoriums von dort zu entfernen.«

Zugegebenermaßen verlangte das Kuratorium von Lincoln's Inn eine Menge für sein Geld. Doch insgesamt war die Vereinbarung so befriedigend, daß Tillotson beschloß, nach London zu übersiedeln. Er hatte erst kürzlich geheiratet. Seine Frau war Oliver Cromwells Nichte. Man weiß recht wenig über sie, außer, daß sie ihrem Mann zwei Töchter schenkte und ihn überlebte. Wenn wir ein wenig spekulieren wollen, so können wir uns vorstellen, daß er ihr bereits begegnete, als er noch Kaplan beim Kronanwalt des Protektors war; vielleicht bestand schon damals ein stilles Einverständnis zwischen ihnen; nur war er derzeit wohl kaum in der finanziellen Lage, zu heiraten. Damals wäre die Verbindung für ihn sicher von Vorteil gewesen; doch als er sie nun heiratete, nachdem sein Gehalt in Ketton ihm das erlaubte, war ihm das hoch anzurechnen. Inzwischen hatte man nämlich Cromwells Leiche auf einem Weidengeflecht nach Tyburn gezerrt und mitsamt dem Sarg an den Galgen gehängt und jegliche Verwandtschaft mit dem Usurpator galt als höchst verdächtig. Seine Einkünfte von Lincoln's Inn waren klein, und um eine Frau zu ernähren hatte John Tillotson die Pfründe von Ketton bitter nötig. Obwohl er fast das ganze Jahr in London sein mußte, hätte er es ohne Bedenken ebenso machen können wie viele andere Pfründner, die nicht in ihrer Pfarrei leben wollten und sich für die Kleinigkeit von zwanzig Pfund im Jahr einen Kurat engagierten, der ihre Aufgaben übernahm. Doch das war nicht Tillotsons Sache, er verzichtete auf die Sinekure. Möglich, daß er es sogar mit einiger Erleichterung tat, denn seine Gemeinde bestand aus Puritanern und Presbyterianern, die seine Art zu predigten nicht sonderlich schätzten. Glücklicherweise hatte er damit in Lincoln's Inn so viel Erfolg, daß er innerhalb eines Jahres zum Hilfsprediger von St. Lawrence Jewery ernannt wurde. Dort »erfreute er sich für gewöhnlich einer zahlreichen Zuhörerschaft, die aus den entlegensten Teilen der Metropole herbeiströmte, sowie einer beträchtlichen Zahl von Klerikern, die zur Erbauung ihres Geistes kamen«. Viele Menschen, die ihn sonntags in Lincoln's Inn hörten, gingen am darauffolgenden Donnerstag nach St. Lawrence Jewery, weil sie hofften, die gleiche Predigt noch einmal zu hören.

Zur damaligen Zeit waren Predigten außerordentlich beliebt. Ihr Echo war so groß, daß die Politiker der Restauration es für nötig hielten, eine gewisse Kontrolle auszuüben. Man legte den Predigern nahe, möglichst viel Gewicht auf die moralischen Pflichten des Menschen zu legen und theologische Spitzfindigkeiten zu vermeiden. Akt der Gnade und Vorherbestimmung, wie sie die Puritaner predigten, sollten nicht erwähnt werden. Die Predigten waren lang, oft extrem lang; und es heißt, daß die Kirchendiener von Westminster Abbey dem Organisten das Zeichen zum Spielen gaben, wenn sie meinten, es wäre für Isaak Barrow, den Master of Trinity, an der Zeit, aufzuhören. Einmal soll er über das Thema Nächstenliebe dreieinhalb Stunden gepredigt haben. Vielleicht war ein Grund für Tillotsons Erfolg, daß »er sich Zurückhaltung auferlegte, sowohl was die Blumigkeit des Stils als auch die Weitschweifigkeit anbetraf«. Sein Biograf bezeichnet seine Predigten als gediegen und doch lebhaft, sowohl ernst als auch geschliffen. Er verzichtete auf lange, gezierte Perioden. Seine Sätze waren kurz und klar, das Ganze war aus einem Guß, leicht verständlich und prägnant. Sehr bald schon galt er als der beste Prediger seiner Zeit.

Ein paar Jahre nachdem er sich in London niedergelassen hatte, brach die Pest aus. Viele Kleriker, sowohl Anglikaner als auch Nonkonformisten, flohen aus der Stadt. Tillotson war nicht der Mann, diesem Beispiel zu folgen. Er blieb da, pflegte die Kranken und spendete den Sterbenden Trost.

Seine Verdienste fanden Anerkennung. Im Lauf der Zeit erhielt er eine Pfründe in Canterbury, ebenso eine Pfründe und Residentenstelle an St. Paul's. Falls der Leser nicht weiß, was das ist, möchte ich es erklären: Es ist die klerikale Bezeichnung für eine Dienstwohnung, gekoppelt mit festen Bezügen, die einem Domherrn gewährt werden. Auf Vorschlag des Historikers Burnet wurde Tillotson als Kaplan von Charles II. berufen. 1672 avancierte er ins Dekanat von Canterbury. Eines Tages wurde er überraschend gerufen, um vor dem König zu predigen. Als er am Ende war, trat ein Kammerherr zum König, der die ganze Zeit fest geschlafen hatte, und sagte: »Schade, daß Eure Majestät eingenickt waren, so ist Euch der brillanteste Exkurs über Hobbismus entgangen, den Ihr je zu Ohren bekamt.« Und der König erwiderte: »Verflixt, dann soll er ihn eben drucken lassen!« Er ließ den Lord Chamberlain rufen und gab ihm den Auftrag, die Predigt des Dekans in Druck zu geben. Hobbes' These, die vermutlich nicht alle im Gedächtnis haben, besagt, daß die Macht des Souveräns uneingeschränkt sei. Schrankenloser Macht auf der einen Seite entspricht bedingungslose Unterwerfung auf der anderen Seite. Der Herrscher mag ein Despot sein, doch Despotie ist besser als Anarchie; und Widerstand gegen ihn ist so nutzlos wie verbrecherisch. Seiner Macht ist nur eine Grenze gesetzt: das Recht auf Selbstverteidigung ist absolut, und somit hat der Untertan auch das Recht auf Selbstverteidigung gegenüber dem Herrscher.

Die Anordnung des Königs hatte wenig glückliche Folgen. Konforme Kleriker wie Dissidenten nahmen gleichermaßen Anstoß an der Predigt. Vor allem eine Passage rief heftige Kritik hervor: »Ich kann mir nicht vorstellen«, sagte Tillotson, »bis man mich eines Besseren belehrt, wozu ich stets bereit bin, daß ein vorgetäuschter Gewissenskonflikt es einem Manne erlaube ... sich der etablierten Religion eines Staates zu widersetzen, mag sie auch die falsche sein, und somit unter Mißachtung von Magistrat und Gesetz andere offen von ihrem Glaubensbekenntnis abzubringen. Das einzige, was Menschen mit anderem Bekenntnis in solch einem Falle vernünftigerweise beanspruchen können, ist der Genuß der persönlichen Freiheit und deren Ausübung nach Überzeugung und Gewissen, was sie mit Dank erfüllen und davon abhalten sollte, öffentlich für ihre Religion (von der sie nicht einmal wissen, ob es die richtige ist) zu missionieren, bis sie entweder von Gott den Auftrag dazu erhalten, oder die Vorsehung Gottes diesen Auftrag an die weltlichen Instanzen abtritt.«

Heute erscheint uns das durchaus vernünftig, aber damals wogten die Gemüter, und der Dekan von Canterbury wurde auf das heftigste attackiert. Dr. Patrick, der spätere Bischof von Ely, forderte, daß er entweder durch einen Widerruf Genüge leiste, oder wenn nicht, ohne Pardon aus der christlichen Kirche ausgestoßen werden solle. Mr. Howe, ein gelehrter nonkonformistischer Geistlicher, sagte im Lauf eines langen Gesprächs mit dem Dekan, wie sehr es ihn schmerze, daß er in seiner Predigt gegen den Papismus gerade diesen gegen alle Reformer verteidige. »Der Dekan weinte zuletzt bitterlich und sagte, daß dies das größte Mißgeschick wäre, das ihm seit langem zugestoßen sei; und er nun einsehe, daß seine Behauptung nicht aufrechtzuhalten sei.« Es half nichts. Als sein Eingeständnis bekannt wurde, warf man ihm vor, er habe den Dissidenten nach dem Munde geredet, ohne die Kränkung, die er seinen eigenen Amtsbrüdern zugefügt habe, aus der Welt zu schaffen.

Was diesen Vorwürfen ein wenig Berechtigung gab, war, daß Tillotson, der seine jungen Jahre in einem puritanischen Milieu verlebt hatte, auch späterhin in gutem Einvernehmen mit seinen nonkonformistischen Freunden stand. Doch er hatte sich in aller Aufrichtigkeit dem Act of Uniformity unterworfen. Die Grundregeln der etablierten anglikanischen Staatskirche, die einerseits die Härten der sich widersprechenden Sekten ablehnte und andererseits die Dogmen, die etwas salopp als Papisterei bezeichnet wurden, entsprachen wohl eher seinem ausgeglichenen, frommen und vernünftigem Charakter; offenbar hat er auch nie bei den Differenzen, welche die verschiedenen protestantischen Glaubensrichtungen spalteten, ernsthaft Partei ergriffen. Sein aufrichtiger Wunsch war, daß jede Seite Konzessionen machen solle, damit zumindest die weniger fanatischen Nonkonformisten zurück in die Kirche finden könnten. Doch seine maßvolle Haltung wurde verketzert und nicht als Tugend betrachtet.

Ich habe nun nicht die Absicht, die Religionszwistigkeiten zu schildern, die während der Regierungszeit von Charles II. für soviel Zündstoff sorgten. Uns mögen sie sehr wohl lächerlich scheinen. Um die Frage, ob ein Geistlicher ein Chorhemd tragen soll oder nicht, lohnt es sich nicht zu streiten. Ob ein Kommunikant das Abendmahl kniend auf den Altarstufen empfangen soll, oder sitzend in seiner Bank, dürfte wohl eher eine Sache der Gepflogenheit sein als ein religiöser Grundsatz. Der Act of Uniformity brachte etwa zweitausend Pfarrer um ihr Amt, und der Five Mile Act, der es ihnen untersagte, näher als acht Kilometer an eine Gemeinde heranzukommen, machte es ihnen sehr schwer, noch ihren Lebensunterhalt zu verdienen. Viele verarmten so, daß sie zu den niedrigsten Arbeiten gezwungen waren. Die Testakte (von 1673) beraubte alle, die den Treueid auf das Supremat verweigerten und die Sakramente nicht nach dem Ritus der anglikanischen Staatskirche empfangen wollten, und die auch dem Glauben an die wunderbare Verwandlung von Brot und Wein in den Leib und das Blut Christi nicht abschwören wollten, der Möglichkeit, ein öffentliches Amt ziviler oder militärischer Art zu bekleiden. Das betraf Nonkonformisten und Katholiken gleichermaßen. Ich muß hinzufügen, daß der Treueid die Anerkennung des Königs als gesetz- und rechtmäßigen Herrschers verlangte und den päpstlichen Anspruch verwarf, nach dem ein ketzerischer und exkommunizierter Fürst abgesetzt und ermordet werden darf. Der Großteil der englischen Bevölkerung betrachtete die Katholiken als Verräter, und viele schrieben das Große Feuer von London 1666 ihrer Teufelei zu. Sogar Milton glaubte, daß die Staatsräson ihren Ausschluß vom Duldungsakt rechtfertige.

4 Im Jahr 1683 trat ein Ereignis ein, das John Tillotsons weiteres Leben nachhaltig beeinflussen sollte. Es war die Aufdeckung dessen, was später als die »Rye-House-Verschwörung« bezeichnet wurde. Ein Wiedertäufer namens Keeling, von Beruf Salz- und Ölhändler, dessen Geschäft darniederlag, kam auf die Idee (wie Burnet es formulierte), daß der Beruf als Zeuge wesentlich einträglicher sei. Er begab sich zu Lord Dartmouth, der ein Amtsträger am königlichen Gericht war, und berichtete ihm von einem geplanten Attentat auf den König und den Herzog von York. Dartmouth schickte ihn weiter zu Sir Leonine Jenkins, der Innenminister und ein glühender Royalist war; dieser wiederum unterrichtete die übrigen Kabinettsmitglieder. Bald sickerte das Gerücht durch. Zwei

Männer, Rumsey und West, die Keeling genannt hatte, wurden ermittelt. Sie hatten im Parlamentsheer gedient und, laut Burnet, mit diesem absurden Vorhaben geprahlt, doch »als sie merkten, daß sie sich zu vielen Leuten, die sie vielleicht verraten könnten, anvertraut hatten, einigten sie sich auf eine hieb- und stichfeste Version ihrer Geschichte, damit sie sich nicht gegenseitig widersprächen«. Auch beschlossen sie, sich selbst zu stellen und mit einem Geständnis nicht nur ihr Leben zu retten, sondern auch eventuell eine Anstellung als Spitzel zu finden »gegen die zahllosen Abgesandten des Teufels, die in England ihr Unwesen trieben«.

West behauptete, daß der König und der Herzog von York an einem bestimmten Tag ermordet werden sollten, wenn sie wie gewöhnlich von den Rennen in Newmarket nach London zurückfuhren. Als Tatort habe man das Rye House gewählt, eine Farm, die einem gewissen Rumbold, einem der angeblichen Verschwörer, gehörte und die er für diesen Zweck zur Verfügung gestellt hatte, da hier die königliche Kutsche eine Engstelle zwischen hohen Böschungen passieren mußte und so leicht aufgebracht und der König ergriffen werden konnte. Was die Geschichte zu bestätigen schien, war der Umstand, daß wegen eines Feuers, bei dem die halbe Stadt niederbrannte, der König und sein Bruder, eine Woche früher als beabsichtigt Newmarket verließen und somit der Plan ins Wasser fiel. West bezichtigte den Duke of Monmouth, Lord Russell, den Earl of Essex, Algernon Sydney und Lord Howard of Escrick, zu den Verschwörern zu gehören. Alle mit Ausnahme von Monmouth wurden verhaftet. Lord Russell, Sohn und Erbe des Earl of Bedford, war der Führer einer Agrarierpartei, die später als die Whigs bekannt wurde. Er hätte ins Ausland fliehen können, doch er zog es vor, zu bleiben und seinen Anklägern gegenüberzutreten. Er wurde in den Tower gebracht, und wegen Hochverrats vor Gericht gestellt. Lord Howard, den entehrten Träger eines ehrwürdigen Namens, entdeckte man nach langem Suchen in einem Kamin versteckt; und als man ihn ergriff, brach er in Tränen aus. Um sein Leben zu retten, meldete er sich als Kronzeuge. Er schwor, daß im vergangenen Jahr die Rede von einer Revolte gewesen sei. Das stimmte. Shaftesbury, Drydens Achitophel, »wagemutig, stolz und von aufrührerischem Geiste«, war in Ungnade gefallen, verhaftet und des Hochverrats beschuldigt worden; doch auf Kaution entlassen, war er untergetaucht. In seiner Wohnung in Wapping fand ein Treffen statt, an dem Monmouth, Lord Essex, Lord Russell und einige weniger Prominente teilnahmen und bei dem die Möglichkeiten eines Aufstands erwogen wurden; doch aus verschiedenen Gründen ließ man die Sache fallen. Shaftesbury, krank und entmutigt, floh in seiner Angst als presbyterianischer Geistlicher verkleidet in die Niederlande, wo er bald darauf starb.

Bei dem Prozeß schwor Rumsey, daß bei einem Treffen im Haus des Weinhändlers Shepard, dem die Verschwörer absolut vertrauten und an dem Russell zusammen mit anderen teilgenommen hatte, der Vorschlag gemacht worden war, die königliche Wache zu überwältigen, was der Lordoberrichter in seiner Zusammenfassung als Plan zur Tötung des Königs auslegte. Shepard bestätigte das im Zeugenstand. Lord Russell gab zu, daß er bei Shepard gewesen war, doch sei er nur auf einen Vorschlag von Monmouth hingegangen, um den Sherry zu kosten. Er habe dort zwar wirres Gerede gehört, sich aber nicht daran beteiligt und sei bald gegangen. Den Geschworenen fiel es sicher schwer, zu glauben, daß sich der Herzog mit Russell bei dem Weinhändler lediglich traf, um den Sherry zu probieren. Zu Lord Russells Unglück beging Lord Essex, der nach seiner Verhaftung in Schwermut verfallen war, aus offensichtlich scheinenden Gründen am Tag des Prozeßbeginns Selbstmord. Dies schien einem Schuldbekenntnis gleichzukommen, zum erheblichen Nachteil des Angeklagten. Beide Denunzianten stimmten recht gut in ihren Aussagen überein, Lord Howards Beweise waren vernichtend, und die Geschworen kamen zu dem Urteil: Schuldig des Hochverrats. Lord Russell wurde zum Tod verurteilt.

Versuche zu seiner Rettung wurden unternommen. Lord Bedford bot zunächst fünfzigtausend, dann hunderttausend Pfund, falls das Leben seines Sohnes geschont werde. Das Angebot wurde abgewiesen. Russell wußte nur zu gut, daß sein Fall hoffnungslos war; trotzdem und um seiner Frau, die er über alles liebte, in ihrer Verzweiflung zu zeigen, daß er nichts unterlassen habe, um sein Leben zu retten, schickte er dem König und dem Herzog von York eine Bittschrift, in der er ihnen anbot, im Ausland zu leben und sich nie wieder in die Geschicke Englands einzumischen. Lady Russell war die Tochter des Earls of Southampton und die Witwe von Lord Vaugham als Russell sie heiratete. Sie war eine jener Frauen, die in der Geschichte Englands nicht selten sind: liebende Gattin, zärtliche Mutter, mit strengen Moralprinzipien, intelligent, gebildet, und konsequent in der Erfüllung ihrer Pflichten – eine Edelfrau nicht nur von Geburt, sondern auch in ihrem ganzen Wesen. An diesem korrupten Hof, wo die Höchsten des Landes bestechlich waren und man Keuschheit bei Frauen belächelte, wurde sie geachtet, geliebt und bewundert. Die Bittschrift bewirkte nichts. Der König und der Herzog von York haßten Russell, da er sich vehement für die Bill of Exclusion eingesetzt hatte, durch die verhindert werden sollte, daß der Herzog von York als Katholik nach dem Tod seines Bruders den Thron bestiege.

Nach seiner Verurteilung bat Russell Tillotson, den Dekan von Canterbury, und Burnet zu sich. Tillotson, ein alter Freund der Russells, hatte dem Prozeß beigewohnt und auch zu Russells Gunsten ausgesagt. Die beiden Geistlichen versuchten nun Russell eine Erklärung abzuringen, in der er den Widerstand gegen den Souverän als ungesetzlich anerkannte, um damit eventuell den König zu einer Begnadigung zu bewegen. Burnet war offenbar der Meinung, sie hätten Russell tatsächlich überredet, und er bat Tillotson, zu Lord Halifax zu gehen, um ihn davon zu unterrichten und ihn zu bitten, dies dem König mitzuteilen. Das tat Halifax auch und berichtete dem Dekan später, keine Äußerung zuvor habe den König so tief

bewegt. Am Tag darauf machte Tillotson Russell seine Aufwartung; er sagte ihm, wie froh er sei, daß der fragliche Punkt so glücklich gelöst worden sei, was ihm gewiß zum Vorteil gereichen werde. Doch zu seiner Bestürzung erklärte ihm Russell, dies sei keineswegs der Fall. »Er war noch immer der Ansicht, daß der König dem Gesetz unterworfen sei, und wenn er die ihm gesetzten Grenzen durchbreche, seine Untertanen sich dagegen verwahren und ihn in seine Schranken weisen könnten.« In großer Sorge beschloß der Dekan am nächsten Tag, es war der Tag vor der Hinrichtung, Russell noch einmal zur Umkehr zu bewegen. Da er ihn im Kreise seiner Familie glaubte, weshalb er so keine Gelegenheit haben würde, mit ihm allein zu sprechen, schrieb er einen Brief, den er ihm mit der Bitte geben wollte, ihn zu lesen und zu überdenken.
Er lautete wie folgt:

My Lord,
ich war herzlich erfreut Eure Lordschaft heute morgen so gefaßt und frommen Sinnes beim Empfang des Sakraments anzutreffen. Doch Seelenfrieden, wenn nicht wohlbegründet, bedeutet nicht viel. Da jedoch das gesprochene Wort aus Mangel an Zeit häufig wenig Gewicht und Wirkung hat, deshalb unterbreite ich Eurer Lordschaft in inniger Anteilnahme an Eurer Lordschaft Fall und aus aller Zuneigung heraus, die ein Mann für einen anderen zu empfinden vermag, ergebenst und zum ernsthaften Bedenken folgende Überlegungen, welche die Punkte des Widerstands betreffen, falls unser Glaube und unsere Rechte beeinträchtigt werden sollten; wie Eure Lordschaft es für gegeben halten, so habe ich Dr. Burnet dahingehend verstanden, daß Eure Lordschaft sich bereits befriedigend entschieden hätten, Euch nun aber gewandelten Sinnes finde.
Zum ersten verbietet die christliche Religion entschieden die Auflehnung gegen die Obrigkeit.

Zum zweiten, daß obwohl unsere Religion per Dekret erlassen (worin Eure Lordschaft den Unterschied sehen zwischen unserem Fall und dem der Urchristen), so wird doch im gleichen Gesetz, das unsere Religion begründet, erklärt, »daß es wider das Gesetz ist, unter welchem Vorwand auch immer, die Waffen zu ergreifen etc.« Daneben besteht ein besonderes Gesetz, das besagt, daß die militärische Macht ausschließlich beim König liegt. Dies also bindet die Hände der Untertanen, obwohl dem Gesetz der Natur zufolge, wie auch nach den Regeln der Heiligen Schrift uns die Freiheit eingeräumt sei, was ich allerdings nicht glaube; denn unter solchen Bedingungen könnte keine Regierung und auch kein Frieden innerhalb der menschlichen Gesellschaft aufrechterhalten werden.
Zum dritten widerspricht die Ansicht Eurer Lordschaft den erklärten Lehrmeinungen aller protestantischen Kirchen. Auch wenn gewisse Personen anderer Auffassung waren, so wurden sie von der Gemeinschaft der Protestanten darin widerlegt und verurteilt. Und ich bitte Eure Lordschaft zu bedenken, wie sich das Beharren auf einem abwegigen Protestantismus, der der allgemeinen Doktrin zuwiderläuft, auswirken muß.
Mein Ziel ist einzig und allein, Eure Lordschaft zu überzeugen, wie sehr Ihr Euch in einem großen und gefahrvollen Irrtum bewegt; und in der Überzeugung, daß das, was bisher wohl eher ein Nichtverstehen war, nun doch als so recht verabscheuungswürdig erscheinen mag, was es in Wahrheit auch ist; und somit nach besonderer und tiefster Reue verlangt. Wenn Eure Lordschaft diese aufrichtig übtet, im Hinblick auf Euren Irrtum und dessen reuigem Eingeständnis vor Gott und den Menschen, so werdet Ihr nicht nur Vergebung von Gott erlangen, sondern auch ein gewaltiges Ärgernis in der reformierten Religion verhindern.
Nur mit größten Widerstreben bringe ich weitere Beunruhigung in die traurige Lage, in der Ihr Euch befindet und die ich von

Herzen bedaure; doch größere Sorge bereitet mir, daß Ihr diese Welt nicht in einem falschen Seelenfrieden verlassen und damit Eure ewige Seligkeit verwirken solltet.

Von ganzem Herzen bete ich für Euch, und möge Eure Lordschaft mir glauben, daß ich mit der höchsten Aufrichtigkeit und dem größten Mitgefühl der Welt,

My Lord,

Eurer Lordschaft submissester und betroffener Diener bin

JOHN TILLOTSON

Es ist der Brief eines aufrichtigen und rechtschaffenen Mannes; aber wieviel Grausamkeit kann in der Güte der Guten verborgen sein!

Als Tillotson zu Lord Russell vorgelassen wurde, war nur seine Frau bei ihm. Er gab ihm den Brief. Russell nahm ihn und ging damit in einen angrenzenden Raum. Als er zurückkam, sagte er, »er habe den Brief gelesen und wolle sich auch gern überzeugen lassen, sei es aber leider durchaus nicht; und daß es für ihn nicht die rechte Zeit sei, sich mit politischen Anschauungen zu befassen; daß er jedoch überzeugt sei, Gott werde ihm vergeben, auch wenn er sich auf einem Irrweg befinde!« Er gab Tillotson den Brief zurück, und der händigte ihn anschließend Lord Halifax aus, damit seine Rolle in dieser Angelegenheit klar erkennbar war.

Ich möchte nun hier Burnets Bericht über Russells letzte Stunden zitieren. »Am Tag vor seinem Tode empfing er von Tillotson in tiefer Frömmigkeit die Sakramente; ich hielt zwei kurze Andachten für ihn, denen er mit großer Ergriffenheit lauschte; und so verbrachten wir in Klausur die Zeit bis gegen Abend. Dann ließ er seine Kinder, die noch sehr klein waren, und einige wenige Freunde kommen, um von ihnen Abschied zu nehmen, worin er große Beherrschung zeigte, obwohl er seine Kinder sehr liebte. Auch von seiner Frau verabschiedete er sich in gefaßtem Schweigen; und nachdem sie gegangen war, sagte er mir, die Bitterkeit des Todes sei vorüber; denn er liebte und achtete sie unaussprechlich, und ihr gebührte auch alle Hochachtung. Sie besaß so viel Selbstdisziplin, daß sie ihn beim Scheiden nicht beunruhigte. Gegen Mitternacht begab er sich in sein Gemach, während ich die Nacht über im Vorzimmer blieb; er schlief tief bis vier Uhr, wo wir ihn gemäß seiner Anordnung weckten. Er war schnell angekleidet, ließ sich aber nicht rasieren, da er meinte, es kümmere ihn nicht, ob er an diesem Tag gut aussehe.«

Vor einer riesigen, stummen Menschenmenge wurde Russell auf dem Anger von Lincoln's Inn hingerichtet. Viele sahen ihn als Märtyrer und tauchten ihre Taschentücher in sein Blut. Tillotson begleitete ihn aufs Schafott, und während seines Gebetes wandte er sich an die Zuschauer mit folgenden Worten: »Mögen wir doch alle, die wir überleben, lernen, unsere Pflicht gegenüber Gott und König zu erfüllen.«

Russell war kein Mann mit beachtlichen Fähigkeiten, doch seine Unbestechlichkeit war außergewöhnlich. In der National Portrait Gallery hängt ein Bild von ihm als junger Mann. Es stammt von einem unbekannten Maler. Er trägt darauf eine Allongeperücke und ein Spitzenjabot. Er hat schöne Augen und eine kraftvolle, kühne Nase; und er sieht, trotz beginnendem Doppelkinn, sehr romantisch aus. Ich weiß nicht, worauf sich die Behauptung stützt, dies sei ein Porträt von Lord Russell, denn es hat nicht die geringste Ähnlichkeit mit dem von Sir Peter Lely, das in Woburn Castle hängt. Dies zeigt einen viel älteren Mann mit ziemlich unbedeutendem, feistem Gesicht und einem leicht selbstgefälligen Zug um Augen und Mund. Man käme nie auf die Idee, daß der hier porträtierte Mann die moralische Größe besaß, die ihn auf eine Ebene mit den Helden der römischen Antike stellte.

Der Protestschrei, der sich am Hof gegen Tillotson und Burnet wegen ihrer versuchten Beeinflussung Russells erhob, war so massiv, daß Halifax zu ihrer Rechtfertigung den Brief des Dekans dem König vorlegte. Tillotson wurde vor das versammelte Kabinett beordert und befragt. Er konnte den König überzeugen, daß sein und Burnets Verhalten untadelig gewesen war; und als der Herzog von York ihn weiter bedrängte, sagte der König: »Bruder, der Dekan spricht wie ein ehrlicher Mann, dringe nicht weiter in ihn.« Doch in der Öffentlichkeit wurden die beiden Geistlichen auf das heftigste attackiert, weil sie Russell gedrängt hatten, sein Leben dadurch zu retten, daß er seine Gesinnung verriet. Burnet hielt es für besser, in die Niederlande zu gehen, und er kam erst nach der Revolution wieder zurück.

Tillotsons Biograf, der lange nachdem Wilhelm von Oranien in Torbay gelandet und James II. außer Landes geflohen war, seine Aufzeichnungen machte, schrieb: »Es ist nicht unwahrscheinlich, daß keiner von beiden (Burnet und Tillotson) schon damals die Sache genügend erwog und mit solcher Konsequenz durchschaute, wie es sich dann aus der nachfolgenden Regentschaft und den weiteren Ereignissen ergeben hat.« Das heißt mit anderen Worten: Andere Umstände – ein anderer Fall. Mit William und Mary auf dem englischen Thron gebot es schlicht die Vernunft, die Ansicht über Bord zu werfen, daß »Glaube und Geduld die Bewahrer der Religion seien und daß man laut Evangelium lieber Verfolgung leiden, als Widerstand leisten solle«.

Während der nächsten Jahre lebte Tillotson offenbar so zurückgezogen, wie es sein Amt zuließ. Er kaufte ein Haus in Edmonton, einem idyllischen Dorf, das später in Verbindung mit Literatur bekannt werden sollte; dort blieb er fast das ganze Jahr über und kam nur nach London, um seine Vorlesungen in Lincoln's Inn zu halten. 1685 starb Charles II. und an seiner Stelle regierte James II. 1687 erlitt der Dekan einen Schlaganfall. Doch er erholte sich wieder, und zu seiner weiteren Genesung unterzog er sich der Brunnenkur in Tunbridge Wells. Dort lernte er Prinzessin Anne kennen, die jüngste Tochter von James II., die mit ihrem Gatten, Prinz Georg von Dänemark, ebenfalls in Tunbridge Wells zur Kur weilte. Tillotson unterhielt sich des öfteren mit ihr und predigte für sie im September 1688. Zwei Monate später landete der Prinz von Oranien. Was folgte, ist Teil der englischen Geschichte. Doch möchte ich anmerken, daß Tillotson, indem er das Vertrauen von Prinzessin Anne gewonnen hatte, ihr einen Dienst erweisen konnte, der ihm einen bescheidenen Platz in dieser Geschichte sicherte. Er überredete die Prinzessin, sich damit einverstanden zu erklären, daß Wilhelm von Oranien auch nach dem Tod seiner Frau das Anrecht auf den Thron behielt, was sie bisher strikt abgelehnt hatte, weil es sie von der Thronfolge ausschloß.

5 Wilhelm und Mary wurden proklamiert und gekrönt. John Tillotson erlangte »ein hohes Maß an Gunst und Vertrauen beim König und der Königin« und wurde zum Privatkämmerer des Königs ernannt. Damit hatte er den Majestäten häufig zur Verfügung zu stehen. Das Dekanat von St. Paul's wurde vakant, und da es für ihn praktischer war, in Reichweite von Whitehall zu sein, wechselte er von seinem Dekanat in Canterbury zu diesem. Das war freilich eine beträchtliche finanzielle Einbuße; da er nämlich nicht zwei einträgliche Posten gleichzeitig bekleiden wollte, fühlte er sich gezwungen, seine Residentenstelle an St. Paul's aufgeben.

Die Nachwelt hat Wilhelm nur einen mäßigen Ruf beschert. Die Geschichte hat ihn mehr oder minder als einen unnachgiebigen, unsympathischen, gelegentlich rücksichtslosen und brutalen Mann abgestempelt, der seine Stellung als König von England nicht zum Wohl des Landes nutzte, sondern dazu, seine Ziele auf dem Kontinent zu verfolgen; seine Größe wurde ihm nur sehr widerstrebend zugebilligt. Macaulay hat in seiner Geschichte und auf seine unnachahmliche Art ein lebensgroßes Porträt von ihm gezeichnet. Es ist ein lebensnahes, eindrucksvolles Stück Prosa. Es vermittelt das Bild eines

kalten, morosen Mannes ohne jedes normale menschliche Gefühl, aber verbissen und mutig, ein geschickter Taktiker und durch Rückschläge nicht zu entmutigen. William war ein zu guter Menschenkenner, um John Tillotsons Aufrichtigkeit, Selbstlosigkeit und Güte nicht schnell zu erkennen; und vielleicht war es gerade sein sanfter Charme, der den spröden und nüchternen König anzog.
Während der ganzen Zeit, die sie miteinander in Beziehung standen, behandelte Wilhelm ihn stets mit einer für diesen Monarchen geradezu erstaunlichen Fürsorge und Rücksicht. So war es zu erwarten, daß er, nachdem mehrere Episkopate frei wurden, eines davon mit Tillotson besetzt wissen wollte. Doch Tillotson ersuchte darum, die Beförderung aus Alters- und Gesundheitsgründen ablehnen zu dürfen. In einem Brief an den Günstling und Vertrauten des Königs, den neugeschaffenen Earl of Portland, schrieb er: »Ich danke Gott für die Erfüllung meines letzten Wunsches auf dieser Welt – ebenjene glückliche Revolution; und nun wünsche ich nichts weiter, als sie wohl begründet zu sehen. Und ich habe mein Trachten in dieser großen Befreiung in aller Offenheit dargelegt, und werde das auch weiterhin tun, so daß ich nicht den Verdacht zu fürchten brauche, ich hätte aus Mißmut und Unzufriedenheit meine Beförderung abgelehnt.«
Zehn Tage nach der Krönung wurde ein Parlamentsbeschluß erlassen, der alle Personen, die im Königreich ein öffentliches, ziviles, militärisches oder geistliches Amt bekleideten, zur Ablegung bestimmter Eide verpflichtete. »Mit dem ersten wurde man auf die Treue zu Ihren Majestäten eingeschworen; mit dem zweiten wurde der päpstlichen und fremden Gerichtshoheiten abgeschworen; und nach den Richtlinien, welche das Verfahren beim Ablegen dieser Eide festlegt, müssen nicht allein diejenigen, die fortan in ein höheres geistliches Amt oder Benefiz befördert werden, sondern auch alle andern, die zu diesem Zeitpunkt bereits ein solches Amt innehaben, besagte Eide bis zum kommenden Ersten August ablegen, andernfalls

Suspendierung während der folgenden sechs Monate droht. Wer jedoch bis zum Ablauf besagter sechs Monate darauf beharrt, besagte Eide nicht abzulegen, wird ipso facto seines Amtes enthoben.«
Dr. Sancroft, Erzbischof von Canterbury, weigerte sich und wurde suspendiert. Er hatte dem König und der Königin nach ihrer Ankunft weder seine Aufwartung gemacht, noch war er einer Aufforderung zum Erscheinen vor dem Parlament nachgekommen. Am Tag der Proklamation hatte die Königin zwei ihrer Kapläne nach Lambeth (dem Londoner Amtssitz des Erzbischofs von Canterbury) geschickt, um den Segen des Erzbischofs zu erbitten. Sein eigener Kaplan, Mr. Wharton, fragte ihn, was er tun solle. Der Erzbischof stellte es seiner persönlichen Entscheidung anheim, worauf er sich entschloß, der von der Vorsehung eingesetzten Obrigkeit zu gehorchen; und darum betete er expressis verbis für König Wilhelm und Königin Mary. Doch noch am selben Abend ließ ihn Seine Exzellenz kommen und erklärte ihm leidenschaftlich, *vehementer excandescens*, daß er künftig in seinen Gebeten entweder auf die Nennung von König und Königin verzichten, oder aber in seiner Kirche nicht mehr zu beten habe, da beide, solange König James am Leben sei, es nicht sein könnten (nämlich König und Königin). Nach Ablauf der eingeräumten Frist wurde Dr. Sancroft seines hohen Amtes enthoben, da er die geforderten Eide noch immer verweigerte. Es mußte ein Nachfolger gefunden werden, und der König entschied sich für John Tillotson. Ich möchte nun in diesem Zusammenhang Auszüge aus einem Brief zitieren, den dieser Lady Russell schrieb:
»Nachdem ich die Hand des Königs in Funktion des Dekanats von St. Paul's geküßt hatte, stattete ich Seiner Majestät meinen ergebensten Dank ab und äußerte, daß er meinen inneren Frieden für den Rest meines Lebens hergestellt habe. Er erwiderte: ›Wahrhaftig, nichts von alledem!‹ und sprach ganz schlicht von dem Hohen Amte, von dem ich nur mit Sorge zu denken wage, das er mir und meinem Gewissen auferlegen müsse. Als er dieses sagte, wurde er zum

Abendbrot gerufen, und ich hatte gerade noch Zeit, ihm zu sagen, daß wenn Seine Majestät in Muße seien, ich zu seiner Zufriedenheit darlegen könne, daß ich ihm viel mehr zu Diensten sein könne, wenn ich in dem Amte verweile, in das er mich bisher gestellt hatte. Dies hat mich in große Schwierigkeiten gebracht. Denn einerseits ist es sehr schwer, den ausdrücklichen Wünschen Seiner Majestät zu widersprechen, und noch viel schwerer ist es, so vieler Güte standzuhalten, wie sie mir Seine Majestät gnädigst zu erweisen geruht. Andererseits kann ich weder meine Neigung noch meine Vernunft dafür erwärmen. Dies verdanke ich dem Bischof von Salisbury (Burnet), dem schlimmsten meiner besten Freunde. Der beste wohl, weil er so eine gute Meinung von mir hegt; und der schlimmste, weil er, wie ich weiß, den König in meine Richtung lenkte, als ob Seine Lordschaft und ich dieses Verstellungsspiel um die Amtsablehnung veranstaltet hätten, um durch die Flucht vor einem Episkopat ein Erzbistum einzufangen. Die Finesse hat mich so sehr in die Nesseln gesetzt, daß ich wohl ohne die große Güte Seiner Majestät niemals unbeschadet davonkomme. Und nun will ich Eurer Ladyschaft mein Herz ganz öffnen. Schon geraume Zeit, wofür ich Gott danke, habe ich mich nach bestem Wissen und Gewissen dem Dienst an der Allgemeinheit gewidmet. In letzter Zeit hat es Gott gefallen, auf recht strenge Weise, aber auch in großer Güte, mich von der Liebe zum Irdischen so weit fortzuführen, daß mir weltlicher Rang nicht nur wenig erwünscht, sondern zuwider ist. Und es ist meine aufrichtige Überzeugung, daß ich in meinem derzeitigen Amte ebensoviel, wenn nicht mehr Gutes bewirken kann als in einem höheren, und daß ich nicht ein Jota mehr Einfluß auf andere oder Interesse an anderen zu irgendwelchem gutem Zweck haben werde; denn die Menschen werden sich ganz natürlich dem zuwenden, der sich sehr abmüht und wenig Beförderung erfährt. Doch könnte ich andererseits meine Neigung zu diesem Hohen Amte erzwingen, so fürchte ich, daß es mich niederdrücken und an mir zweifeln machen wird, daß ich zu nichts tauge und nach einer Weile sterben werde, wie es einem Narren zukommt.«

Wilhelm III. war nicht der Mann, der sich von dem einmal eingeschlagenen Kurs abbringen ließ; und ein paar Monate lang setzte er den Dekan von St. Paul's unter Druck, das Amt anzunehmen, in dem er ihn haben wollte. Tillotson wußte nur zu gut, daß diese Berufung bei seinen Brüdern im Amt heftigsten Widerspruch auslösen würde. Sie betrachteten ihn »eher als einen Feind der Kirche, als deren Stütze und Stab; und als es durchsickerte, daß er zum Erzbischof von Canterbury ernannt werden solle, sagten sie, das sei das Ende der Etablierten Kirche«.

Um ihr Urteil noch vernichtender zu machen, faßten sie es in Latein: *Actum est de Ecclesia Anglicana.* Er wußte auch, daß es eine Reihe anderer gab, die meinten, ihre Verdienste vor und nach der Revolution rechtfertigten weit mehr ihren Anspruch auf das Hohe Amt. Bittere Erfahrung hatte ihn gelehrt, wie es in ähnlichen Fällen alle lehrt, daß großer Erfolge, Haß, Neid und Mißgunst bei denen weckt, denen dieser Erfolg versagt blieb. Tillotson war ein sanfter, gütiger Mensch, und es schmerzte ihn, sich Feinde zu machen. In seiner Rechtschaffenheit ging es ihm gegen die Natur, daß er an die Stelle eines Mannes treten sollte, der aus Gründen, die er nur achten konnte, sein Hohes Amt verloren hatte. Doch der König fegte Tillotsons Einwände beiseite. In einem weiteren Brief an Lady Russell formuliert es der Dekan so, daß der König nicht gern dränge, aber sich auch ungern etwas abschlagen lasse. Tillotson vertraute auf ihr Urteil und fragte sie noch einmal um Rat. In ihrer Antwort sagte sie ihm, sie halte es für seine Pflicht, »das große persönliche Opfer«, wie sie es nannte, auf sich zu nehmen und sich dem Willen des Königs nicht länger zu widersetzen. Er gab nach. Er bat den König um eine Audienz und sagte ihm dann, daß er bereit sei, das Primat anzunehmen. Der König »geruhte gnädigst zu äußern, dies sei die beste Zeitung, die ihm seit langem zu Ohren gekommen«.

Tillotson ersuchte darum, die Ernennung noch einige Zeit geheimzuhalten; so erfolgte die öffentliche Bekanntmachung erst sechs Monate später. Am Tag, als das geschah, begab sich Tillotson nach Lambeth, um dem abgesetzten Erzbischof einen Besuch zu machen. Er ließ sich anmelden und wartete auf Antwort; doch es kam keine, und so mußte er traurig wieder gehen. Dr. Sancroft hatte von der Königin die Aufforderung erhalten, den Bischofspalast zu räumen; doch er wollte bleiben, bis man ihn mit höherer Gewalt hinauswarf. Instanzen wurden in Bewegung gesetzt, und schließlich, nach juristischen Querelen, bestieg Dr. Sancroft, begleitet von seinem Haushofmeister und den Magistern der Fakultäten ein Schiff, das ihn von Lambeth zu einem Privathaus im Temple brachte. Der erste Kronanwalt schickte einen Boten, der den Palast übernehmen sollte; doch der diensthabende Verwalter verweigerte die Übergabe, weil er Order hatte, nur an einen gesetzlichen Vertreter zu übergeben. So wurde der Untersheriff geholt, und ihm wurden die Schlüssel des Palastes ausgehändigt.

Bald danach verließ Dr. Sancroft London und ging nach Fressingfield in Suffolk, seinem Geburtsort, wo er zwei Jahre später starb. Burnet beschreibt ihn als einen würdigen Gelehrten, in sich gekehrt und von mönchischer Strenge, nüchtern, verschlossen und übellaunig, »den niemand ästimierte und nur wenige verehrten«. Das war unfair. Sancroft war bescheiden, zurückgezogen, ein kontemplativer Mann, der einfach, fast asketisch lebte. Zu Burnets Vorwurf, er sei ein Geizhals gewesen, bemerkt Jonathan Swift: »Verlogen wie die Sünde!« Jahre vor den eben geschilderten Ereignissen verließ er Cambridge, weil er seinen Treueid für Charles I. nicht brechen wollte. Auch bewies er seinen Mut, als er sich weigerte, die Toleranzakte des katholischen James II. in seiner Kirche zu verlesen, da sie die Strafverfolgung von Nichtanglikanern aufhob. Er war damals mit anderen Bischöfen, die sich ebenfalls geweigert hatten, in den Tower geschickt worden. Er war vor Gericht gestellt und triumphal freige-

sprochen worden. Sieben Bischöfe, Rektoren und Dozenten an bestimmten Hochschulen, und eine Anzahl Benefiziatsgeistliche weigerten sich, den Treueschwur für den Prinzen von Oranien und seine Gemahlin abzulegen, sie wurden prompt entlassen.
Macaulay hatte nichts als Verachtung für die »Nichtschwörer«. »Kaum einer ist zu benennen«, schrieb er, »der die Fähigkeit besaß, profundere Fragen der Ethik und der Staatsführung zu erörtern; kaum einer, dessen Schriften nicht entweder von extrem mattem Geist oder von extremer Flüchtigkeit sprechen.« Das mag wohl sein. Trotzdem glaubten die »Nichtschwörer« enragiert an die geheiligten Rechte des Königs. Der König war der gesalbte Monarch und konnte darum nicht fehlbar sein. Es stimmt, daß James II. gegen die Gesetze Englands verstoßen hatte. Es stimmt, daß er die Etablierte Kirche verfolgte und dem Land die Kirche Roms aufzwingen wollte. Für einen gläubigen Kirchenmann war es also Pflicht, Verfolgung zu leiden und zum Schutze der hohen Prinzipien seines Glaubens dem Willen des Herrschers Widerstand zu leisten. Lord Russell und Algernon Sydney waren genau dafür zum Tode verurteilt worden; und viele gelehrte, fromme Männer waren der Ansicht, daß sie zu Recht hingerichtet worden seien. Die »Nichtschwörer« betrachteten die Behauptung, James habe, indem er außer Landes ging, auf seine Thronrechte verzichtet, als reine Wortklauberei. Mit der Enthauptung von Charles I. wurde Charles II. König von England. Nach dem Tod von Charles II. folgte ihm sein jüngerer Bruder, der katholische James II., der es dann vorzog, nach Frankreich zu fliehen; und solange James lebte, war er der König von England, und Wilhelm und Mary waren die Usurpatoren. So hätte man wohl erwarten können, daß Macaulay eventuell für jene Männer ein wenig Sympathie übrig haben würde, die aus Gewissensgründen bereit waren, ihre Ämter, Würden und Einkünfte aufzugeben, um ohne ein Dach über dem Kopf auszuziehen und ihr Brot in Tränen zu verdienen.

Tillotson hatte natürlich den Treueschwur geleistet, und wir können sicher sein, daß er ihn mit gutem Gewissen abgelegt. Tatsächlich hatte er wenige Jahre zuvor eine Predigt über die *Legalität und Verpflichtung des Eides* gehalten, in der er betonte, daß »der des Meineids schuldig ist, der zwar bei seinem Schwur die ernste Absicht hat, zu halten, was er beschwor, später aber die Erfüllung des Versprechens verabsäumt«; und er fügt hinzu: »Meineid ist eine verabscheuungswürdige Sünde.« Doch in seinem britischen Common sense, jener Eigenschaft, die Ausländer nur zu oft für Heuchelei halten, war Tillotson zweifellos der Überzeugung, daß ein Eid kaum bindend sein kann, der die stillschweigende Zustimmung zu Vorgängen zur Folge hat (wie die Einführung der Papisterei und damit verbundene Willkür), denen diejenigen, die ihn ablegten, nie zugestimmt hätten. In dem *Dankgottesdienst für unsere Befreiung durch den Prinzen Wilhelm von Oranien*, den Tillotson vor dem Kuratorium von Lincoln's Inn hielt, wies er darauf hin, wie einfach die Revolution erfolgt sei, »ohne Kampf, und fast ohne Blutvergießen«, was beweise, daß sie von Gott gewollt war. »Und wir dürfen mit dem heiligen Psalmisten sagen: ›Dies ist das Werk des Herrn, und es ist wunderbar vor unseren Augen.‹« Wir dürfen annehmen, daß die gelehrten Herrn des Kuratoriums voll und ganz einverstanden waren.

Dr. Sancroft hinterließ den Palast in sehr schlechten Zustand, und während er instand gesetzt wurde, wohnte Tillotson weiter im Dekanat von St. Paul's. Als alles fertig war, zog er nach Lambeth. Die Gruppe der Nichtschwörer verfolgte ihn mit unverminderter Verbissenheit. Der Brief, den er an Lord Russell geschrieben, und in dem er diesen zu überreden versucht hatte, seinen Irrtum einzugestehen, war nach der Hinrichtung des unglücklichen Mannes gedruckt worden, und er wurde jetzt neu aufgelegt. Tillotson hatte darin in unmißverständlichen Formulierungen erklärt, daß Widerstand gegen die Krone ein Verbrechen sei, das sowohl in dieser wie in der nächsten Welt Strafe verdiene. Die Nichtschwörer unter den Klerikern wollten nun wissen,

wie er denn diese Ansicht mit seiner Unterwerfung unter eine Obrigkeit in Einklang bringen könne, die jeder rechtlich Denkende als usurpatorisch betrachten müsse. Häßliche Verleumdungen wurden in Umlauf gesetzt. Als die Urheber dingfest gemacht wurden, ging Tillotson zum Ersten Kronanwalt und verlangte nachdrücklich, daß niemand seinetwegen bestraft werden solle.
Einmal, als gerade ein Herr bei ihm war, um ihm zu seiner Beförderung zu gratulieren, wurde ein Paket gebracht. Tillotson öffnete es, und es war eine Gesichtsmaske darin. »Ohne ein Zeichen der Erregung warf sie der Erzbischof zu den Papieren auf dem Tisch; doch als jener Herr Erstaunen und Empörung über die Beleidigung äußerte, lächelte seine Exzellenz nur und sagte, daß dies bloß ein sanfter Verweis sei, verglichen mit manch anderem, das hier – er zeigte auf den Tisch – schwarz auf weiß liege.« Ein ganzes Bündel davon wurde unter seinem Nachlaß gefunden; er selbst hatte darauf notiert: »Dies sind Verleumdungen. Ich bete darum, daß Gott ihnen vergeben möge. Ich tue es.«

6

Einer der wohl hartnäckigsten Feinde des Erzbischofs war ein recht ungewöhnlicher Mann, über den ich – obwohl es eine Art Nebengleis ist – jetzt noch berichten möchte. Es handelt sich um Samuel Johnson. Als ich dem Namen zum erstenmal begegnete, wurde ich stutzig, denn für alle belesenen Leute steht dieser Name ganz selbstverständlich für einen ganz bestimmten Mann; und es kommt gar nicht in Frage, daß jemand es wagen könnte, ihn auch für sich zu beanspruchen. Natürlich gab es im Lauf der Jahrhunderte in England wohl Dutzende von Samuel Johnsons, sowohl vor als auch nach unserem hochgeschätzten Doktor. Ihn freilich kennen wir wie sonst kaum eine Persönlichkeit im wirklichen Leben wie in der Literatur. Seine getreuen Anhänger schätzen an ihm nicht nur seinen

Charakter, seinen Esprit, seinen gesunden Menschenverstand und seine Güte; sie lieben ihn mit all seinen Schwächen und hätten ihn um keinen Preis weniger auftrumpfend im Gespräch, weniger unersättlich beim Essen, noch wollen sie, daß seine Prosa weniger hochtrabend, schwer gewichtig und satt sei. Doch seltsamerweise hatte dieser frühere Samuel Johnson eine gewisse Ähnlichkeit mit dem berühmten Lexikografen – jedenfalls was seine Rechthaberei betraf, seine Courage, seine Unverblümtheit im Streitgespräch, seine Sturheit und Kompromißlosigkeit. Irgend etwas in der englischen Mentalität bringt hie und da Männer dieses Schlages zum Vorschein; Männer, die einfach nicht einsehen wollen, daß eine Sache möglicherweise auch zwei Seiten hat; Männer, die so leidenschaftlich von der Wahrheit und Bedeutung ihrer Ansichten überzeugt sind, daß sie lieber die größten Härten, Ruin, Verfolgung und sogar Gefängnis auf sich nehmen, als nachzugeben.

Dieser Samuel Johnson wurde 1649 geboren und nach seiner Ausbildung in der Schule von St. Paul's und im Trinity College in Cambridge ordiniert. Er verließ die Sinekure, mit der er ausgestattet worden war, weil er das Klima dort für ungesund hielt, und überließ das Pfarramt einem Hilfsgeistlichen. Er ließ sich in London nieder, und bald engagierte ihn Lord Russell als Hauskaplan. 1682 veröffentlichte er ein Buch mit dem Titel *Julianus der Apostat*, in dem er enragiert die Lehrmeinung vom duldenden Gehorsam und der Widerstandslosigkeit angriff. Zur damaligen Zeit war das ein gefährliches Unterfangen; schon der Titel war eine beleidigende Anspielung auf den Herzog von York, der den Glauben seiner Väter über Bord geworfen und zum Katholizismus übergetreten war. Johnson wurde, wie es hieß, »wegen anstoßerregender und aufwieglerischer Verleumdung« unter Anklage gestellt. Er wurde zu einer hohen Geldstrafe verurteilt und bis zu deren Begleichung ins Gefängnis gesperrt. Das Buch wurde vom Henker verbrannt. Da er die Strafe nicht bezahlen konnte, blieb im Gefängnis; erst 1685 wurde er (laut dem *Dictionary of National Biography*) wieder freigelassen. Im Gefängnis schrieb er ein weiteres, ärgerniserregendes Buch, dem er den anspruchsvollen Titel gab: *Biedere und zu Herzen gehende Botschaft an alle englischen Protestanten in der gegenwärtigen Armee.* Über einen Mitgefangenen, der Verbindung nach draußen hatte, konnte er das Manuskript aus Newgate schmuggeln; und 1686 – James II. war gerade seinem charmanten und nutzlosen Bruder auf dem Thron gefolgt – wurde das Buch gedruckt und fand vor allem unter den Soldaten große Verbreitung. Johnson mußte gewußt haben, welch schlimme Konsequenzen das haben würde; und wir können nur vermuten, daß er in seinem verbohrten Fanatismus bereit war, sie auch zu tragen. Er wurde erneut angeklagt und diesmal dazu verurteilt, in Westminster, am Charing Cross und am Royal Exchange öffentlich am Pranger zu stehen, eine Geldbuße zu zahlen und den ganzen Weg von Newgate nach Tyburne ausgepeitscht zu werden. Er ertrug das Auspeitschen mit bewundernswerter Standhaftigkeit. Ehe diese Strafe vollstreckt wurde, hatten ihn im Kapitelsaal von St. Paul's drei willfährige Bischöfe und einige andere Kleriker aus der Stadt seines geistlichen Amtes enthoben. Erst nach der Revolution wurde er aus dem Gefängnis entlassen und das Urteil gegen ihn für null und nichtig erklärt.

Samuel Johnson besaß Intelligenz, Bildung und Willensstärke, aber er war unbeherrscht, rechthaberisch und arrogant; und er überschätzte die eigenen Verdienste, wie er die anderer unterschätzte; und er war maßlos ehrgeizig. Lady Russell war, wegen seiner Verbindung mit ihrem unglücklichen Mann, an seinem Wohl und Wehe interessiert; darum bat sie Tillotson, der damals noch Dekan von St. Paul's war, sich für ihn beim König zu verwenden. Während seiner langjährigen und engen Freundschaft mit den Russells war Tillotson dem Kaplan Johnson sicher oft begegnet. Man kann sich aber kaum zwei Männer vorstellen, die einander unähnlicher und für eine Freundschaft ungeeigneter waren als diese beiden – der eine ruppig, unbeherrscht und rechthaberisch; der andere tolerant, sanft und liebenswürdig. Zu Beginn von Johnsons Inhaftierung schickte ihm Tillotson Geld. Er nahm es voll Verachtung; aber er nahm es, weil die Not ihn dazu zwang. Tillotson unterstützte den bedauernswerten Mann weiter, doch sorgte er von da an dafür, daß Johnson nicht erfuhr, von wem das Geld stammte. Trotz den Attacken, die Johnson gegen den Dekan richtete – hauptsächlich wegen des berühmten Briefes an Lord Russell –, brachte es Tillotson nicht fertig, untätig abseits zu stehen, wenn er das Elend eines anderen erleichtern konnte. Er sprach mit dem König. Wilhelm war zwar geneigt, etwas zu tun, doch Johnsons schwieriger Charakter machte ihm das nicht leicht. Johnson war nicht gerade, was man taktvoll nennt, selbst bei Hof ließ er seinen Sarkasmen freien Lauf: Einmal sagte er, »nach dem Grundsatz, daß Könige allein Gott verantwortlich seien, habe das Rumpfparlament ganz zu Recht Charles I. zu Ihm geschickt«. Nach einiger Zeit wurde ihm das hochdotierte Dekanat von Durham angeboten; doch er lehnte hochfahrend ab, da er nicht gewillt war, etwas unter einem Episkopat anzunehmen. Danach beantragte er beim König die Gewährung einer Rente; und Tillotson versuchte den König hierfür zu erwärmen. Aber der König wechselte das Thema. Halifax, der Geheimsiegelbewahrer, sagte später zu Tillotson, Seine Majestät finde es unbillig, daß man von ihm erwarte, er solle aus eigener Tasche eine Rente bezahlen, wenn genügend Kirchenämter zur Verfügung stünden. Er fügte noch hinzu, daß Johnson sich höchst unfreundlich über Tillotson geäußert habe. Das war typisch für ihn, daß er den einzigen, der wirklich versuchte, ihm zu helfen, mit Schmutz bewarf. Halifax schlug nun vor, man solle ihm ein gutes Episkopat in Irland geben, wo einige vakant waren; auch Tillotson fand den Plan akzeptabel, falls Johnson zustimmte. Er tat es nicht. Johnson wollte ein Episkopat in England oder gar nichts. Also bewilligte man ihm schließlich eine entsprechende Rente – und das ist das Letzte, was wir von ihm hören. Er war ein Mann, den niemand leiden konnte, dem jedoch kaum einer die Achtung versagen konnte.

7 Eine lange Zeit war Tillotson in seinem hohen Amt nicht beschieden, das er so ungern übernommen, und das ihm so wenig Freude bereitet hatte. Er wurde weiter angepöbelt. Eine seiner Predigten löste einen beträchtlichen Eklat aus. Sie wurde vor der Königin gehalten, und sie befaßte sich mit den ewigen Höllenqualen. Tillotson folgerte, daß die ewigen Leiden und Qualen der Bösen sehr wohl im Einklang mit der Gerechtigkeit und Güte Gottes stünden, daß jedoch trotz Seinen Drohungen »falls es auf irgendeine Weise mit Gerechtigkeit und Güte nicht in Einklang stehen sollte, einen Sünder ins ewige Unheil zu stoßen, welches Er besser zu entscheiden weiß als wir, Er es nicht tun wird«. Tillotsons Feinde zeterten, daß er die ewigen Höllenqualen nur abstreite, um die Königin zu trösten, »die Qualen der Verzweiflung darüber empfinden mußte, wie sie sich gegen ihren Vater verhalten hatte«. Tillotson trug solche Ärgernisse mit Geduld und Resignation.

Offenbar war es damals üblich, daß die Würdenträger der Kirche ein gastliches Haus führten; und Tillotson unterhielt eine üppig gedeckte Tafel. Sein ehemaliger Schüler John Beardmore berichtet: »Er war sehr liebenswürdig, freundschaftlich und gefällig; und er war stets bereit, seinen Freunden in jeder Weise und soweit es in seiner Macht und Befugnis stand, behilflich zu sein, wenn sie sich an ihn wandten.« Er fügt hinzu, daß er im vertrauten und freundschaftlichen Gespräch geistreich und witzig gewesen sei. Die überlieferten Beispiele hiervon sind allerdings etwas enttäuschend. Ein gewisser Sir John Trevor, der Sprecher im Unterhaus gewesen und wegen Bestechung ausgestoßen worden war, sagte einmal, als er im House of Lords am Erzbischof vorbeiging, mit erhobener Stimme: »Ich kann Fanatiker im Chorhemd nicht ausstehen«, worauf der Erzbischof erwiderte: »Und ich kann Spitzbuben nicht ausstehen, egal was für ein Hemd sie tragen.«

Ein Dr. South hatte ein Buch verfaßt, in dem er sich abfällig über den Erzbischof geäußert hatte; er bat dann einen Freund, zu eruieren, wie dieser die Sache aufgenommen habe. Der Primas sagte nur freundlicher als nötig: »Dr. South schreibt wie ein Mensch, aber er beißt wie ein Hund.« Und South meinte, als man es ihm berichtete: »Lieber beiße ich wie ein Hund, als daß ich mit dem Schwanz wedle.« Worauf der Erzbischof entgegnete, wenn er die Wahl hätte, dann wäre er lieber ein Spaniel als ein Schweinehund. Als Bonmots sind sie nicht gerade brillant.

An einem Sonntag 1694, während des Gottesdienstes in Whitehall, wurde Tillotson von einer Übelkeit ergriffen; doch er wollte die Andacht nicht stören und harrte bis zum Ende aus. Vier Tage danach starb er in seinem fünfundsechzigsten Lebensjahr. Infolge seiner Freigebigkeit und seiner vielen Wohltaten starb er völlig mittellos. Seiner Familie, die aus seiner Frau, dem Schwiegersohn und den Enkelkindern bestand (seine beiden Töchter waren schon vor ihm gestorben), hinterließ er nichts als das Copyright an seinen unveröffentlichten Predigten. Sie wurden für die seinerzeit enorme Summe von zweitausendfünfhundert Pfund verkauft. Die Königin trauerte tief um Tillotson; und Wilhelm III., dieser spröde und gefühlskalte Mann, sagte, er habe nie einen besseren Menschen gekannt, noch einen besseren Freund besessen. Er gewährte der Witwe eine Jahresrente von vierhundert Pfund, die bald um weitere zweihundert erhöht wurde. Der König war so besorgt, daß sie ihre Pension auch pünktlich erhielte, daß er die Summe jedes Quartal selbst abrief und ihr persönlich zuschickte. Da die Großen dieser Erde nur zu gern ihnen geleistete Dienste als ihr gutes Recht betrachten, das keines Dankes bedarf, und nur selten jener gedenken, die ihnen nicht mehr nützlich sein können, ist diese Haltung Wilhelms nicht nur ehrenvoll sondern auch rührend.

Die bereits zu Tillotsons Lebzeiten veröffentlichten Predigten wurden ins Holländische und Französische übersetzt. Bei Erscheinen des ersten Bandes schrieb Monsieur Bernard in seiner Besprechung in den *Nouvelles de la République des Lettres*, daß die Schlichtheit des

Stils »zu keinem geringen Teil ihre große Beliebtheit bei den Engländern ausmachte, so daß viele, die mit Religion nichts im Sinn hatten, diese Predigten der Schönheit ihrer Sprache wegen lasen«. Es ist zu beobachten, fuhr er fort, »daß die Engländer eine überladene Rhetorik, wo jedes Wort konstruiert und wie eine Heiligenfigur in eine Nische plaziert wird, wenig schätzen. Sie sind vor Überrumpelungsversuchen auf der Hut, wenn man ihnen mit zuviel Brimborium entgegentritt; und sie wachen darüber, daß der üppige Faltenwurf der Worte die Wahrheit nicht verkleidet oder verbirgt. Sie ziehen die schlichte, natürliche Schönheit jeder exaltierten Redekunst vor, die mit tausend fremdartigen Floskeln eher erdrückt als schmückt.« Monsieur Bernard hat uns damit ein hübsches Kompliment gemacht; und ich wünsche, wir hätten es auch verdient.

An dieser Stelle müßte ich nun eigentlich eine Passage aus einer von Tillotsons Predigten zitieren, damit der Leser sich selbst ein Bild von dem Stil machen könnte, der so weithin Bewunderung fand. Das ist leider nicht so leicht. Ginge es zum Beispiel um Sir Thomas Browne oder Edmund Burke, nichts wäre einfacher. Der Abschnitt aus *Urn Burial*, der mit den Worten beginnt: »Welch Lied, das die Sirenen sangen . . .«, würde jedem sofort einen Eindruck von Brownes reicher und bezaubernder Sprache geben; und bei Burke brauchte man nur ein wenig in *Letter to a Noble Lord* zu blättern, um eine Stelle zu entdecken, die seinen eleganten Stil in erlesenstem Glanz zeigt. Ich kann nicht behaupten, daß Tillotson ein großer Stilist gewesen wäre. Er war kein Genie. Wie ich schon mehrmals betont habe, war er ein rechtschaffener, gütiger, selbstloser, frommer und bescheidener Mann. Und falls uns die Biografen nicht schwerwiegend getäuscht haben, sind dies keine Eigenschaften mit denen für gewöhnlich ein Genie ausgestattet ist. Tillotsons Stil war ein Alltagsstil, der von Sir Thomas Browne oder von Jeremy Taylor in *Holy Dying* ist nicht für den täglichen Gebrauch. Er gleicht jenen geschliffenen Kristallkelchen auf reichvergoldetem oder versilbertem Fuß, wie sie die Nürnberger Meister des siebzehnten Jahrhunderts anfertigten: Sie sind so prächtig, so aufwendig und kostbar, daß man sie nur in eine Vitrine stellen kann; sie sind wunderschön anzusehen, aber wenn man Durst hat, ist ein einfacher Becher wesentlich praktischer.

Tillotson schrieb seine Predigten, um sie von der Kanzel herab zu verlesen. Er schrieb schlicht und einfach, damit jeder ihn verstünde. Er vermied rhetorische Floskeln, hochtrabende Worte, blumige Satzkonstruktionen, die sprachlichen Koketterien, die damals so en vogue waren, Parabeln und Metaphern, die den Zuhörer vom eigentlichen Thema der Predigt hätte ablenken können. Tillotsons Predigten glichen eher dem Gespräch mit einem beschlagenen Fachmann, der genau wußte, was er sagen wollte und sich Mühe gab, es klar und verständlich zu sagen. Es ist reine Geschmackssache, ob man den Gesprächsstil mag oder nicht; viele bedeutende Schriftsteller, Flaubert zum Beispiel verabscheuten ihn; andere meinten, es diene der Würde der Literatur, wenn man in gehobenem Stil schreibe, und sie haben (oft mit Erfolg) versucht, durch eine Fülle ausbalancierter Tiraden und Antithesen ihren Ergüssen eine würdevolle Eleganz zu verleihen. Vergleicht man im Gesprächsstil geschriebene Prosa damit, mag sie einem in der Tat dürftig vorkommen. Darum zitiere ich nicht ohne Zögern einige Gedanken, die Tillotson in sein Notizbuch stenografierte und die wohl nie zur Veröffentlichung gedacht waren. Ich zitiere sie sowohl wegen ihrer Ausdrucksweise als auch wegen ihres inneren Gehalts. Ich glaube, keiner wird sie ohne tiefes Mitgefühl für diesen verketzerten, liebenswerten Mann lesen.

»Im Grunde möchte es einen wundern, daß Nehemia ein gewaltiges Angebot an Speisen und eine Vielzahl zusammengewürfelter Gäste zu den Tugenden und guten Taten rechnet, mit denen er Gott auf sich aufmerksam machen möchte. Doch bei reiflicher Überlegung können im Überfluß und oft auch in der Wohltätigkeit einer reichen Tafel (vorausgesetzt, nichts von eitlem Gepränge haftet ihr an) zwei ganz beachtliche Tugenden geübt werden: die eine ist Mäßigkeit und die andere Selbstbeschränkung; wenn sich ein Mann aus Rücksicht auf das Volk selbst so weit verleugne, daß er sich jeden Tag an eine reichgedeckte Tafel setzt und ständig mit vielen anderen speist, es also kaum je allein tut; insonderheit wenn, wie es häufig der Fall ist, ein großer Teil der Gesellschaft, die ein Mann haben mag, die Art von Gesellschaft ist, die er lieber nicht hätte. Ich fürchte, es wird ein trauriges Erwachen, wenn einer ans Sterben kommt, der viel Lärm und Aufhebens in der Welt gemacht hat, den weit und breit jeder kennt, der sich aber die ganze Zeit über vor sich selbst versteckt hat. Es ist ein recht seltsames und exzentrisches Leben, wenn ein Mensch ständig von zu Hause fort und in seinem eignen Haus ein Fremder ist.«

»Es ist gewiß eine genierliche Sache, beständig in einem Bilderrahmen zu sitzen: Stets muß man vor andern auf der Hut sein, man kann kein unbefangenes Wort sprechen oder eine legere Haltung einnehmen, ohne daß man beobachtet und bekrittelt wird.«

»Die Menschen glauben nur zu gern, daß diejenigen, die in höchster Position sind oder größte Macht besitzen, mehr Freiheit hätten, zu sagen und zu tun, was ihnen beliebt. Doch das Gegenteil ist der Fall; denn sie haben noch weniger Freiheit, da sie ständig beobachtet werden. Dies ist nicht meine Erkenntnis; ein klügerer als ich (nämlich Tully) sagt: ›*In maxima quaque fortuna minimum licere.*‹ Jene, die sich in höchster und mächtigster Stellung befinden, genießen von allen am wenigsten Freiheit.«

»In bescheidener Position genügt dem Menschen auch ein durchschnittlicher Verstand. Solch ein Mensch hat den Vorteil, daß er kleine Fehler und Torheiten begehen kann, ohne daß man sie groß bemerkt. Aber jener, der im Lichte, das heißt, vor aller Augen lebt, dessen Handlungen werden von jedem gesehen und beurteilt.«

»Wir sollten froh sein, wenn diejenigen, die des Regierens fähig sind und dazu berufen wurden, diese Last freiwillig auf sich nehmen. O

ja, man muß ihnen sogar sehr dankbar sein, daß sie die Mühe und die Ausdauer aufbringen, zu regieren und in der Öffentlichkeit zu stehen. Darum ist es für die Welt ein Glück, daß es einige gibt, die eigens dazu geboren und erzogen worden sind; und daß die Tradition ihnen diese Aufgabe erleichtert oder zumindest erträglich macht. Sonst würde einer, der klug ist, sie gewiß nicht auf sich laden, wenn er von zwei Möglichkeiten die leichtere hätte – nämlich einer gerechten und weisen Regierung (fast hätte ich gesagt, jede Regierung) zu gehorchen, als selbst gerecht und weise zu regieren. Nicht, daß ich damit jene tadeln möchte, die sich den öffentlichen Angelegenheiten und Geschäften widmen. Sie machen es gut, und wir schulden ihnen Dank. Manche sind durch ihre Erziehung und Bildung mehr dazu in der Lage als andere, mit größerem Geschick die großen Geschäfte zu lenken, sie sind besonders befähigt, auf diese Weise Gott und der Öffentlichkeit zu dienen; und denen, die es tun, gebührt doppelte Ehre.«
»Der Vorteil, den Menschen genießen, die fromm, zurückgezogen und beschaulich leben, ist, daß sie nicht von so vielen Dingen abgelenkt werden; ihr Geist und ihre Neigung sind auf einen einzigen Gegenstand gerichtet; und die ganze Kraft ihrer Neigung strömt in eine Richtung. All ihre Gedanken und ihr ganzes Streben sind auf ein großes Ziel, einen Endzweck gerichtet, wodurch ihr Leben eine Einheit und in sich ganz und gar harmonisch wird.«
»Nur die Notwendigkeit oder die Hoffnung, mehr Gutes zu tun, als ein Mensch; der, auf sich gestellt, zu tun in der Lage ist (was ein bescheidener Mensch sich nur ungern anmaßt), können die Sorgen und Skrupel aufwiegen, die das Wirken in der Öffentlichkeit fordern.«
Um den Leser nicht zu strapazieren lasse ich drei oder vier Sentenzen aus. Der ganze Eintrag endet wie folgt:
»Die Fähigkeit und Gelegenheit, höheren Zwecken zu dienen, ist der weite Deckmantel, den der Ehrgeiz gern über sein eifriges Streben

nach Macht und Größe breitet. Wenn man sagt (und etwas Gehässigeres läßt sich nicht sagen), daß ein Quantum Ehrgeiz nötig ist, einen Menschen davor zu bewahren, sich selbst zum Narren zu machen, so, denke ich, mag als faire Antwort und ohne Kränkung nur gelten, daß vielleicht ebensoviel Ehrgeiz nötig ist, auf Größe zu verzichten, als sie zu erstreben; nur ist dies die ungewöhnlichere Art, weil ihr Beispiel nicht die Gefahr birgt, ansteckend zu sein.«

Diese Gedanken wurden offensichtlich *au courant de la plume* notiert; und vermutlich hätte der geplagte Erzbischof sie im Bedarfsfall überarbeitet, hätte da und dort ein Wort, einen Satzbau geändert oder gestrafft. Trotzdem halte ich sie für nicht unbeachtliche Beispiele seiner schlichten und ehrlichen Diktion. Nachdem Sie sie gelesen haben, fragen Sie sich wahrscheinlich: »Na ja, was soll daran so spektakulär sein? So kann doch jeder schreiben!«

Im Museum of Modern Art in New York hängt ein Bild des niederländischen Malers Piet Mondrian, auf dem nur ein paar schwarze Linien und eine rote sind, die den weißen Untergrund in Rechtecke und Quadrate teilen. Ich bin nie dahintergekommen, warum man es, nachdem man es einmal gesehen hat, nie mehr ganz vergessen kann. Es hat irgend etwas, das einen seltsamerweise nicht mehr losläßt. Es scheint ohne tiefere Bedeutung, und trotzdem kann man nicht sagen, warum es einen so beunruhigt und gleichzeitig auch befriedigt. Er sieht aus, als ob man bloß ein Lineal, eine Tube schwarze und eine Tube rote Farbe brauchte, um es selber zu machen. Versuchen Sie es mal.

Die Kurzgeschichte

1 Vor einer Reihe von Jahren schrieb mir der Herausgeber einer neuen großen Enzyklopädie, die sich in Vorbereitung befand, und fragte mich, ob ich den Beitrag über die Kurzgeschichte übernehmen wolle. Das Kompliment schmeichelte mir, aber ich lehnte ab. Da ich selbst Kurzgeschichten verfaßt hatte, bezweifelte ich, daß ich einen solchen Artikel mit der erforderlichen Unvoreingenommenheit würde schreiben können. Ein Autor von Kurzgeschichten schreibt sie, so gut er kann, sonst würde er sie anders schreiben. Man kann sie auf verschiedene Art schreiben, und jeder Autor macht Gebrauch von der Art und Weise, die seinen eigenen Neigungen entspricht. Es schien mir, der Artikel über dieses Thema würde viel hinlänglicher von einem Literaten geschrieben, der selbst nie Erzählungen verfaßt hatte. Nichts würde ihn daran hindern, ein unbefangener Richter zu sein. Nehmen wir, zum Beispiel, die Geschichten von Henry James. Er schrieb viele, und sie werden von kultivierten Lesern sehr bewundert, deren Meinung man zu respektieren hat. Jedem, finde ich, der Henry James zu Lebzeiten gekannt hat, ist es unmöglich, seine Erzählungen kühl und sachlich zu lesen. Der Tonfall seiner Stimme geriet ihm beim Schreiben in jede Zeile, und man akzeptiert den gewundenen Stil so vieler seiner Werke, das Langatmige und seine Manierismen, weil sie wesentlicher Bestandteil des Charmes, der Güte und des amüsanten Bombasts des Mannes sind, an den man sich erinnert. Aber bei alledem finde ich seine Geschichten höchst unbefriedigend. Ich finde sie unglaubhaft. Ich

glaube nicht, daß irgendwer, der sich die Leiden eines diphtheriekranken Kindes vorstellen kann, zu begreifen vermag, daß die Mutter ihr Kind eher sterben läßt als heranwachsen und die Bücher seines Vaters lesen. Das geschieht in der Geschichte mit dem Titel *The Author of Beltraffio*. Ich glaube nicht, daß Henry James jemals wußte, wie sich gewöhnliche Menschen verhalten: Seine Figuren haben weder Eingeweide noch Sexualorgane. Er schrieb eine Reihe von Geschichten über Literaten, und man sagt, als jemand protestiert habe, Autoren wären gar nicht so, habe er geantwortet: »Um so schlimmer für sie.« Wahrscheinlich hat er sich selbst nicht als Realisten gesehen. Obwohl ich nicht weiß, ob es den Tatsachen entspricht, vermute ich, daß er *Madame Bovary* mit Abscheu betrachtete. Matisse zeigte einmal einer Dame eines seiner Bilder mit der Darstellung einer nackten Frau, und die Dame habe ausgerufen: »Aber eine Frau ist nicht so«, worauf er antwortete: »Es ist keine Frau, Madame, es ist ein Bild.« Und entsprechend denke ich mir, wenn jemand die Anspielung riskiert hätte, eine Erzählung von James entspräche nicht dem Leben, hätte er geantwortet: »Es ist nicht das Leben, es ist eine Geschichte.«

Henry James hat seinen Standpunkt in dieser Frage in einem Vorwort deutlich gemacht, das er einer Sammlung von Erzählungen voranstellte, die er unter dem Titel *The Lesson of the Master* veröffentlichte. Es ist eine schwierige Lektüre, und obwohl ich es dreimal gelesen habe, bin ich gar nicht so sicher, daß ich es verstehe. Das Wesentliche scheint mir zu sein: In der Konfrontation mit den »überwiegenden Vergänglichkeiten und Miseren des Daseins« sei es nur natürlich, daß ein Autor »nach schönen Beispielen der Reaktion, der Opposition oder der Flucht« suche; und da er im wirklichen Leben keine Vorbilder finden kann, um seine Absicht zu illustrieren, muß er sie aus seinem inneren Wissen entwickeln. Die Schwierigkeit scheint mir zu sein, daß der Autor diesen Geschöpfen seiner Phantasie ein paar allgemeine Züge menschlicher Wesen geben muß, und da die nicht mit den Zügen, die er ihnen willkürlich zugeschrieben hat, zusammenpassen, sind sie im Endergebnis nicht überzeugend. Aber das ist nur mein eigener Eindruck, und ich verlange von niemandem, daß er mir zustimmt. Als mich einmal Desmond MacCarthy an der Riviera besuchte, sprachen wir viel über die Geschichten von Henry James. Das Gedächtnis ist kurz, heutzutage, und ich darf den Leser erinnern, daß Desmond MacCarthy nicht nur ein reizender Gesellschafter, sondern ein sehr guter Kritiker war. Er war sehr belesen und hatte einen Vorzug, den nicht alle Kritiker haben: Er war ein Mann von Welt. Sein Urteil innerhalb seiner Grenzen (er machte sich nicht viel aus Plastik und Musik) war fundiert, denn seine Bildung war gepaart mit scharfsinniger Lebensklugheit. Bei jener Gelegenheit saßen wir nach dem Dinner im Salon, und ich wagte im Verlauf der Unterhaltung die Bemerkung, bei all ihrer kunstvollen Ausführung seien viele von Henry James' Geschichten ungewöhnlich trivial. Dagegen protestierte Desmond, der ihn leidenschaftlich bewunderte, heftig; also erfand ich, um ihn aufzuziehen, aus dem Stegreif eine Geschichte, die ich als »typische Geschichte von Henry James« ausgab. Soweit ich mich erinnere, ging sie ungefähr folgendermaßen:

Colonel Blimp und seine Frau lebten in einem schönen Haus am Lowndes Square. Einen Teil des Winters hatten sie an der Riviera verbracht, wo sie sich mit reichen Amerikanern namens – ich suchte nach einem Namen – Bremerton Fisher angefreundet hatten. Die Fishers hatten sie großzügig bewirtet, sie auf Ausflüge nach La Mortola, nach Aix und Avignon mitgenommen und hatten ausnahmslos darauf bestanden, die Rechnungen zu bezahlen. Als die Blimps sich auf die Rückreise nach England begaben, hatten sie ihre Gastgeber gedrängt, sie zu benachrichtigen, sobald sie nach London kämen, und diesen Morgen hatte Mrs. Blimp in der *Morning Post* gelesen, daß Mr. und Mrs. Bremerton Fisher im Brown's Hotel abgestiegen seien. Es war klar, daß der simple Anstand erforderte, daß die Blimps sich irgendwie für die großzügige Gastfreundschaft, die sie genossen hatten, erkenntlich zeigten. Während sie überlegten, was zu tun sei, kam ein Freund auf eine Tasse Tee vorbei. Er war ein gebürtiger Amerikaner namens Howard, der seit langem eine platonische Leidenschaft für Mrs. Blimp hegte. Natürlich hatte sie nie daran gedacht, seinen Avancen nachzugeben, die in der Tat nie aufdringlich waren, aber es war eine schöne Beziehung. Howard gehörte zu jenen Amerikanern, die nach zwanzigjährigem Aufenthalt in England englischer waren als die Engländer. Er kannte alle wichtigen Leute und war, wie man sagt, überall dabei. Mrs. Blimp machte ihn mit der Situation bekannt. Der Colonel schlug eine Dinnerparty für die Fremden vor. Mrs. Blimp hatte ihre Zweifel. Sie wußte, daß Leute, mit denen man im Ausland auf vertrautem Fuß gestanden, und die man charmant gefunden hatte, sich bei einem Wiedersehen in London von einer ganz anderen Seite zeigen konnten. Hätten sie die Fishers gebeten, ihre »nice friends« kennenzulernen, und alle ihre Freunde waren »nice«, würden ihre Freunde sie todlangweilig finden und die armen Fishers schrecklich »außen vor« bleiben. Howard war ihrer Meinung. Er wußte aus bitterer Erfahrung, daß eine solche Party fast immer ein katastrophaler Reinfall war. »Warum bitten wir sie nicht allein zum Abendessen?« fragte der Colonel. Mrs. Blimp wandte ein, das sähe aus, als schämten sie sich ihrer oder hätten keine netten Freunde. Dann schlug er vor, sie könnten die Fishers ins Theater einladen und danach im Savoy mit ihnen soupieren. Das schien nicht passend zu sein. »Wir müssen etwas tun«, sagte der Colonel. »Natürlich müssen wir etwas tun«, sagte Mrs. Blimp. Sie wünschte, er würde sich nicht dreinmischen. Er besaß alle die hervorragenden Eigenschaften eines Colonel des Gardekorps, er hatte seinen D.S.O. nicht umsonst bekommen, aber in gesellschaftlichen Angelegenheiten war er hoffnungslos. Sie fand, dies sei eine Sache, die Howard und sie allein entscheiden müßten; also rief sie ihn am nächsten Morgen, nachdem nichts beschlossen war, an und bat ihn, um sechs Uhr

auf einen Drink vorbeizukommen, wenn der Colonel in seinem Club Bridge spielte.
Er kam, und von da an kam er jeden Abend. Woche um Woche erörterten er und Mrs. Blimp das Für und Wider. Sie diskutierten das Thema von jedem Standpunkt und von jedem Gesichtswinkel aus. Jeder Punkt wurde angeführt und mit unvergleichlicher Sorgfalt überprüft. Wer hätte geglaubt, daß der Colonel die Lösung liefern würde? Er war zufällig bei einem der Treffen zwischen Mrs. Blimp und Howard zugegen, die inzwischen fast verzweifelt die schwierige Situation erörterten. »Warum gibst du nicht unsere Karten ab?« fragte er. »Genau das«, rief Howard. Mrs. Blimp holte tief Luft, angenehm überrascht. Sie warf Howard einen stolzen Blick zu. Sie wußte, daß er den Colonel für einen aufgeblasenen Esel hielt, der ihrer gänzlich unwürdig war. Ihr Blick sagte: Da habt ihr den wahren Engländer. Er mag nicht sehr klug sein, er mag ziemlich langweilig sein, aber wenn es zu einer Krise kommt, kann man sich darauf verlassen, daß er das Richtige tun wird.
Mrs. Blimp war nicht die Frau, die zögerte, sobald der Weg klar und offen vor ihr lag. Sie klingelte dem Butler und befahl, unverzüglich den Brougham vorfahren zu lassen. Den Fishers zu Ehren wählte sie ihr elegantestes Kleid und einen neuen Hut. Mit ihrem Etui für Visitenkarten in der Hand fuhr sie zu Brown's Hotel – nur um zu erfahren, daß die Fishers an ebendiesem Morgen nach Liverpool abgereist waren, um den Cunard-Dampfer zurück nach New York zu erreichen.
Desmond lauschte ziemlich ungnädig meiner spöttischen Geschichte, dann kicherte er. »Aber was du vergißt, mein armer Willie«, sagte er, »ist, daß Henry James der Geschichte die klassische Würde der St.-Paul's-Kathedrale gegeben hätte, den dumpfen Horror von St. Pancras und – den verstaubten Glanz von Woburn.«
Da mußten wir beide lachen. Ich gab ihm noch einen Whisky-Soda, und zu gegebener Zeit suchten wir hochzufrieden mit uns selbst jeder sein Schlafzimmer auf.

2 Wohl vor mehr als zwanzig Jahren schrieb ich für amerikanische Leser eine lange Einführung zu einer Auswahl, die ich unter Kurzgeschichten des neunzehnten Jahrhunderts getroffen hatte. Etwa zehn Jahre danach verwendete ich viel von dem damals Gesagten in einer Vorlesung über die Kurzgeschichte, die ich vor Mitgliedern der Royal Society of Literature hielt. Meine Anthologie ist nie in England erschienen und in Amerika längst vergriffen; und wenngleich meine Vorlesung in dem Jahresband gedruckt wurde, den die Royal Society of Literature von den Vorträgen herausgibt, die vor ihr gehalten werden, war dieser doch nur ihren Mitgliedern zugänglich. Als ich kürzlich diese beiden Abhandlungen las, fand ich, daß ich in manchen Punkten meine Meinung geändert hatte und daß gewisse Voraussagen, die ich gemacht hatte, durch die Ereignisse nicht bestätigt worden waren.

Auf den folgenden Seiten – obwohl ich gezwungen bin, einen großen Teil des damals Gesagten zu wiederholen, mehr oder weniger in denselben Worten, da ich nicht weiß, wie ich das, was ich sagen will, irgend besser sagen könnte als zuvor – werde ich versuchen, dem Leser meine Überlegungen darzulegen, wie sie sind, über ein literarisches Genre, das ich selbst in der Vergangenheit ziemlich eifrig gepflegt habe.

Es liegt in der Natur des Menschen, Geschichten zu erzählen, und vermutlich entstand die Kurzgeschichte in grauer Vorzeit, als der Jäger, um seinen satten und volltrunkenen Gefährten die Zeit zu vertreiben, beim Feuer in der Höhle eine phantastische Geschichte erzählte, die er gehört hatte. Noch heute kann man in den Städten des Orients den Geschichtenerzähler auf dem Marktplatz sitzen sehen, umgeben von einem Kreis eifriger Zuhörer, und ihm bei der Wiedergabe der Geschichten zuhören, die er aus uralten Zeiten geerbt hat. Aber ich meine, daß die Kurzgeschichte erst im neunzehnten Jahrhundert eine Verbreitung erlangt hat, die sie zu einem wichtigen Zweig des literarischen Schaffens machte. Natürlich waren

Kurzgeschichten schon vorher geschrieben und weithin gelesen worden: Da gab es die religiösen Geschichten griechischen Ursprungs, die erbaulichen Geschichten des Mittelalters, und da waren die unsterblichen Geschichten von *Tausendundeiner Nacht.* Während der Renaissance, in Italien und Spanien, in Frankreich und England waren kurze Geschichten sehr im Schwange. Deren unvergängliche Denkmale sind der *Decamerone* des Boccaccio und die *Novelas ejemplares*, die *Exemplarischen Novellen* von Cervantes. Aber mit dem Aufstieg des Romans ging es mit der Kurzgeschichte bergab. Die Buchhändler zahlten nicht länger gutes Geld für eine Sammlung von Kurzgeschichten, und die Autoren blickten allmählich scheel auf eine Art von Prosa, die ihnen weder Gewinn noch Ruhm einbrachte. Wenn ihnen von Zeit zu Zeit ein Thema einfiel, das sie in geringem Umfang angemessen behandeln konnten, schrieben sie eine Kurzgeschichte und wußten dann nicht, was sie damit anfangen sollten; und so fügten sie sie, nur um sie nicht zu verschleudern – manchmal, zugegebenermaßen ziemlich plump – in ihre Romantexte ein.
Zu Beginn des neunzehnten Jahrhunderts aber wurde dem lesenden Publikum eine neue Art der Veröffentlichung vorgelegt, die bald ungeheure Beliebtheit errang. Das war das Jahrbuch. Es scheint in Deutschland aufgekommen zu sein. Es war ein Sammelband aus Prosa und Dichtung und lieferte seinen Lesern nahrhafte Kost; wie wir hören, erschienen Schillers *Jungfrau von Orleans* und Goethes *Hermann und Dorothea* zuerst in Zeitschriften dieser Art. Als aber ihr Erfolg englische Verleger zur Nachahmung reizte, stützten sie sich hauptsächlich auf Kurzgeschichten, um eine genügende Zahl von Lesern zu gewinnen und das Unternehmen profitabel zu machen.
An dieser Stelle muß ich dem Leser etwas über literarische Komposition sagen, über die die Kritiker, deren Pflicht es zweifellos ist, ihn zu leiten und zu unterrichten, ihn, soweit ich weiß, in Unkenntnis gelassen haben. Der Schriftsteller hat den Schöpferdrang in sich, den Wunsch, dem Leser das Ergebnis seiner Mühen vorzulegen, und den

Wunsch (einen harmlosen, der den Leser nicht betrifft), sein täglich Brot zu verdienen. Alles in allem gelingt es ihm, seine schöpferischen Fähigkeiten in jene Kanäle zu lenken, die es ihm ermöglichen, seine bescheidenen Ziele zu erreichen. Auf die Gefahr hin, den Leser zu schockieren, der glaubt, die Inspiration des Autors müsse von praktischen Erwägungen frei sein, muß ich hinzufügen, daß Autoren sich ganz natürlich gedrängt fühlen, das zu schreiben, wofür eine Nachfrage besteht. Das überrascht nicht, denn sie sind nicht nur Schriftsteller, sie sind auch Leser und als solche Mitglieder der Öffentlichkeit und dem vorherrschenden Meinungsklima unterworfen. Als Stücke in Versen einem Autor Ruhm, wenn nicht Reichtum brachten, hätte man wohl schwerlich einen jungen Mann mit literarischen Neigungen gefunden, unter dessen Papieren sich keine Tragödie in fünf Akten befunden hätte. Ich glaube, heutzutage würde es wenigen jungen Männern einfallen, eine zu schreiben. Heute schreiben sie Stücke in Prosa, Kurzgeschichten und Romane. Es stimmt, daß in den letzten Jahren eine Reihe von Stücken in Versen erfolgreich aufgeführt worden sind, aber mir schien es – bei denen, die ich mit eigenen Augen zu sehen Gelegenheit hatte –, als ob die Zuschauer den Vers als etwas akzeptierten, das sie in Kauf nehmen mußten, und weniger als etwas, das sie genossen; und die Schauspieler, die das meist, spürten, taten, was sie konnten, um ihr Unbehagen zu beschwichtigen, indem sie den Vers sprachen, als handle es sich eigentlich um Prosa.

Die Möglichkeit der Veröffentlichung, die Bedürfnisse von Herausgebern, das heißt, ihre Vorstellung davon, was ihre Leser wünschen, haben einen großen Einfluß auf die Art von Arbeit, die zu gegebener Zeit hervorgebracht wird. Wenn also Zeitschriften gut gehen, die für Geschichten von beträchtlicher Länge Raum haben, werden Geschichten in dieser Länge geschrieben, oder wenn andererseits Zeitungen Belletristik veröffentlichen, ihr aber nur geringen Raum geben können, werden Geschichten geliefert, die diesem Raum entsprechen. Darin liegt nichts Beschämendes. Ein fähiger Autor kann eine Geschichte in fünfzehnhundert Worten ebensoleicht schreiben wie in zehntausend. Aber er wählt eine andere Geschichte oder behandelt sie auf andere Weise. Guy de Maupassant schrieb eine seiner berühmtesten Erzählungen, *L'Héritage* (Die Erbschaft), zweimal, einmal in ein paar hundert Worten für eine Zeitung und das zweite Mal in mehreren tausend für eine Zeitschrift. Beide sind in einer Gesamtausgabe seiner Werke erschienen, und ich glaube, niemand kann die beiden Versionen lesen, ohne zuzugeben, daß die erste kein Wort zu wenig enthält und die zweite kein Wort zuviel. Damit will ich folgendes beweisen: Das Medium, in dem sich der Schreiber an sein Publikum wendet, ist eine der Konventionen, denen er sich fügen muß, und das ist ihm im großen und ganzen möglich, ohne seinen eigenen Neigungen zuwiderzuhandeln.

Nun boten zu Beginn des neunzehnten Jahrhunderts Jahrbücher und Almanache Autoren die Möglichkeit, sich beim Publikum durch die Kurzgeschichte einzuführen, und so wurden mehr Kurzgeschichten als je zuvor geschrieben, da sie einen besseren Zweck erfüllten, als nur dem Interesse des Lesers im Verlauf eines langen Romans nachzuhelfen. Über das Jahrbuch und das Album für Damen sind viele harte Worte gefallen und härtere noch über die Zeitschrift, die ihnen in der öffentlichen Gunst folgte, aber es kann kaum geleugnet werden, daß die reiche Überfülle von Kurzgeschichten im neunzehnten Jahrhundert unmittelbar durch die Möglichkeiten hervorgerufen wurde, die diese Zeitschriften boten. In Amerika riefen sie eine Schule von Autoren ins Leben, die so brillant und produktiv waren, daß einige Leute ohne Kenntnis der Literaturgeschichte behaupteten, die Kurzgeschichte sei eine amerikanische Erfindung. So ist das natürlich nicht, aber immerhin sollte man zugeben, daß in keinem Land Europas diese Form von Belletristik so eifrig gepflegt wurde wie in den Vereinigten Staaten und daß ihre Methoden, Techniken und Möglichkeiten nirgendwo sonst so aufmerksam studiert wurden.

Im Lauf der Lektüre einer ungeheuren Zahl von Geschichten des neunzehnten Jahrhunderts für meine Anthologie habe ich über die Form viel gelernt. Ich möchte jetzt den Leser warnen, daß der Autor, wie ich schon früher angedeutet habe, befangen ist gegenüber einer Kunstrichtung, die er selbst betreibt. Natürlich hält er sein eigenes Vorgehen für das beste. Er schreibt, wie er kann und wie er muß, denn er ist eine bestimmte Art Mensch, er hat seine eigenen Seiten und sein eigenes Temperament, und so sieht er die Dinge auf seine eigene Weise und gibt seine Ein- und Ansichten auf die Art wieder, zu der ihn sein Wesen zwingt. Er braucht eine besondere geistige Stärke, soll er Arbeiten, die seinen instinktiven Vorurteilen zuwiderlaufen, mit Wohlwollen begegnen. Deshalb sollte man auf der Hut sein, wenn man die Kritiken eines Romanciers über anderer Leute Romane liest. Er neigt dazu, das ausgezeichnet zu finden, worum er sich selbst bemüht, und wenig Verdienst in Eigenschaften zu sehen, die ihm selbst fehlen. Eines der besten Bücher über den Roman, die ich kenne, ist von einem angesehenen Autor, der selbst nie im Leben fähig war, eine plausible Geschichte zu erfinden. Ich war nicht erstaunt zu entdecken, daß er jene Romanciers geringschätzte, deren große Gabe darin besteht, daß sie es verstehen, den geschilderten Ereignissen eine aufregende Wahrscheinlichkeit zu verleihen. Ich werfe ihm das nicht vor. Toleranz zählt zu den guten Eigenschaften eines Menschen; wäre sie weiter verbreitet, so wäre die Welt von heute ein angenehmerer Platz zum leben, als sie es ist; ich bin aber nicht sicher, daß sie einem Autor ebensogut bekommt. Denn was hat er einem schließlich zu geben? Sich selbst. Mag die Spannweite seiner Phantasie groß sein, denn das Leben in seinem ganzen Umfang ist sein Gebiet; er kann es aber nur mit eigenen Augen sehen, mit seinen Nerven, seinem eigenen Herzen und in seinem eigenen Innern spüren; sein Wissen ist natürlich einseitig, aber es ist genau, denn er ist er selbst und niemand sonst. Seine Haltung ist entschieden und charakteristisch. Wenn er wirklich das Gefühl hat, irgendeine andere

Ansicht sei ebenso gültig wie seine eigene, wird er kaum mit Energie an der seinen festhalten und sie kaum mit Nachdruck vorbringen. Zwar empfiehlt es sich für einen Mann, beide Seiten einer Frage zu sehen, aber der Schriftsteller kann Aug in Auge mit der Kunst, die er ausübt (und seine Lebensanschauung gehört unbedingt zu seiner Kunst), diese Einstellung nur durch eine Vernunftanstrengung erreichen und spürt in den Knochen, daß es sich nicht um sechs einerseits und ein halbes Dutzend andererseits handelt, sondern zwölf auf seiner Seite und null auf der anderen. Diese Unvernunft wäre ein Nachteil, wenn es nur wenige Autoren gäbe, oder der Einfluß eines einzigen stark genug wäre, um die übrigen zur Anpassung zu zwingen, aber wir sind Tausende. Jeder von uns hat seine kleine Mitteilung zu machen, eine begrenzte, und aus all diesen Mitteilungen können die Leser ihren eigenen Neigungen entsprechend auswählen, was ihnen gefällt.

Ich habe das gesagt, um das Terrain abzustecken. Am liebsten mag ich die Geschichten, wie ich selbst sie schreiben kann. Das ist die Art von Geschichte, die viele Leute gut geschrieben haben, aber keiner brillanter als Maupassant; ich kann daher ihr Wesentliches nicht besser aufzeigen als durch Besprechung eines seiner berühmtesten Werke, *La Parure* (Der Schmuck). Auffallend daran ist, daß man diese Geschichte am Abendbrottisch oder im Rauchsalon eines Schiffs erzählen und seine Zuhörer damit fesseln kann. Sie handelt von einem merkwürdigen, aber nicht unwahrscheinlichen Vorfall. Die Szene wird kurz umrissen, wie es das Medium verlangt, aber mit Klarheit; und die beteiligten Personen, das Leben, das sie führen und ihr Verderb, werden einem mit genau dem Maß an Einzelheiten gezeigt, das erforderlich ist, um die Umstände des Falles klarzumachen. Man erfährt alles, was man von ihnen wissen muß. Für den Fall, daß der Leser sich nicht an die Geschichte erinnert, will ich sie kurz wiedergeben. Mathilde ist die Frau eines kleinen Beamten im Unterrichtsministerium. Der Minister bittet sie zu einer Abendeinladung, und, da sie keinen eigenen Schmuck besitzt, leiht sie sich ein Diamanthalsband von einer früheren Schulfreundin. Sie verliert es. Es muß ersetzt werden, und für vierunddreißigtausend Franc, eine ungeheure Summe für sie, zu Wucherzinsen geborgt, kaufen der Beamte und seine Frau ein Halsband, genau wie das verlorene. Um ihre erdrückenden Schulden zu bezahlen, sind sie zu einem Leben in tiefster Armut gezwungen, und als ihnen das endlich gelingt, nach zehn elenden Jahren, erzählt Mathilde ihrer reichen Freundin, was geschehen ist. »Aber meine Liebe«, sagt ihre Freundin, »das Halsband war eine Imitation. Es war höchstens fünfhundert Franc wert.«

Ein pedantischer Kritiker könnte einwenden, von seinem eigenen Standpunkt aus sei *La Parure* keine perfekte Story, denn diese Art von Erzählung müsse einen Anfang, eine Mitte und ein Ende haben, und wenn der Schluß erreicht sei, müsse die ganze Geschichte erzählt sein und man dürfe weder den Wunsch noch die Notwendigkeit verspüren, eine weitere Frage zu stellen. Das Kreuzworträtsel ist gelöst. Aber in diesem Fall tat sich Maupassant Genüge mit einem Ende, das ironisch und wirkungsvoll war. Der erfahrene Leser kommt kaum um die Frage herum: Was nun? Es ist wahr: Das unglückliche Paar hatte seine Jugend und die meisten Annehmlichkeiten des Lebens in den trüben Jahren, in denen es Geld für das verlorene Halsband gespart hatte, geopfert, aber als der Irrtum aufkam und man den beiden das gekaufte Halsband zurückgab, dürften sie sich im Besitz eines kleinen Vermögens befunden haben. In der geistigen Dürre, in die ihr Opfer sie gebracht hatte, könnte es ihnen als ziemlich befriedigender Ausgleich erschienen sein. Zudem hätte es, wäre die unselige Frau vernünftig genug gewesen, zu der Freundin zu gehen und ihr den Verlust mitzuteilen – und es gibt keinen triftigen Grund, weshalb sie das nicht hätte tun sollen –, keine Geschichte gegeben. Es spricht für Maupassants Talent, daß wenige Leser so geistesgegenwärtig bleiben, daß ihnen diese Widersprüche auffallen. Ein Autor wie Maupassant schreibt nicht vom Leben ab, er arrangiert es, um desto mehr zu interessieren, zu erregen und zu überraschen. Nicht Kopie des Lebens ist sein Ziel, sondern Dramatisierung. Er ist bereit, die Wahrscheinlichkeit der Wirkung zu opfern, und die Probe ist, ob er damit durchkommt; hat er die Vorfälle, die er beschreibt, und die betroffenen Personen so geformt, daß man sich der Gewalt bewußt ist, die er ihnen angetan hat, dann ist er gescheitert. Aber daß es ihm manchmal mißlingt, ist kein Einwand gegen die Methode. In manchen Zeiten fordern Leser ein exaktes Festhalten an den Tatsachen des Lebens, wie sie ihnen bekannt sind – dann ist der Realismus in Mode; zu anderen ist ihnen das gleichgültig, sie wollen das Fremde, Ungewöhnliche, Zauberhafte, und dann, wenn sie nur gefesselt sind, sind die Leser bereit, willig ihren Zweifel auszusetzen. Wahrscheinlichkeit ist keine Einheit, die ein für allemal festgelegt ist, sie wechselt mit den Neigungen der Zeit; sie ist, was der Leser zu schlucken bereit ist. In Wirklichkeit werden in der gesamten Belletristik Unwahrscheinlichkeiten fraglos hingenommen, weil sie üblich und oft notwendig sind, damit der Autor ohne Aufenthalt in seiner Geschichte fortfahren kann.

Niemand hat den Maßstab für die Art von Geschichte, die ich hier erörtere, mit mehr Genauigkeit festgelegt als Edgar Allan Poe. Wäre sie nicht so lang, würde ich seine Kritik von Hawthornes *Twice-Told Tales* in ihrem ganzen Umfang zitieren: Sie sagt alles, was es zu diesem Gegenstand zu sagen gibt. Ich werde mich mit einem kurzen Auszug begnügen.

»Ein gewandter Künstler hat eine Erzählung konzipiert. Wenn er klug ist, hat er seine Gedanken nicht passend zu seinen Geschehnissen zurechtgemacht, sondern nachdem er sich mit sorgfältiger Überlegung eine bestimmte einzigartige oder einzelne Wirkung hervorzubringen vorgenommen hat, erfindet er die passenden Ereignisse – dann entwirft er die Wirkungen, die ihm bei der Auslösung der von ihm vorher ausgedachten Effekte am ehesten behilflich sind. Wenn sein allererster Anfangssatz nicht dazu führt, diese Wirkung hervorzubringen, ist ihm dieser erste Schritt mißlungen. In dem ganzen Text sollte kein Wort geschrieben stehen, dessen Tendenz nicht, mittelbar oder unmittelbar, dem vorgefaßten Entwurf dient. Und auf diese Weise, mit solcher Sorgfalt und solchem Können, entsteht auf die Dauer ein Bild, das dem Geist dessen, der es mit verwandter Kennerschaft betrachtet, ein Gefühl vollster Befriedigung verschafft. Die Idee der Erzählung wird makellos, da unberührt, präsentiert ...«

3 Es ist nicht schwer zu sagen, was Poe mit einer guten Kurzgeschichte gemeint hat: ein Stück Belletristik, befaßt mit einem einzigen, materiellen oder geistigen Vorfall, das man in einem Zug lesen kann; es ist originell, es muß sprühen, erregen oder beeindrucken, und Wirkung oder Eindruck müssen eine Einheit sein. Es sollte sich in gerader Linie von der Exposition bis zum Schluß bewegen. Nach den Prinzipien, die er festgelegt hat, eine Geschichte zu schreiben ist nicht so leicht, wie manche denken. Es erfordert Intelligenz, vielleicht keine sehr hochgradige, aber von einer besonderen Art; es verlangt einen Sinn für die Form und keine geringe Kraft der Phantasie. In England hat niemand Geschichten nach dieser Methode besser geschrieben als Rudyard Kipling. Unter den englischen Autoren von Kurzgeschichten hält er allein den Vergleich mit den Meistern Frankreichs und Rußlands aus. Zur Zeit wird er unverdient unterschätzt. Das ist natürlich. Wenn ein berühmter Autor stirbt, erscheinen Nachrufe in den Zeitungen, und jeder, der Umgang mit ihm gehabt hat, und sei es nicht mehr als bei einer Tasse Tee in seiner Gesellschaft, schreibt an die *Times* und berichtet von dem Ereignis. Nach vierzehn Tagen ist er keine Neuigkeit mehr und wird still dem Vergessen anheimgegeben. Dann, wenn er Glück hat, nach einer Reihe von Jahren, nach wenigen oder mehreren, oft abhängig von Umständen, die nichts mit Literatur zu tun haben,

erinnert man sich seiner und setzt ihn wieder in die öffentliche Gunst ein. Das bekannteste Beispiel hierfür ist natürlich Anthony Trollope. Von einer Generation vernachlässigt, gewannen seine Romane durch den Wandel im englischen Leben einen nostalgischen Charme, der eine Vielzahl von Lesern anzog.

Obwohl Rudyard Kipling von den ersten Anfängen seiner Laufbahn an die Gunst des großen Publikums gewann und festhielt, war das Lob der Gebildeten ihm gegenüber immer etwas herablassend. Leser mit wählerischem Geschmack fanden gewisse Eigenschaften seines Stils verdrießlich. Er wurde mit einem Imperialismus identifiziert, der vielen vernünftigen Leuten anrüchig war und heute eine Quelle von Verdruß ist. Er war ein wundervoll reicher und origineller Geschichtenerzähler. Er hatte eine fruchtbare Phantasie und in hervorragendem Maß die Gabe, Episoden auf überraschende und dramatische Art wiederzugeben. Er hatte seine Fehler, wie jeder Schriftsteller; bei ihm, finde ich, erklären sie sich aus seinem Milieu und seiner Erziehung, aus Zügen seines Wesens und der Zeit, in der er lebte. Sein Einfluß auf seine schreibenden Kollegen war groß, aber größer vielleicht der auf seine Mitmenschen, die auf die eine oder andere Weise das Leben führten, das er beschrieb. Auf Reisen im Orient begegnete man erstaunlich oft Menschen, die sich die Geschöpfe seiner Phantasie zum Vorbild genommen hatten. Es heißt, Balzacs Charaktere entsprächen mehr der Generation nach ihm als der, die er zu beschreiben versuchte. Ich weiß aus eigener Erfahrung, daß zwanzig Jahre, nachdem Kipling seine ersten bedeutenden Geschichten schrieb, überall in den entlegenen Teilen des Empire verstreut Männer lebten, die ohne ihn niemals die gewesen wären, die sie waren. Er schuf nicht nur Charaktere; er formte Menschen. Das waren tapfere, anständige Männer, die die ihnen gestellten Aufgaben nach besten Kräften und gemäß ihren geistigen Fähigkeiten erfüllten: Es ist ein Unglück, daß sie aus Gründen, die ich nicht erörtern muß, ein Erbe von Haß hinterlassen sollten. Rudyard Kipling gilt allgemein als der Mann, der dem britischen Volk sein Empire bewußt gemacht hat, doch das ist eine politische Errungenschaft, mit der ich mich hier nicht beschäftigen muß; für meinen gegenwärtigen Zweck von Bedeutung ist seine Entdeckung der sogenannten exotischen Geschichte, durch die er den Schriftstellern ein neues und fruchtbares Feld eröffnete. Es ist die Geschichte, die sich in einem den meisten Lesern wenig bekannten Land abspielt. Sie handelt von den Reaktionen des weißen Mannes auf seinen Aufenthalt in einem fremden Land und der Wirkung, die der Kontakt mit Menschen anderer Rasse und Farbe auf ihn hat. Nachfolgende Schriftsteller haben dieses Thema auf verschiedene Art behandelt, aber Rudyard Kipling hat als erster den Weg durch dieses neuentdeckte Land gebahnt, und niemand hat ihm mehr romantischen Glanz verliehen, niemand hat es lebhafter und mit einem solchen Farbreichtum dargestellt. Die Zeit wird kommen, da die Besetzung Indiens durch die Briten Alte Geschichte sein wird und der Verlust dieser großen Kolonie nicht mehr Bedauern und bittere Gefühle auslösen wird als vor Jahrhunderten die Einbuße der Normandie und Aquitaniens. Dann wird klar sein, daß Rudyard Kipling mit seinen indischen Geschichten, mit den *Dschungelbüchern*, mit *Kim* Werke verfaßt hat, die einen Ehrenplatz in unserer großen englischen Literatur einnehmen.

Auch guter Dinge werden die Menschen müde. Sie wollen den Wandel. Um ein Beispiel aus einer anderen Kunst zu geben: Während der georgianischen Ära hatte der Hausbau eine seltene Vollkommenheit erreicht, die damals gebauten Häuser waren ansehnlich anzuschauen und bequem zu bewohnen. Die Zimmer waren geräumig, luftig und wohlproportioniert. Man hätte gedacht, die Menschen würden für immer mit solchen Häusern zufrieden sein. Aber nein. Die Romantik zog herauf, und sie wollten das Altmodisch-Anheimelnde, das Ausgefallene und Pittoreske, und die Architekten bauten ihnen bereitwillig, was sie wollten. Es ist schwer, eine Geschichte zu erfinden, wie Poe sie schrieb, und wie wir wissen, hat selbst er sich in seiner kleinen Produktion mehr als einmal wiederholt. Zu einer Erzählung dieser Art gehören eine Menge Kunstgriffe, und als beim Aufkommen und der sofortigen Popularität der Monatszeitschrift die Nachfrage nach solchen Erzählwerken stieg, beeilten sich die Autoren, diese Tricks zu erlernen. Um die Wirkung ihrer Geschichten zu erhöhen, zwangen sie ihnen ein konventionelles Muster auf und bewegten sich in ihrer Schilderung des Lebens so weit von der Wahrscheinlichkeit weg, daß ihre Leser rebellierten. Sie wurden Geschichten leid, die einem Muster folgten, das sie nur allzugut kannten. Sie protestierten, im wirklichen Leben ereigneten sich die Dinge nicht in dieser Klarheit, wirkliches Leben sei eine Angelegenheit von gerissenen Fäden und losen Enden, sie zu einem Muster anzuordnen sei irreführend. Sie verlangten mehr Realismus. Nun ist es nie Sache des Künstlers gewesen, vom Leben abzuschreiben. Sir Kenneth Clark hat diesen Punkt in seinem Buch *The Nude* erschöpfend klargestellt. Er hat uns gezeigt, daß es den großen Bildhauern des antiken Griechenland nicht darum ging, ihre Modelle mit exaktem Realismus darzustellen, sondern daß sie sie als Instrument benutzten, um ihr Schönheitsideal zu erreichen. Wenn man die Gemälde und Plastiken der Vergangenheit betrachtet, kann man nur überrascht sein, wie wenig es den großen Künstlern darum ging, genau wiederzugeben, was sie vor sich sahen. Die Leute neigen zu der Ansicht, daß die Verzerrungen, die bildende Künstler ihrem Material zugefügt haben, am sichtbarsten bei den Kubisten von gestern, eine Erfindung unserer heutigen Zeit seien. Das stimmt nicht. Sie denken das nur, weil sie an die Verformungen der Vergangenheit so gewöhnt sind, daß sie sie als buchstäbliche Darstellung von Tatsachen akzeptieren. Vom Beginn der westlichen Malerei an haben die Künstler die Wahrscheinlichkeit den Wirkungen geopfert, die sie erzielen wollten. Mit der Belletristik ist es dasselbe. Nehmen wir Poe, um nicht weit zurückzugehen: Es ist nicht glaubhaft, daß er gedacht haben sollte, menschliche Wesen sprächen so, wie er seine Personen sprechen ließ: Wenn er ihnen Dialoge in den Mund gelegt hat, die uns so unrealistisch erscheinen, dann wahrscheinlich, weil er gedacht hat, sie paßten zu der Art Geschichte, die er erzählte, und hülfen ihm, das gesteckte Ziel zu erreichen, das er, wie wir wissen, im Sinn hatte. Künstler haben den Naturalismus nur dann gepflegt, wenn ihnen klar wurde, daß sie sich vom Leben so weit entfernt hatten, daß eine Rückkehr notwendig war; und dann haben sie sich daranbegeben, es so genau zu kopieren, wie sie konnten, nicht als Ziel an sich, aber, vielleicht, als eine heilsame Disziplin.

Der Naturalismus in der Kurzgeschichte kam im neunzehnten Jahrhundert als Reaktion auf eine Romantik in Mode, die langweilig geworden war. Schriftsteller versuchten einer nach dem andern, das Leben mit unerschrockener Wahrheitsliebe abzubilden. »Ich bin nie zu Kreuze gekrochen«, sagte Frank Norris. »Ich habe nie vor der Mode den Hut gezogen oder ihn für Pennies hingehalten. Bei Gott! Ich habe ihnen die Wahrheit gesagt. Sie mochten sie oder mochten sie nicht. Was hatte das mit mir zu tun? Ich sagte ihnen die Wahrheit, ich wußte, es war damals die Wahrheit und ich weiß, es ist heute die Wahrheit.« (Das sind mutige Worte, aber was die Wahrheit ist, läßt sich schwer sagen, sie ist nicht notwendigerweise das Gegenteil einer Lüge.) Die Autoren dieser Schule betrachteten das Leben mit weniger voreingenommenen Blicken als die Generation ihrer Vorgänger; sie waren weniger süßlich und weniger optimistisch, gewaltsamer und direkter; ihre Dialoge waren natürlicher, und sie entnahmen ihre Charaktere einer Welt, die seit Defoes Zeiten von erzählenden Autoren ziemlich vernachlässigt worden war; aber im Technischen erfanden sie nichts Neues. Was das Wesentliche der Kurzgeschichte anlangt, so gaben sie sich mit den alten Vorbildern zufrieden. Die Wirkungen, die sie verfolgten, waren immer noch die von Edgar Allan Poe; sie folgten dem Rezept, das er formuliert hatte. Ihre Vorzüge beweisen seinen Wert; ihre Künstlichkeit zeigt seine Schwächen.

4 Da gab es aber ein Land, in dem die Formel wenig gegolten hatte. In Rußland hatten sie seit ein paar Generationen Geschichten von ganz anderer Art geschrieben; und als sich der Aufmerksamkeit von Lesern wie Autoren die Tatsache aufzwang, daß die Art von Story, die so lange in Gunst gestanden hatte, ermüdend schablonenhaft geworden war, entdeckte man, daß es in jenem Land eine Gruppe von Schriftstellern gab, die aus der Kurzgeschichte etwas Neues gemacht hatten. Es ist einzigartig, daß diese Spielart der kurzen Erzählung so lange gebraucht hat, um die westliche Welt zu erreichen. Zwar wurden die Geschichten von Turgenjew in französischen Übersetzungen gelesen. Die Goncourts, Flaubert und die intellektuellen Kreise, in denen sie sich bewegten, akzeptierten ihn wegen seines stattlichen Auftretens, seiner beträchtlichen Mittel und seiner aristokratischen Herkunft; und sein Werk wurde mit jener maßvollen Begeisterung geschätzt, mit der die Franzosen von jeher das Werk ausländischer Autoren betrachtet haben. Ihre Einstellung entspricht der von Dr. Johnson zur Predigt einer Frau: »Sie ist nicht gut gemacht, aber man ist überrascht, daß es überhaupt geschieht.« Erst nachdem Eugène Melchior de Vogüé 1886 sein Buch *Le Roman Russe* veröffentlicht hatte, machte die russische Literatur auf die literarische Welt von Paris irgendeinen Eindruck. Einige Zeit später, um 1905 glaube ich, wurden eine Reihe von Erzählungen von Tschechow ins Französische übersetzt und im großen und ganzen günstig aufgenommen. In England blieb er ziemlich unbekannt. Im Jahr 1904, als er starb, wurde er von den Russen als bedeutendster Schriftsteller seiner Generation angesehen. Die elfte Ausgabe der *Encyclopaedia Britannica*, erschienen 1911, hatte über ihn nicht mehr zu sagen als: »Aber A. Tschechow bewies in seinen Kurzgeschichten beträchtliche Kraft.« Kalte Bewunderung. Erst als Mrs. Garnett in dreizehn kleinen Bänden eine Auswahl aus seinem enormen Schaffen herausbrachte, interessierten sich englische Leser für ihn. Seitdem ist das Ansehen russischer Autoren im allgemeinen und das Tschechows

im besonderen ungeheuer. Es hat die Komposition und das Ansehen von Kurzgeschichten weitgehend verändert. Kritische Leser wenden sich gleichgültig von der Erzählung ab, die technisch betrachtet als »gut gemacht« gilt, und Autoren, die sie zur Erbauung der großen Masse des Publikums noch produzieren, finden wenig Beachtung.

Tschechows Leben ist von David Magarshack aufgezeichnet worden. Es ist das Protokoll einer trotz schrecklichen Schwierigkeiten vollbrachten Leistung: Armut, drückende Pflichten, qualvolle Umgebung und elende Gesundheit. Aus diesem interessanten und wohldokumentierten Buch habe ich die folgenden Tatsachen erfahren: Tschechow wurde 1860 geboren. Sein Großvater war ein Leibeigener, der genug Geld gespart hatte, um sich und seine drei Söhne freizukaufen. Einer von ihnen, namens Pavel, eröffnete im Lauf der Zeit in Taganrog am Asowschen Meer einen Kramerladen, heiratete und hatte fünf Söhne und eine Tochter. Anton Tschechow war sein dritter Sohn. Pavel war ungebildet und töricht, eitel, egoistisch, brutal und tief religiös. Viele Jahre später schrieb Tschechow über ihn: »Ich weiß noch, daß mein Vater mich zu unterrichten begann, als ich fünf war, das heißt, um es klar zu sagen, mich zu schlagen, als ich erst fünf Jahre alt war. Er schlug mich, gab mir Ohrfeigen, schlug mich auf den Kopf, und meine erste Frage beim Erwachen morgens war: Kriege ich heute wieder Schläge? Ich durfte nicht spielen oder herumtollen. Ich mußte die Morgen- und die Abendandacht besuchen, Priestern und Mönchen die Hände küssen, zu Hause Psalmen lesen ... Als ich acht Jahre alt war, mußte ich den Laden hüten, arbeitete als gewöhnlicher Laufbursche, und das schadete meiner Gesundheit, denn ich wurde fast jeden Tag geschlagen. Später, als man mich auf eine Oberschule schickte, lernte ich bis zum Essen, aber vom Essen bis zum Abend mußte ich im Laden sitzen.«

Als Anatol Tschechow sechzehn war, floh sein Vater, von Schulden erdrückt und aus Angst vor Verhaftung, nach Moskau, wo seine beiden älteren Söhne, Alexander und Nikolai, an der Universität studierten. Anton ließ man in Taganrog, um die Schule abzuschließen und so gut es ging von Nachhilfe für zurückgebliebene Jungen zu leben. Als er nach drei Jahren die Reife erlangte und ein Stipendium von fünfundzwanzig Rubeln im Monat bekam, fuhr er zu seinen Eltern nach Moskau. Entschlossen, Arzt zu werden, schrieb er sich an der medizinischen Akademie ein. Damals war er ein großer junger Mann, ein Meter dreiundachtzig, mit hellbraunen Haaren, braunen Augen und vollen, festen Lippen. Er fand seine Familie in einem Kellergeschoß vor, in einem Elendsviertel, das weitgehend von Bordellen beherrscht wurde. Anton brachte zwei Schulfreunde und Studienkollegen als Kostgänger für die Familie mit. Sie zahlten vierzig Rubel im Monat, ein dritter Pensionär zahlte noch zwanzig, und das ergab, mit Tschechows fünfundzwanzig, fünfundachtzig Rubel, um neun Menschen zu ernähren und die Miete zu bezahlen. Bald zogen sie in eine größere Wohnung in derselben verwahrlosten Straße. Zwei der Kostgänger teilten ein Zimmer, der dritte hatte ein kleines Zimmer für sich. Anton und zwei seiner Brüder bewohnten ein drittes Zimmer, seine Mutter und Schwester ein viertes, und das fünfte Zimmer, das als Eß- und Wohnzimmer diente, war zugleich Schlafzimmer seiner Brüder Alexander und Nikolai. Pavel, ihr Vater, hatte endlich für dreißig Rubel im Monat eine Anstellung in einem Lagerhaus gefunden und mußte dort übernachten, also waren sie den stupiden, despotischen Mann, der ihnen das Leben zur Last gemacht hatte, für eine Weile los.

Anton hatte die Gabe, komische Geschichten zu improvisieren, über die sich, wie es heißt, seine Freunde vor Lachen bogen. Angesichts der verzweifelten Lage seiner Familie dachte er, er könne versuchen, sie aufzuschreiben. Er verfaßte eine und schickte sie an die Petersburger Wochenzeitschrift *Libelle.* Eines Januarnachmittags kaufte er auf dem Heimweg von seinem medizinischen Institut ein Exemplar und fand seine Geschichte darin aufgenommen. Er sollte fünf

Kopeken die Zeile bekommen. Ich darf den Leser erinnern, daß der Rubel bei zwei Schillingen stand und daß hundert Kopeken ein Rubel waren, so daß das Angebot etwa einen Penny pro Zeile betrug. Von da an schickte Tschechow fast jede Woche eine Geschichte an die *Libelle*, aber wenige wurden angenommen. Er brachte sie zwar bei den Moskauer Zeitungen unter, aber die konnten sich nur geringe Honorare leisten, ihre Finanzen waren dürftig, und manchmal mußten Mitarbeiter, um ihren Hungerlohn zu bekommen, im Büro warten, bis die Zeitungsjungen die Kopeken brachten, die sie beim Straßenverkauf eingenommen hatten. Es war ein Petersburger Herausgeber namens Leykin, der Tschechow seine erste Chance bot. Er leitete eine Zeitschrift, *Fragmente* genannt, und er gab Tschechow den Auftrag, wöchentlich eine Geschichte von hundert Zeilen zum Honorar von acht Kopeken die Zeile zu schreiben. Es war ein Witzblatt, und wenn Tschechow hie und da eine ernste Geschichte einsandte, beschwerte sich Leykin, das sei nicht das, was seine Leser wollten. Obzwar die Geschichten, die er schrieb, beliebt waren und ihm einen gewissen Ruf verschafften, verdrossen ihn die ihm auferlegten Beschränkungen, sowohl die Länge als auch den Inhalt seiner Beiträge betreffend; daher verschaffte ihm Leykin, der ein vernünftiger und gutartiger Mann gewesen zu sein scheint, um ihn zufriedenzustellen, ein Angebot der *Petersburger Gazette*, zum selben Honorar von acht Kopeken die Zeile wöchentlich eine längere und andersgeartete Geschichte zu schreiben. Von 1880 bis 1885 schrieb Tschechow dreihundert Geschichten!

Das war Brotarbeit. Das Oxford Dictionary sagt uns, man verwende diesen Ausdruck geringschätzig für ein Stück Literatur oder Kunst, das zum Zweck des Lebensunterhalts verfertigt sei. Dieser Begriff sollte wohl aus dem Vokabular des literarischen Journalismus verschwinden. Ich finde, daß ein junger Autor, der bei sich einen schöpferischen Drang entdeckt, zu schreiben (und woher er den hat, ist ein ebenso undurchdringliches Geheimnis wie der Ursprung des

Sex), vielleicht daran denkt, daß er berühmt werden wird, aber sicher selten daran, daß es Geld einbringt, und da ist er gut beraten, denn in seinen Anfängen ist das höchst unwahrscheinlich. Wenn er sich aber entschließt, ein professioneller Schriftsteller zu werden, mit dem Ziel, seinen Lebensunterhalt zu verdienen, so kann ihm das Geld, das sein Talent ihm bringen wird, nicht gleichgültig sein. Sein Motiv, zu schreiben, geht seine Leser nichts an.

Während Tschechow diese überwältigende Zahl von Geschichten schrieb, arbeitete er an der Medizinischen Akademie für sein Diplom. Nach der harten Tagesarbeit in der Klinik konnte er nur nachts arbeiten. Die Bedingungen, unter denen er schrieb, waren schwierig. Man war die Kostgänger losgeworden, und die Tschechows waren in eine kleinere Wohnung gezogen, aber »im Nebenzimmer«, schrieb er an Leykin, »schreit das Kind eines Verwandten (seines Bruders Alexander), im anderen Zimmer liest Vater meiner Mutter eine Geschichte von Ljesskow vor, jemand hat unser Grammophon aufgezogen, und ich kann der *Schönen Helena* lauschen ... Mein Bett wird vom Verwandtenbesuch belegt, der jede Minute zu mir kommt und anfängt, von Medizin zu reden ... Das Kind brüllt! Ich habe eben den Entschluß gefaßt, niemals Kinder zu haben. Vermutlich haben die Franzosen so wenig Kinder, weil sie ein literarisches Volk sind ...« Ein Jahr später schrieb er in einem Brief an seinen jüngeren Bruder Iwan: »Ich verdiene mehr Geld als irgendeiner Eurer Armeeleutnants, aber ich habe kein Geld, kein anständiges Essen, kein eigenes Zimmer, um dort meiner Arbeit nachzugehen ... In diesem Augenblick habe ich nicht eine Kopeke und warte angespannt auf den Monatsersten, an dem ich sechzig Rubel aus Petersburg bekomme, die ich sofort ausgeben werde.«

1884 hatte Tschechow einen Blutsturz. Tuberkulose lag in der Familie, und er muß gewußt haben, was das bedeutete, aber aus Angst, seinen Verdacht bestätigt zu hören, ließ er sich nicht von einem Spezialisten untersuchen. Um seine besorgte Mutter zu beruhigen, sagte er ihr, der

Blutsturz rühre nur von einem geplatzten Blutgefäß im Hals her und habe mit Schwindsucht nichts zu tun. Gegen Ende jenes Jahres bestand er sein Abschlußexamen und erwarb den Doktortitel. Ein paar Monate später kratzte er genug Geld zusammen, um das erstemal nach Sankt Petersburg zu reisen. Er hatte seinen Geschichten nie irgendwelche Bedeutung beigemessen; sie waren für Geld geschrieben, und er sagte, nicht eine einzige habe ihn mehr als einen Tag gekostet. Bei der Ankunft in Sankt Petersburg entdeckte er zu seinem Erstaunen, daß er berühmt war. Unbedeutend, wie seine Geschichten waren, fanden intelligente Leute in Sankt Petersburg, dem damaligen Kulturzentrum Rußlands, in ihnen Frische, Lebendigkeit und einen originellen Standpunkt. Sie machten viel von ihm her. Es wurde ihm bewußt, daß man in ihm einen der begabtesten Schriftsteller seiner Zeit sah. Herausgeber baten ihn um Beiträge zu ihren Zeitschriften zu besseren Honoraren, als er je zuvor bekommen hatte. Einer der hervorragendsten Autoren Rußlands drängte ihn, die Art von Geschichten, die er geschrieben hatte, aufzugeben und sich Geschichten mit einem gewissen Tiefgang zuzuwenden.

Tschechow war beeindruckt, aber er hatte nie die Absicht gehabt, ein professioneller Schriftsteller zu werden. »Die Medizin ist meine legale Ehefrau und die Literatur nur meine Geliebte«, sagte er und hatte, als er nach Moskau zurückging, die Absicht, sein Brot als Arzt zu verdienen. Zugegeben, er tat wenig, um eine blühende Praxis einzurichten. Er hatte eine Unmenge Freunde, und sie schickten Patienten zu ihm, aber sie zahlten selten für seine Visiten. Er war heiter und charmant und war mit seinem dröhnenden, ansteckenden Lachen ein Gewinn für die Kreise der Boheme, in denen er verkehrte. Er trank gern, aber er betrank sich nie, außer bei Hochzeiten, Namenstagen (dem russischen Gegenstück zu Geburtstagen) und kirchlichen Feiertagen. Frauen fanden ihn attraktiv, und er hatte eine Reihe von Liebesaffären. Sie waren aber nicht wichtig. Im Lauf der Zeit besuchte er Sankt Petersburg häufig und reiste hier und da durch

Rußland. Jedes Frühjahr überließ er die Patienten, die er hatte, sich selbst, karrte seine ganze Familie aufs Land und blieb dort bis zum Herbst. Sobald bekannt wurde, daß er Arzt war, kamen Patienten in Scharen, um ihn zu konsultieren, und zahlten natürlich nichts. Um Geld zu verdienen war er gezwungen, Geschichten zu schreiben. Sie hatten mehr und mehr Erfolg und wurden gut bezahlt, aber er fand es unmöglich, mit seinen Mitteln auszukommen. In einem seiner Briefe an Leykin schrieb er: »Du fragst mich, was ich mit meinem Geld mache. Ich führe kein verschwenderisches Leben, laufe nicht wie ein Dandy gekleidet herum, habe keine Schulden und muß mir nicht einmal eine Geliebte halten (Liebe bekomme ich gratis), aber trotzdem sind von den dreihundert Rubeln, die ich von Dir und Suworim vor Ostern bekam, und von denen ich morgen vierzig zahlen muß, nur vierzig übrig. Weiß der Himmel, wo mein Geld verschwindet.« Er bezog eine neue Wohnung, wo er wenigstens endlich ein eigenes Zimmer hatte, aber er mußte Leykin um Vorschuß bitten, um die Miete zu bezahlen. 1886 hatte er einen erneuten Blutsturz. Er wußte, daß er auf die Krim gehen mußte, wohin Tuberkulöse des warmen Klimas wegen gingen, wie sie in Westeuropa die französische Riviera und Portugal aufsuchten – und dort starben wie die Fliegen –, aber er hatte keinen Rubel für die Reise. 1889 starb sein Bruder Nikolai, ein ziemlich begabter Maler, an Tuberkulose. Das war ein Schock und eine Warnung. Um 1892 war seine eigene Gesundheit so schlecht, daß er Angst vor einem weiteren Winter in Moskau hatte. Für geborgtes Geld kaufte er ein kleines Gut bei einem Dorf namens Melikhowo, achtzig Kilometer von Moskau, und nahm wie gewöhnlich seine Familie mit, seinen schwierigen Vater, seine Mutter, seine Schwester und seinen Bruder Michael. Er brachte eine Wagenladung Medikamente mit, und wie immer strömten Patienten herbei, um ihn aufzusuchen. Er behandelte sie, so gut er irgend konnte, und nahm nie eine Kopeke von ihnen.

Insgesamt verbrachte er fünf Jahre in Melikhowo, und im ganzen waren es glückliche Jahre. Er schrieb dort eine Reihe seiner besten Geschichten und bekam gutes Honorar dafür, vierzig Kopeken die Zeile, was fast einem Schilling entsprach. Er widmete sich lokalen Angelegenheiten, sorgte für eine neue Straße und baute auf eigene Kosten Schulen für die ländliche Bevölkerung. Sein Bruder Alexander, ein unverbesserlicher Trunkenbold, quartierte sich mit Frau und Kindern bei ihm ein, Freunde kamen zu Besuch, der manchmal Tage dauerte, und obwohl er klagte, sie störten ihn bei der Arbeit, konnte er ohne sie nicht leben. Obwohl ständig krank, blieb er heiter, freundlich, amüsant und vergnügt. Ab und zu fuhr er auf eine Spritztour nach Moskau. Bei einer dieser Gelegenheiten, 1897, hatte er einen so schweren Blutsturz, daß er in eine Klinik gebracht werden mußte und sich tagelang auf der Schwelle des Todes befand. Er hatte sich immer geweigert, zu glauben, er hätte Tuberkulose, aber jetzt sagten ihm die Ärzte, der obere Teil seiner Lungen sei betroffen und er müsse seine Lebensweise ändern, wenn er am Leben bleibe wolle. Er kehrte nach Melikhowo zurück, wußte aber, daß er keinen weiteren Winter dort verbringen konnte. Ihm wurde klar, daß er seine Arztpraxis aufgeben mußte.

Er ging ins Ausland, nach Biarritz und Nizza, und ließ sich schließlich in Jalta auf der Krim nieder. Die Ärzte hatten ihm geraten, für immer dort zu leben, und mit Hilfe eines Vorschusses von Suworin, seinem Freund und Verleger, baute er sich dort ein Haus. Er befand sich wie gewöhnlich in tiefsten finanziellen Schwierigkeiten.

Daß er nicht mehr als Arzt praktizieren konnte, war für ihn ein schwerer Schlag. Ich weiß nicht, was für eine Art Arzt er war. Nach dem Examen hatte er nicht mehr als drei Monate klinischer Arbeit an einem Hospital verrichtet, und ich vermute, daß er seine Patienten mehr schlecht als recht behandelte. Aber da er einen gesunden Menschenverstand und Sympathie für sie hatte und wenn er der Natur ihren Lauf ließ, tat er seinen Patienten vermutlich ebensoviel

Gutes, wie es ein Mann mit größerem Wissen getan hätte. Die mannigfaltigen Erfahrungen, die er dabei gewann, kamen ihm sehr zustatten. Ich habe Grund zu glauben, daß die Ausbildung, die ein Medizinstudent durchlaufen muß, einem Schriftsteller zum Vorteil gereicht. Er gewinnt eine Kenntnis der menschlichen Natur, die unschätzbar ist. Er sieht sie im Guten wie im Schlechten. Wenn Menschen krank sind, wenn sie Angst haben, legen sie die Maske ab, die sie in gesunden Tagen tragen. Der Arzt sieht sie, wie sie wirklich sind, selbstsüchtig, hart, zupackend, feige, aber auch mutig, großzügig, freundlich und gut. Er ist tolerant gegenüber ihren Schwächen, respektiert uneingeschränkt ihre Vorzüge.

Obwohl er sich in Jalta langweilte, besserte sich Tschechows Gesundheit für eine Weile. Bis jetzt hatte ich keine Gelegenheit zu erwähnen, daß Tschechow um diese Zeit neben seiner ungeheuren Zahl von Geschichten mit wenig Erfolg zwei oder drei Theaterstücke geschrieben hatte. Durch sie wurde er mit einer jungen Schauspielerin namens Olga Knipper bekannt. Er verliebte sich in sie und heiratete sie, zum bitteren Mißvergnügen seiner Familie, die zu unterstützen er nie aufgehört hatte. Es war ausgemacht, daß sie weiter spielen würde, und so waren sie nur zusammen, wenn er nach Moskau kam, um sie zu sehen, oder wenn sie in einer Spielpause, wie sie beim Theater sagen, nach Jalta kam. Seine Briefe an sie sind erhalten. Sie sind zart und rührend. Die Besserung seiner Gesundheit hielt nicht an, und er wurde sehr krank. Er hustete viel und konnte nicht schlafen. Zu seinem großen Kummer hatte Olga Knipper eine Fehlgeburt. Sie hatte Tschechow lange gedrängt, eine leichte Komödie zu schreiben, wie das Publikum sie sich wünschte, und nun machte er sich, hauptsächlich, denke ich, ihr zu Gefallen, an die Arbeit. Das Stück sollte *Der Kirschgarten* heißen, und er versprach Olga, eine gute Rolle für sie zu schreiben. »Ich schreibe vier Zeilen am Tag«, schrieb er einem Freund, »und sogar das macht mir unerträgliche Schmerzen.« Er beendete die Komödie, und Anfang

1904 wurde sie in Moskau herausgebracht. Im darauffolgenden Juni suchte er auf Anraten seines Arztes den deutschen Badeort Badenweiler auf. Ein junger russischer Schriftsteller hat über seine Begegnung mit Tschechow am Vorabend seiner Abreise berichtet. Ich zitiere die folgenden Zeilen aus Magarshacks Biografie:

»Auf einem Sofa, von Kissen gestützt, in einem Überzieher oder Morgenrock und mit einer Decke über den Beinen saß ein sehr magerer und anscheinend kleiner Mann, mit schmalen Schultern und einem schmalen, blutleeren Gesicht – so ausgezehrt und unkenntlich war Tschechow geworden. Ich hätte nie gedacht, daß ein Mensch sich so sehr verändern könnte.

Er streckte seine wächserne, schwache Hand aus, die ich kaum anzusehen wagte, und sah mich mit seinen sanften Augen, in denen kein Lächeln mehr lag, lange an.

›Ich reise morgen ab‹, sagte er. ›Ich fahre weg, um zu sterben.‹

Er gebrauchte ein anderes Wort, ein grausameres Wort als ›um zu sterben‹, das ich jetzt nicht wiederholen möchte.

›Ich fahre weg, um zu sterben‹, wiederholte er mit Nachdruck. ›Sagen Sie meinen Freunden für mich Auf Wiedersehen. Sagen Sie ihnen, daß ich an sie denke und daß ich einige von ihnen sehr gern habe. Wünschen Sie ihnen Glück und Erfolg von mir. Wir werden uns nie wiedersehen.‹«

Zunächst ging es ihm in Badenweiler so viel besser, daß er Pläne machte, nach Italien zu fahren. Eines Abends, als er zu Bett gegangen war und nachdem Olga den ganzen Tag mit ihm verbracht hatte, bestand er darauf, sie solle im Park einen Spaziergang machen. Als sie zurückkam, bat er sie, hinunterzugehen und das Abendbrot einzunehmen, aber sie sagte ihm, der Gong habe noch nicht geklungen. Um die Zeit zu vertreiben, begann er ihr eine Geschichte zu erzählen von einem Ferienort, überfüllt mit eleganten Gästen, fetten Bankiers, Amerikanern und gesunden Engländern. »Eines Abends entdeckten sie bei ihrer Rückkehr ins Hotel, daß der Koch davongelaufen war und kein Dinner sie erwartete.« Dann beschrieb Tschechow, wie dieser Schlag jeden dieser verwöhnten Leute traf. Er machte eine sehr komische Geschichte daraus, und Olga Knipper lachte schallend. Nach dem Dinner kam sie wieder zu ihm. Tschechow lag ruhig da. Aber plötzlich wandte es sich zum Schlechteren, und man schickte nach dem Arzt. Der tat, was er konnte, aber es half nichts. Tschechow starb. Seine letzten Worte waren in Deutsch: »Ich sterbe.« Er war vierundvierzig Jahre alt.

In seinen Erinnerungen an Tschechow schrieb Alexander Kuprin folgendes: »Ich glaube, er hat sein Herz niemandem geöffnet oder ganz hingegeben. Aber er betrachtete alle gütig, was Freundschaft betrifft, teilnahmslos – und gleichzeitig mit großem, vielleicht unbewußtem Interesse.« Das ist seltsam aufschlußreich. Es sagt uns mehr über Tschechow als jede Tatsache, die ich in meinem kurzen Abriß seines Lebens zu berichten Gelegenheit hatte.

5

Tschechows frühe Geschichten waren meist humoristisch. Er schrieb sie ganz leicht, er schrieb, sagte er, wie ein Vogel singt, und maß ihnen keine Bedeutung bei. Erst nach seinem ersten Besuch in Sankt Petersburg, als er entdeckte, daß man ihn als vielversprechenden und begabten Autor anerkannte, begann er sich selbst ernst zu nehmen. Er nahm sich also vor, sich um Könnerschaft in seinem Handwerk zu bemühen. Eines Tages beobachtete ihn ein Freund, wie er eine Geschichte von Tolstoi abschrieb; gefragt, was er tue, antwortete er: »Ich schreibe sie um.« Der Freund war schockiert ob der Freiheit, die er sich dem Werk des Meisters gegenüber erlaubte, worauf Tschechow erklärte, er tue das zur Übung; ihm war der Gedanke gekommen (meines Wissens eine gute Idee), daß er dabei die Methoden der Schriftsteller, die er bewunderte, lernen und so seine eigene Art und Weise entwickeln könne. Offensichtlich war seine Mühe nicht verschwendet. Er lernte es, eine Geschichten mit vollendetem Können aufzubauen. *Die Bauern* zum Beispiel sind genauso elegant konstruiert wie Flauberts *Madame Bovary*. Tschechow brachte sich bei, einfach, klar und knapp zu schreiben, und es heißt, er habe es zu einem Stil von großer Schönheit gebracht. Darauf müssen wir vertrauen, die wir ihn in Übersetzung lesen, denn selbst in den sorgfältigsten Übersetzungen gehen Geschmack, Gefühl und Wohllaut der Worte des Autors verloren.

Tschechow ging es sehr um die Technik der Kurzgeschichte, und er hatte dazu einige ungewöhnlich interessante Dinge zu sagen. Er forderte, eine Geschichte dürfe nichts Überflüssiges enthalten. »Alles, was nicht in Zusammenhang mit ihr steht, muß rücksichtslos weggeworfen werden«, schrieb er. »Wenn man im ersten Kapitel sagt, daß ein Gewehr an der Wand hing, dann muß es im zweiten oder dritten Kapitel unweigerlich abgeschossen werden.« Das klingt durchaus vernünftig, und vernünftig ist auch seine Forderung, daß Naturschilderungen kurz und bündig sein müßten. Er selbst war fähig, in ein, zwei Worten dem Leser einen lebhaften Eindruck von einer Sommernacht zu verschaffen, in der die Nachtigallen aus voller Brust sangen, oder vom kalten Schimmer der grenzenlosen Steppe unter dem Winterschnee. Es war eine unschätzbare Gabe. Weniger überzeugend finde ich seine Ablehnung der Vermenschlichung. »Das Meer lacht«, schrieb er in einem Brief, »natürlich bist du ganz hingerissen. Aber das ist grob und billig ... Das Meer lacht oder weint nicht, es brüllt, blitzt auf, glitzert. Sieh nur, wie Tolstoi das macht: ›Die Sonne geht auf und unter, die Vögel singen.‹ Niemand lacht oder schluchzt. Und das ist die Hauptsache – Einfachheit.« Das stimmt schon, nur haben wir schlußendlich die Natur seit Menschengedenken personifiziert, und das kommt uns so natürlich vor, daß wir es nur mit Mühe vermeiden können. Tschechow selbst hat sich nicht immer daran gehalten; und in seiner Geschichte *Das Duell* erzählt er uns, daß »ein Stern hervorlugt und schüchtern mit seinem einen Auge blinzelt«. Ich habe daran nichts zu beanstanden; es gefällt mir sogar. Zu seinem Bruder Alexander, auch Autor von Kurzgeschichten, aber ein schlechter, sagte er, ein Schriftsteller dürfe nie Gefühle beschreiben, die er nicht selbst gehabt habe. Das ist ein hartes Wort. Bestimmt ist es unnötig, einen Mord zu begehen, um die Gefühle, die ein Mörder nach seiner Tat hat, einigermaßen überzeugend beschreiben zu können. Schließlich hat der Schriftsteller Phantasie, und wenn er ein guter Schriftsteller ist, hat er die Kraft des Einfühlungsvermögens, die ihn die Gefühle der von ihm erfundenen Charaktere empfinden läßt. Aber die drastischste Forderung, die Tschechow erhob, war, ein Autor solle sowohl den Anfang wie das Ende seiner Geschichten streichen. Er tat das selbst wirklich, und so rigoros, daß seine Freunde immer sagten, man müsse ihm seine Manuskripte wegschnappen, ehe er eine Chance hätte, sie zu verstümmeln, »sonst wird er seine Geschichten nur darauf reduzieren: Sie waren jung, verliebten sich, heirateten und wurden unglücklich«. Als man Tschechow das erzählte, antwortete er: »Aber bedenkt doch, so geschieht es in Wirklichkeit.«

Tschechow nahm sich Maupassant zum Vorbild. Wenn er uns das nicht selbst mitgeteilt hätte, würde ich es nicht glauben, da ihre Ziele und Methoden mir gänzlich unvereinbar erscheinen. Im allgemeinen suchte Maupassant dramatische Geschichten zu schreiben, und zu diesem Zweck, wie ich vorhin gesagt habe, war er bereit, notfalls die Wahrscheinlichkeit zu opfern. Ich neige zu der Annahme, daß Tschechow absichtlich die Dramatik vermieden hat. Er schilderte gewöhnliche Menschen, die ein gewöhnliches Leben führten. »Menschen reisen nicht an den Nordpol, um von Eisbergen zu stürzen«, schrieb er in einem seiner Briefe. »Sie gehen ins Büro, streiten mit ihren Frauen und essen Kohlsuppe.« Man mag gerechterweise dagegen einwenden, daß Menschen in der Tat zum Nordpol reisen und, wenn sie nicht von Eisbergen stürzen, so doch ebenso gefährlichen Abenteuern ausgesetzt sind, und daß kein Grund auf der Welt existiert, weshalb ein Autor nicht sehr gute Geschichten über sie schreiben sollte. Offensichtlich ist es nicht genug, daß die Leute in ihre Büros gehen und Kohlsuppe essen, und ich glaube nicht, daß Tschechow jemals so gedacht hat: Für eine Geschichte müssen sie im Büro aus der Portokasse stehlen oder Bestechungen annehmen, ihre Frauen schlagen oder betrügen, und wenn sie Kohlsuppe essen, muß das seine Bedeutung haben. Es wird dann zum Symbol eines glücklichen häuslichen Lebens oder zur Qual der Frustration.

Tschechows ärztliche Praxis, so unmethodisch er sie betrieb, brachte ihn mit den verschiedensten Menschen zusammen, Bauern und Fabrikarbeitern, Fabrikbesitzern, Kaufleuten oder mehr oder weniger untergeordneten Beamten, die im Leben der Leute eine verheerende Rolle spielten, mit Gutsbesitzern, die die Aufhebung der Leibeigenschaft ins Elend gestürzt hatte. Mit der Aristokratie scheint er nie in Berührung gekommen zu sein, und ich kenne nur eine Geschichte, *Die Prinzessin*, in der er sich mit ihr beschäftigt hat. Er schrieb mit rücksichtsloser Offenheit über die Unfähigkeit der Grundeigentümer, die ihre Besitzungen völlig zugrunde richteten, über das erbärmliche Los der Fabrikarbeiter, die am Rande des Hungertodes existierten, zwölf Stunden am Tag rackerten, damit ihre Brotherren Gut auf Gut erwerben konnten; über die Gemeinheit und Habgier der Geschäftsleute, den Schmutz, die Trunksucht, Brutalität, Unwissenheit und Faulheit der schlechtbezahlten, immerzu hungrigen Bauern und die stinkenden, verseuchten Löcher, in denen sie lebten.

Tschechow vermochte den Ereignissen, die er beschrieb, einen außerordentlichen Wirklichkeitsgrad zu geben. Man akzeptiert, was man erfährt, als wäre es der Bericht über ein Ereignis, das ein vertrauenswürdiger Reporter schildert. Aber natürlich war Tschechow kein bloßer Berichterstatter; er beobachtete, wählte aus, vermutete und kombinierte. Wie es bei Kotelianskij heißt: »In seiner wunderbaren Objektivität, über persönlichen Sorgen und Freuden stehend, wußte und sah Tschechow alles. Er konnte gütig und

großzügig sein ohne Liebe, zart und mitfühlend ohne Bindung, ein Wohltäter, der keinen Dank erwartet.«
Aber diese Ungerührtheit war für viele seiner schreibenden Kollegen ein Frevel und er wurde wütend angegriffen. Der Vorwurf gegen ihn richtete sich gegen seine scheinbare Gleichgültigkeit gegenüber den Ereignissen und gesellschaftlichen Bedingungen seiner Zeit. Die Intelligenzija forderte, ein russischer Schriftsteller sei verpflichtet, sie zu behandeln. Tschechows Antwort war, es sei Sache eines Autors, die Tatsachen zu schildern und die Entscheidung, was daran zu ändern sei, seinen Lesern zu überlassen. Er bestand darauf, der Schriftsteller sei nicht aufgerufen, genau spezifizierte Probleme zu lösen. »Für spezielle Probleme haben wir Spezialisten«, sagte er, »ihre Aufgabe ist es, über den Staat, das Schicksal des Kapitalismus, das Übel der Trunksucht zu urteilen ...« Das scheint vernünftig. Aber da dies ein Standpunkt ist, der in der literarischen Welt gerade heute ziemlich weithin diskutiert wird, werde ich mir erlauben, einige Bemerkungen zu zitieren, die ich vor Jahren in einem Vortrag vor der National Book League gemacht habe. Eines Tages las ich, wie gewöhnlich, die Seite, die eine unserer besten Wochenzeitschriften der Gegenwartsliteratur widmet. Diesmal begann der Kritiker seinen Artikel über eine belletristische Neuerscheinung mit den Worten: »Mr. Soundso ist kein bloßer Geschichtenerzähler.« Das Wort »bloßer« blieb mir im Hals stecken, und an diesem Tag las ich nicht weiter, wie Paolo und Francesca bei anderer Gelegenheit. Der erwähnte Kritiker ist selbst ein bekannter Romancier, und obwohl ich nicht das Glück hatte, irgendeines seiner Werke zu lesen, zweifle ich nicht daran, daß sie bewundernswert sind. Aber aus dieser seiner Bemerkung kann ich nur schließen, daß in seinen Augen ein Romancier etwas mehr sein sollte als ein Romancier. Offensichtlich, wenngleich vielleicht mit leichtem Bedauern, akzeptiert er die bei vielen Schriftstellern von heute verbreitete Vorstellung, es sei frivol von einem Autor, Romane mit der einzigen Absicht zu schreiben,

dem Leser ein paar angenehme Stunden zu verschaffen. Solche Werke werden, wie wir wissen, verächtlich als Eskapismus abgetan. Das zusammen mit »Broterwerb« ist ein Wort, das aus dem Vokabular eines Kritikers eigentlich zu streichen wäre. Alle Kunst ist eskapistisch, Mozarts Sinfonien so gut wie Constables Landschaften, und lesen wir Shakespeares Sonette oder die Oden von Keats aus irgendeinem anderen Grund als wegen des Entzückens, das sie uns bereiten? Warum sollten wir vom Romancier mehr verlangen als vom Dichter, vom Komponisten, vom Maler? In Wirklichkeit gibt es so etwas wie eine »bloße« Geschichte gar nicht. Wenn er eine Geschichte schreibt, bietet der Autor, manchmal mit keiner anderen Absicht, als die Geschichte lesbar zu machen, nolens volens eine Daseinskritik. Als Rudyard Kipling in seinen *Plain Tales of the Hills* von den in Ostindien lebenden Engländern schrieb, von den polospielenden Offizieren und ihren Frauen, schrieb er mit der naiven Bewunderung eines jungen Journalisten bescheidener Herkunft, geblendet von dem, was er für Glamour hielt. Es ist erstaunlich, daß damals niemand sah, was für ein vernichtendes Urteil über die Großmacht diese Geschichten waren. Man kann sie nicht lesen, ohne daß einem klar wird, wie unvermeidlich die Briten früher oder später gezwungen sein würden, ihre Herrschaft über Indien aufzugeben. So ist es mit Tschechow. Objektiv, wie er zu sein versuchte, nur auf wahrhaftige Beschreibung des Lebens aus, kann man seine Geschichten nicht lesen, ohne daß einem aufgeht, daß die Brutalität und Unwissenheit, die er beschrieb, die Korruption, die elende Armut der Armen und die Unbekümmertheit der Reichen unausweichlich eine blutige Revolution zur Folge haben mußten.

Ich nehme an, die meisten Menschen lesen Belletristik, weil sie sonst nicht viel zu tun haben. Sie lesen zum Vergnügen, und das sollten sie auch tun, aber verschiedene Leute suchen in ihrer Lektüre verschiedene Arten von Vergnügen. Eine besteht in der Freude des Wiedererkennens. Die zeitgenössischen Leser von Trollopes *Barche-*

ster Chronicles lasen sie mit intimer Genugtuung, weil er die Lebensweise schilderte, die ihre eigene war. Die meisten seiner Leser gehörten zur gehobenen Mittelklasse, und sie fühlten sich geborgen in der Mittelklasse, die er beschrieb. Sie spürten dieselbe angenehme Wärme der Selbstzufriedenheit, die sie empfanden, wenn der liebe Mr. Browning ihnen sagte: »Gott ist in seinem Himmel – Alles ist gut auf der Welt.« Die Zeit hat diesen Romanen das Anziehende der Genreliteratur gegeben. Wir finden sie amüsant und ziemlich rührend (wie nett war es doch, in einer Welt zu leben, in der das Leben für die Wohlhabenden so leicht war und alles zu einem guten Ende kam!), und sie haben dieselbe Sorte Charme wie jene Genrebilder der Mitte des neunzehnten Jahrhunderts mit ihren Herren im Gehrock mit Vollbart und Zylinder und ihren hübschen Damen mit Schutenhüten und Krinolinen. Andere Leser suchen in ihren Romanen das Fremde und Neue. Die exotische Geschichte hat immer ihre Anhänger gehabt. Die meisten Menschen führen ein äußerst langweiliges Leben, und es ist eine Erlösung von der Monotonie des Daseins, eine Weile in einer Welt voller Wagnisse und gefährlicher Abenteuer aufzugehen. Ich nehme an, die russischen Leser der Tschechowschen Geschichten fanden an ihnen ein ganz anderes Vergnügen als die Leser der westlichen Welt. Nur zu gut kannten sie die Lebensumstände der Menschen, die er so lebendig beschrieb. Englische Leser fanden in seinen Geschichten etwas Neues und Fremdes, vielfach schrecklich und deprimierend, aber mit einer Wahrhaftigkeit geschildert, die eindrucksvoll, faszinierend und sogar romantisch war.

Nur ganz Arglose können annehmen, ein belletristisches Werk könne uns über die Themen zuverlässige Informationen geben, deren richtige Einschätzung für unsere Lebensführung wichtig ist. Gerade durch das Wesen seiner schöpferischen Gaben ist der Romancier für solche Dinge nicht zuständig, er fragt nicht nach den Gründen, sondern fühlt, phantasiert und erfindet. Er ist befangen. Die Themen, die ein Schriftsteller wählt, die Charaktere, die er schafft, und seine Einstellung zu ihnen beruhen auf dieser Befangenheit. Was er schreibt, ist Ausdruck seiner Persönlichkeit und Äußerung seiner Instinkte, seiner Gefühlswelt, seiner Intuitionen und seiner Erfahrung. Er schüttelt seine Würfel, manchmal ohne zu wissen, was er vorhat, aber manchmal es sehr wohl wissend, und dann verwendet er sein ganzes Können darauf, den Leser daran zu hindern, ihm auf die Schliche zu kommen. Henry James bestand darauf, der Schriftsteller müsse dramatisieren. Das ist eine eindrucksvolle, wenn auch vielleicht nicht sehr luzide Art zu sagen, er müsse seine Fakten so arrangieren, daß er die Aufmerksamkeit seiner Leser weckt und fesselt. Das hat, wie jedermann weiß, Henry James stets getan, aber auf diese Weise wird natürlich kein wissenschaftliches oder Sachbuch geschrieben. Wenn sich Leser mit den dringenden Tagesproblemen beschäftigen, werden sie gut daran tun, wie Tschechow ihnen riet, nicht Romane oder Kurzgeschichten zu lesen, sondern Bücher, die sich speziell mit diesen Problemen befassen. Das wahre Ziel des belletristischen Autors ist nicht zu belehren, sondern Vergnügen zu bereiten.

Autoren leben im verborgenen. Zum Bankett des Lord Majors werden sie nicht geladen. Die Freiheit der Großstädte gilt für sie nicht. Ihnen wird nicht die Ehre zuteil, eine Champagnerflasche gegen den Bug eines hochseetüchtigen Dampfers zu schmettern, der im Begriff ist, zu seiner Jungfernfahrt auszulaufen. Die Menge sammelt sich nicht, wie bei Filmstars, um sie aus ihrem Hotel treten und in einen Rolls-Royce springen zu sehen. Man lädt sie weder ein, Basare zugunsten notleidender Damen zu eröffnen, noch um vor einer jubelnden Menge dem Gewinner des Einzels in Wimbledon einen Silberpokal zu überreichen. Aber sie haben ihren Ausgleich. Seit prähistorischen Zeiten gab es immer wieder mit einer schöpferischen Gabe gesegnete Männer, die das grimmige Geschäft des Lebens mit künstlerischem Schaffen verschönten. Wie jeder sehen kann, der Kreta besucht, hat man Becher, Schalen und Krüge verziert – nicht, um sie brauchbarer zu machen, sondern weil es dem Auge wohlgefälliger war. Zu allen Zeiten haben Künstler ihre volle Befriedigung im Schaffen von Kunstwerken gefunden. Wenn das dem erzählenden Autor gelingt, hat er alles getan, was man vernünftigerweise von ihm verlangen kann. Es ist ein Mißbrauch, den Roman als Kanzel oder Plattform zu benutzen.

6 Ich denke, es wäre ein Unrecht, diesen oberflächlichen Essay zu Ende zu führen, ohne eine begabte Autorin in Betracht zu ziehen, deren Geschichten in der Zeit zwischen den beiden Kriegen viel bewundert wurden. Ich spreche von Katherine Mansfield. Wenn die Technik unserer englischen Short-story-Autoren von heute sich von der der Meister des neunzehnten Jahrhunderts unterscheidet, so liegt das, glaube ich, zumindest zu einem gewissen Grad, an ihrem Einfluß. Dies ist nicht der Ort, die Lebensgeschichte von Miß Mansfield zu erzählen, aber da ihre Geschichten zum größten Teil höchst persönlich sind, muß ich sie wenigstens oberflächlich erwähnen. Sie wurde 1888 in Neuseeland geboren. Schon früh hatte sie eine Reihe kleiner Prosastücke geschrieben, die vielversprechend schienen, und sie hatte ihr Herz daran gehängt, Schriftstellerin zu werden. Das Leben in Neuseeland fand sie langweilig und engstirnig, und sie drängte ihren Vater, sie nach England zurückgehen zu lassen, wo sie mit ihren Schwestern zwei Jahre die Schule besucht hatte. Ihre ehrbaren Eltern waren schockiert, als sie entdeckten, daß sie ein kurzes Abenteuer mit einem jungen Mann gehabt hatte, dem sie auf einem Ball begegnet war, und das veranlaßte sie anscheinend dazu, sie gehen zu lassen. Ihr Vater setzte ihr den Betrag von hundert Pfund jährlich aus, was zu jener Zeit genügte, um einem Mädchen ein sparsames Leben zu ermöglichen. In London erneuerte sie die

Bekanntschaft mit einigen Freunden aus Neuseeland. Einer war Arnold Trowell, der sich bereits als Cellist einen Namen gemacht hatte. In Neuseeland war sie ganz verknallt in ihn gewesen, doch in London übertrug sie ihre Zuneigung auf seinen jüngeren Bruder, der Geiger war. Sie wurden ein Liebespaar. Ihr Logis in einer Art Heim für ledige Frauen kostete sie fünfundzwanzig Schilling wöchentlich, und das ließ ihr nur fünfzehn Schilling für Garderobe und Vergnügen. Es verdroß sie, in so angespannten Verhältnissen zu leben, und als ein Gesangslehrer namens George Bowden, zehn Jahre älter als sie, um sie anhielt, nahm sie an. Sie heiratete in einem schwarzen Kleid mit einer Freundin als einziger Zeugin. Für die Nacht gingen sie in ein Hotel. Sie verweigerte ihm das, was er als seine ehelichen Rechte ansah, und verließ ihn am nächsten Tag. Später schrieb sie eine ingrimmige Geschichte über ihn mit dem Titel *Mr. Reginald Peacocks Day.* Sie fuhr zu ihrem Liebhaber, der in Liverpool im Orchester einer reisenden Comic-opera-Truppe geigte, und es heißt, sie habe sich ihr für kurze Zeit als Mitglied des Chors angeschlossen. Sie war schwanger, aber ob sie das vor ihrer Heirat entdeckte oder erst kurz danach, ist nicht bekannt. Katherine hatte ihren Eltern ein Telegramm mit der Ankündigung ihrer bevorstehenden Heirat geschickt und ein weiteres, um mitzuteilen, daß sie ihren Mann verlassen habe. Ihre Mutter kam nach England, um sich vor Ort ein Bild von der Lage zu machen, und es muß ein Schock für sie gewesen sein, ihre Tochter in einer Situation zu finden, die man in viktorianischen Zeiten als »andere Umstände« bezeichnete. Es wurde so arrangiert, daß sie nach Wörishofen in Bayern ging, bis das Kind geboren würde. Dort las sie Tschechows Geschichten, vermutlich in deutscher Übersetzung, und schrieb selbst die Geschichten, die später in einem Band mit dem Titel *In einer deutschen Pension* erschienen. Aufgrund eines Unfalls mußte sie früh ins Wochenbett, und das Kind wurde tot geboren. Nach ihrer Gesundung kehrte sie nach England zurück.

Ihre ersten Geschichten erschienen in Orages *New Age* und brachten ihr einige Anerkennung. Sie lernte eine Reihe ihrer schreibenden Kollegen kennen. 1911 traf sie Middleton Murry. Noch als Student hatte er eine Zeitschrift namens *Rhythm* gegründet, und er nahm eine Geschichte an, die sie ihm auf seinen Wunsch geschickt hatte. Das war *The Woman in the Store.* Middleton Murry entstammte der unteren Mittelschicht, aber durch eine glückliche Kombination von Intelligenz und Fleiß gelang es ihm, von der Volksschule zur Höheren Schule zu wechseln und von da, mit einem Stipendium, an das Christ's Hospital und schließlich, wieder mit einem Stipendium, nach Oxford zu gehen. Er hatte Charme und sah gut aus. Er war in der Tat, laut Francis Carco, einem französischen Schriftsteller, dessen Bekanntschaft er bei einem seiner Ferienaufenthalte in Paris gemacht hatte, so schön, daß die Huren von Montmartre miteinander wetteiferten, ihn ohne Entgelt mit ins Bett zu nehmen. Murry verliebte sich in Katherine. Das brachte ihn zu einem Schritt, den er bereits erwogen hatte; das hieß, Oxford ohne die Auszeichnung zu verlassen, die man von ihm erwartete, und da er keine spezielle Begabung besaß außer der, Examen zu bestehen, sein Brot als Schriftsteller zu verdienen. Oxford hatte ihn enttäuscht, und er fand, es habe ihm alles gegeben, was er davon erwarten konnte. Fox, sein früherer Tutor, stellte ihn Spender vor, dem Herausgeber der *Westminster Gazette*, der sich bereit erklärte, ihm eine Chance zu geben. Er suchte nach einer Unterkunft in London, und eines Tages, als er mit Katherine zu Abend aß, bot sie ihm für Seven und sixpence wöchentlich ein Zimmer in einer Wohnung an, die man ihr vermietet hatte. Er zog ein. Da beide den ganzen Tag beschäftigt waren, sie mit ihren Geschichten und er mit seiner Arbeit für die *Westminster Gazette*, trafen sie sich nur am Abend. Dann redeten sie miteinander (bis zwei Uhr früh), wie ich vermute, hauptsächlich über sich selbst, wie alle jungen Menschen. An einem dieser Abende fragte sie ihn nach einer Gesprächspause: »Warum machst du mich nicht zu deiner Geliebten?«

»O nein«, antwortete er, »das würde alles verderben. Findest du nicht auch?«
»Doch«, antwortete sie. Einige Zeit später war er überrascht zu erfahren, daß seine Antwort auf ihre Frage sie bitter gekränkt hatte. Kurz danach gingen sie jedoch miteinander ins Bett, und Murrys Autobiografie *Between Two Worlds* zufolge hätten sie sofort geheiratet, wäre sie frei gewesen. George Bowden verweigerte ihr die Scheidung, womöglich aus Gekränktheit. Als eine Art Hochzeitsreise fuhren sie nach Paris, teils, weil Murry wollte, daß sie seinen großen Freund Francis Carco kennenlernen sollte. Nach ihrer Rückkehr lebten sie zeitweise in London, zeitweise auf dem Land. Kaum hatten sie sich an einem Ort niedergelassen, schon faßte Katherine eine Abneigung dagegen, und sie zogen wieder um. Das taten sie in zwei Jahren dreizehnmal. Endlich beschlossen sie, sich auf Dauer in Paris niederzulassen. Zu der Zeit war Murry ein richtiger Journalist geworden und imstande gewesen, einen Teil seines Verdienstes zu sparen; er vereinbarte nun mit Spender und Richmond, Chefredakteur des *The Times Literary Supplement*, Artikel über französische Gegenwartsliteratur zu schreiben. Mit seinen Ersparnissen, mit den hier zu erwartenden Honoraren und mit Katherines elterlichem Zuschuß waren sie davon überzeugt, ihren Lebensunterhalt bestreiten zu können.
In Paris angekommen, mieteten sie eine Wohnung und ließen für beträchtliche Unkosten ihr mittlerweile erworbenes Mobiliar aus England herüberbringen. Francis Carco sahen sie oft. Katherine war gern mit ihm zusammen; er war lebhaft und amüsant; vielleicht veranstaltete er mit ihr, was die Franzosen *un petit brin de cour* nennen, das heißt: Er machte ihr ein bißchen den Hof. Aber Murrys Artikel wurden weder von *The Westminster Gazette* noch vom *The Times Literary Supplement* angenommen, und ihr Geld ging zu Ende. Carco konnte ihnen nicht helfen, er war im Gegenteil immer eine ziemliche Belastung gewesen. Sie wußten nicht, was tun. Dann

bekam Murry einen Brief von Spender, in dem der ihm mitteilte, die Stellung eines Kunstkritikers an der *Westminster Gazette* werde umgehend frei, und wenn er zurückkomme, könne er sie haben. Ungern kehrten sie nach England zurück. Das war im März 1914. Wie gewöhnlich lebten sie mal hier, mal da. Im August brach der Krieg aus, und Murrys Anstellung als Kunstkritiker lief aus. Sie zogen in ein kleines Häuschen in Cholesbury in Buckinghamshire, um in der Nähe von D. H. Lawrence und seiner Frau zu sein, mit denen sie sich angefreundet hatten. Es ging nicht gut aus. Katherine liebte das Leben in der Stadt, Murry mochte es nicht. Sie litt an Arthritis und konnte nicht schreiben. Sie waren arm dran. Sie klagte, Murry mache sich nichts aus Geld und wolle kein Geld verdienen. Er hatte dazu wenig Gelegenheit. Sie gingen sich derart auf die Nerven, daß sie sich um Weihnachten herum einigten, sich zu trennen. Katherine und Francis hatten immer Briefe gewechselt, seit Murry und sie Paris verlassen hatten. Es mag sein, daß sie seine Briefe ernster nahm, als seine Absicht war; es sieht jedenfalls so aus, als habe sie gedacht, er sei in sie verliebt. Ob sie ihn liebte, bleibt reiner Vermutung überlassen. Er war attraktiv, und sie wollte weg von Murry. Sie dachte, Francis Carco könne ihr das Glück bieten, wozu Murry nicht mehr imstande war. Murry, der ihn besser kannte als sie, war sicher, daß sie sich täuschte, machte aber keinen Versuch, sie eines Besseren zu belehren. Katherines Bruder, Leslie Heron Beauchamp, kam nach England, um sich freiwillig zu melden, und gab ihr das Geld, um nach Frankreich zu reisen und Francis Carco wiederzusehen. Am Montag, dem 15. Februar, fuhr Murry mit ihr nach London, und zwei oder drei Tage später reiste sie nach Paris ab.

Carco war eingezogen worden und in einem Ort namens Gray stationiert. Er lag in einer Zone, zu der Frauen keinen Zutritt hatten, und Katherine hatte Schwierigkeiten, dorthin zu gelangen. Carco holte sie vom Bahnhof ab und brachte sie in dem kleinen Haus unter, in dem er Quartier bezogen hatte. Sie blieb drei Tage bei ihm und kehrte dann nach Paris zurück – bitter enttäuscht. Warum, läßt sich nur vermuten. Murry bekam plötzlich ein Telegramm von ihr des Inhalts, sie komme zurück und werde am nächsten Tag um acht Uhr morgens in Victoria Station sein. Bei der Ankunft sagte sie ihm (ziemlich unfreundlich, zugegeben), sie kehre nicht zu *ihm* zurück und sei einfach deshalb gekommen, weil sie sonst nicht wisse, wohin. So lebten sie nochmals zusammen, laut Murry in einem »argwöhnischen Waffenstillstand«: Katherines Seitensprung lieferte ihr das Material für eine Geschichte mit dem Titel *Je ne parle pas français.* Darin zeichnete sie ein vernichtendes, aber nicht ganz faires Porträt von Francis Carco und ein boshaftes von Murry. Sie gab es ihm in Maschinenschrift zu lesen, und er war tief verletzt – was ohne Zweifel ihre Absicht gewesen war.

Die verbleibenden Jahre von Katherines kurzem Leben kann ich kurz abhandeln. Endlich von George Bowden geschieden, war Katherine imstande, Murry zu heiraten. Ihre Gesundheit war sehr angegriffen. In den Jahren zuvor hatte sie verschiedene Krankheiten und mindestens eine schwere Operation durchgemacht. Inzwischen litt sie an Lungentuberkulose. Nachdem verschiedene Ärzte sie behandelt hatten, überredete Murry sie, sich von einem Spezialisten untersuchen zu lassen. Er kam. Katherine lag zu Bett, und Murry wartete im unteren Stockwerk auf das Ergebnis der Untersuchung. Der Spezialist kam zu ihm und sagte ihm, es gebe nur die eine Chance für sie, sofort in ein Sanatorium zu gehen. Tue sie das nicht, hätte sie nur noch zwei oder drei Jahre zu leben – vier im äußersten Fall. Hier zitiere ich aus Murrys Autobiografie:

»Ich dankte ihm (dem Arzt), begleitete ihn hinaus und ging hinauf zu Katherine.

›Er sagt, ich muß in ein Sanatorium‹, sagte sie. ›Ein Sanatorium würde mich umbringen.‹ Dann warf sie mir einen schnellen, ängstlichen Blick zu. ›Willst du, daß ich gehe?‹

›Nein‹, sagte ich stumpf. ›Wozu soll das gut sein?‹
›Du glaubst auch, daß es mich umbringen würde?‹
›Ja‹, sagte ich.
›Glaubst du, daß ich gesund werde?‹
›Ja‹, sagte ich.«
Seltsam scheint, daß weder der Doktor noch Murry soviel Verstand hatten, ihr vorzuschlagen, sie könne doch für einen Monat in ein Sanatorium gehen und sehen, wie es ihr gefalle. Es gab ein gutes in Banchory in Schottland; ich meine, das Leben dort wäre ihr ganz angenehm gewesen, und ich zweifle nicht, daß es ihr Stoff für eine Geschichte geboten hätte. Es gab dort Patienten aller Art. Manche hatten dort schon Jahre verbracht, denn sie konnten nur leben, wenn sie dort lebten. Andere wurden geheilt und reisten ab. Manche starben, und sie starben friedlich und, wie ich glaube, ohne Bedauern. Ich weiß, wovon ich rede, denn zufällig war ich in Banchory genau zu der Zeit, als Katherine womöglich hätte hingehen können. Ich wäre ihr begegnet. Sicher hätte sie eine spontane Abneigung gegen mich entwickelt, aber das tut nichts zur Sache.
Von da an, in ihrer verzweifelten Suche nach Gesundheit, lebte Katherine mit einer Freundin, Ida Baker, als Pflegerin im Ausland. Ida Baker, eine junge Frau gleichen Alters, widmete Jahre ihres Lebens ihrem Dienst. Katherine behandelte sie, wie sie keinen Hund behandelt hätte, schikanierte sie, beschimpfte sie, haßte sie, hätte sie manchmal am liebsten umgebracht, aber nutzte sie schamlos aus, und Ida Baker blieb ihr treuer, liebender Sklave. Katherine war ungeheuer egozentrisch, neigte zu plötzlichen, heftigen Temperamentsausbrüchen, war von rasender Intoleranz, anspruchsvoll, schroff, selbstsüchtig, arrogant und herrschsüchtig. Das weist nicht auf eine angenehme Persönlichkeit hin, aber tatsächlich war sie äußerst anziehend. Clive Bell, der sie kannte, sagte mir, sie sei faszinierend gewesen. Sie hatte einen sarkastischen Humor und konnte je nach Laune sehr amüsant sein. Murrys Arbeit hielt ihn in London fest, und er konnte nur ab und an

mit ihr zusammen sein. Sie schrieben einander unzählige Briefe. Nach Katherines Tod veröffentlichte Murry ihre Briefe an ihn, ließ aber seine weg, aus ganz begreiflichen Gründen, wie ich finde, so daß man über ihre Beziehung zu dieser Zeit nur Vermutungen anstellen kann. Ihre Briefe waren meist sehr gefühlvoll, aber wenn er sie ärgerte, wurden sie scharf. Katherines Vater hatte ihren Wechsel mit der Zeit angehoben, er betrug jetzt jährlich zweihundertfünfzig Pfund, aber sie war oft in Verlegenheit, und als sie bei Gelegenheit Murry von unerwarteten Ausgaben geschrieben hatte, schrieb sie ihm einen sehr wütenden Brief, weil er ihr nicht sofort Geld geschickt hatte, sondern sie der Demütigung ausgesetzt hatte, ihn darum bitten zu müssen. Er hatte die Arztrechnungen und die Kosten ihrer Krankheit bezahlt. Er war schwer verschuldet. »Wenn das Geld knapp ist«, fragte sie ihn, »warum hast du dir dann einen Spiegel gekauft?« Schließlich mußte sich der arme Kerl rasieren. Als Murry mit einem Gehalt von achthundert im Jahr Chefredakteur des *Athenaeum* wurde, erhob Katherine die gebieterische Forderung, er solle ihr zehn Pfund im Monat schicken. Von seiner Seite wäre es taktvoll gewesen, es ihr anzubieten. Vielleicht *war* er mit seinem Geld ziemlich knauserig. Bezeichnend ist, daß Katherine, als sie ihm eine Geschichte zum Abtippen schickte, ausdrücklich schrieb, sie übernehme die Kosten. Das war absichtlich beleidigend.

Tatsache ist, daß sie von Anfang an sehr schlecht zueinander paßten. Murry, wenn auch taktvoller, war ebenso egozentrisch wie Katherine. Er scheint wenig Sinn für Humor gehabt zu haben, aber er war liebenswürdig, sanft, tolerant und wundervoll geduldig. Eifersucht kann, wie wir wissen, zur Qual werden, wenn die Liebe tot ist, und obwohl Murry nicht mehr in Katherine verliebt war, muß er es als Erniedrigung empfunden haben, als sie ihn wegen eines anderen verließ, und als er sie, nach ihrer enttäuschenden Erfahrung mit Francis Carco, wieder aufnahm, war das edel von ihm und sogar großzügig. Von ihrer Seite gab es kein Zeichen von Dankbarkeit. Sie nahm alles, was er für sie tat, als stünde es ihr zu. Wenn Murry auch (nach heutigem Sprachgebrauch) ziemlich »bescheuert« war, war er doch keine unbedeutende Erscheinung. Er wurde ein sehr guter Kritiker, und seine Meinung über Katherines Geschichten war ihr wertvoll. In späteren Jahren schrieb er *Das Leben von Swift*, nach allgemeiner Ansicht das Beste, was je über diesen düsteren Charakter und zugleich vollendeten Stilisten geschrieben wurde.

Die Prognose des englischen Spezialisten war zutreffend. Er hatte Katherine noch höchstens vier Jahre zu leben gegeben. Nach einiger Zeit an der italienischen Riviera, dann an der französischen und später in der Schweiz begab sie sich als letzte Chance ins Gurdjieff-Institut in Fontainebleau. Dort starb sie Anfang 1923. Sie war vierunddreißig.

Allgemein gilt, daß Katherine stark von Tschechow beeinflußt war. Middleton Murry bestritt dies. Er behauptete, sie hätte ihre Geschichten genauso geschrieben, wie sie es tat, hätte sie nie eine von Tschechow gelesen. Und da, denke ich, hatte er unrecht. Natürlich hätte sie Geschichten geschrieben, das zu tun lag ihr im Blut, aber ich glaube, ohne Tschechow wären sie ganz anders ausgefallen. Katherine Mansfields Geschichten sind die Ergüsse einer einsamen, empfindsamen, neurotischen, kranken Frau, die sich in dem Europa, das sie sich als Umgebung ausgesucht hatte, nie ganz heimisch fühlte. Das war ihr Inhalt. Die Form schuldete sie Tschechow. Das Schema der Kurzgeschichte, wie man sie in der Vergangenheit schrieb, ist einfach. Es besteht aus A, dem Schauplatz, B, der Einführung der Charaktere, C, dem was sie tun und was ihnen geschieht, und D, dem Schluß. Das war eine entspannte Art, eine Geschichte zu erzählen, und der Autor konnte sie so lang machen, wie er wollte; aber als Zeitungen anfingen, Geschichten zu veröffentlichen, wurde ihre Länge streng begrenzt. Um diese Forderung zu erfüllen, mußte der Autor sich eine passende Technik zu eigen machen; er mußte bei seiner Geschichte auf alles verzichten, was nicht wesentlich war. Die

Verwendung von A, der Szenerie, soll den Leser in eine Stimmung versetzen, in der er die Geschichte genießt, oder sie soll ihr Wahrscheinlichkeit verleihen; man kann ruhig darauf verzichten, wie es heute häufig geschieht. D, den Schluß, der Phantasie des Lesers zu überlassen, ist ein Risiko. Er hat sich für die beschriebenen Umstände interessiert und fühlt sich möglicherweise betrogen, wenn er das Resultat nicht erfährt, aber wenn der Ausgang offensichtlich ist, kann es spannend und wirkungsvoll sein, ihn wegzulassen. Tschechows *Die Dame mit dem Hündchen* ist ein vollkommenes Beispiel. B und C sind wesentlich, denn ohne sie gäbe es keine Geschichte. Es ist klar, daß eine Geschichte, die den Leser sofort in die Mitte des Geschehens führt, damit eine dramatische Qualität erhält, die den Leser gewinnt und fesselt. Tschechow schrieb nach diesem Muster mehrere hundert Geschichten, und als er mit zunehmender Popularität für Zeitschriften Geschichten von einiger Länge schreiben konnte, benutzte er sehr oft seine gewohnte Methode.

Dieses Muster paßte gut zu Katherine Mansfields Temperament und Kraft. Ihr Talent war klein, aber fein. Ich finde, ihre extravaganten Bewunderer haben ihr einen schlechten Dienst erwiesen, indem sie Ansprüche für sie erhoben, die ihr Werk kaum rechtfertigt. Sie hatte wenig Vorstellungskraft. Phantasie ist eine seltsame Fähigkeit. Sie gehört zur Jugend und geht mit dem Alter verloren. Das ist natürlich, sie ist eben ein Ergebnis der Erfahrung, und mit fortschreitenden Jahren verlieren die Ereignisse des Lebens das Neue, das Aufregende, den Reiz, die sie in der Jugend hatten, und regen den Autor nicht länger zum Ausdruck an. Katherine hatte keine große Lebenserfahrung. Sie wußte, daß sie ihr fehlte. Murry sagt einigermaßen mißbilligend, daß sie »Geld wollte, Luxus, Abenteuer, das Großstadtleben«; freilich tat sie das, denn nur so konnte sie zu Stoff für ihre Geschichten kommen. Um die Wahrheit zu sagen, wie er sie sieht, muß der Romanschriftsteller im Tumult des Lebens seine Rolle spielen. Wenn das stimmt, was im Wörterbuch steht, eine Geschichte sei die Wiedergabe von Ereignissen, die sich ereignet haben oder ereignet haben könnten, müssen wir zugeben, daß Katherine Mansfield keine hervorragende Gabe besaß, eine zu erzählen. Ihre Gaben lagen woanders. Sie konnte eine Situation nehmen und all die Ironie, das Pathos, die Bitterkeit und das Unglück herauspressen, die sie in sich barg. Ein Beispiel dafür ist die Erzählung, die sie *Psychologie* nannte. Sie schrieb ein paar Geschichten, die ohne persönlichen Bezug waren, wie *The Daughters of the Late Colonel*) und *Pictures;* das sind gute Geschichten, aber sie könnten von jedem fähigen Autor geschrieben sein; ihre charakteristischsten Geschichten sind die, die man allgemein als Geschichten mit Stimmung bezeichnet. Ich habe verschiedene meiner literarischen Freunde befragt, was das Wort »Atmosphäre, Stimmung« in diesem Zusammenhang bedeutet, aber sie konnten oder wollten mir keine völlig befriedigende Antwort geben. Das Oxford Dictionary ist keine Hilfe. Nach der offensichtlichen Definition sagt es, »bildlich, umgebendes geistiges oder moralisches Element, Umgebung«. In der Praxis scheint es die Verzierungen zu bedeuten, mit denen man eine Geschichte ausschmückt, die so dünn ist, daß sie ohne Garnierung nicht existieren würde. Dazu war Katherine Mansfield mit Können und Charme imstande. Sie hatte eine wirklich bemerkenswerte Beobachtungsgabe und konnte Naturereignisse, ländliche Gerüche, Wind und Regen, Himmel und Meer, Bäume, Früchte und Blumen mit seltener Feinheit beschreiben. Nicht die geringste ihrer Gaben war die, die sie instand setzte, einem das Herzzerreißende zu vermitteln, das hinter dem lag, was allem Anschein nach ein alltägliches Gespräch war, über einer Tasse Tee meinetwegen; und weiß der Himmel, das ist gar nicht so leicht. Sie schrieb in einem angenehmen Konversationsstil, und selbst ihre unbedeutendsten Geschichten lesen sich mit Vergnügen. Sie bleiben einem nicht im Gedächtnis, wie etwa Maupassants *Boule de Suif* oder Tschechows *Krankensaal Nr. 10*, was vielleicht daher kommt, daß es leichter ist, sich an eine Tatsache zu erinnern als an ein Gefühl. Man erinnert sich daran, wie man die Treppe hinuntergefallen ist und einen Knöchel verstaucht hat, aber nicht daran, was für ein Gefühl es war, verliebt zu sein. Aber ob es mit dem Wert einer Geschichte etwas zu tun hat, daß man sie nach der Lektüre in Erinnerung behält, ist etwas, wozu ich keine Meinung zu äußern wage.

Katherine Mansfield fand wenig Gefallen an ihrem Leben in Neuseeland, aber später, als England ihre Erwartungen nicht erfüllt hatte, als ihre Gesundheit nachließ, kehrten ihre Gedanken zu den frühen Jahren zurück, die sie dort verbracht hatte. Es gab Augenblicke, da sie wünschte, sie wäre nie weggegangen. Im Rückblick erschien ihr das Leben, das sie dort geführt hatte, erfüllt und bunt und lustvoll. Sie mußte einfach darüber schreiben. Die erste Geschichte, die sie schrieb, hieß *Prélude*. Sie schrieb sie, als sie und Murry drei Monate in Bandol an der Französischen Riviera verbrachten und miteinander glücklicher waren als je zuvor oder danach. Sie wollte sie *Aloe* nennen, aber Murry schlug den Titel *Prélude* vor. Ich nehme an, er empfand, es sei nicht so sehr eine Geschichte als der Hintergrund für eine solche. Sie begann sie, wir wissen, mit der Absicht, einen Roman zu schreiben, und vielleicht ist sie aus diesem Grund irgendwie formlos. Später schrieb sie neben anderen Geschichten mit demselben Hintergrund *The Voyage*, *At the Bay* und *The Garden Party*. *The Voyage* beschreibt eine Nachtreise, die ein kleines Mädchen unter der Obhut seiner Großmutter in Neuseeland von einem Hafen zum anderen macht. Die Geschichte könnte nicht zarter und bezaubernder sein. Die andern handeln von ihrem Vater, ihrer Mutter, ihren Brüdern und Schwestern, ihren Vettern und Nachbarn. Sie sind frisch, lebendig und natürlich. Wir wissen, daß sie eine Menge Arbeit darauf verwendet hat, aber sie haben einen anziehenden Hauch von Spontaneität. Sie haben nichts von der Bitterkeit, der Enttäuschung, dem Pathos so vieler ihrer Geschichten. Meiner Ansicht nach gehören sie zum Besten, was sie jemals schrieb.

Man sagt mir, Katherine Mansfields Geschichten seien nicht mehr so hochgeschätzt wie in den zwanziger Jahren. Es wäre ein Jammer, würde sie vergessen. Ich glaube kaum: Schließlich ist es die Persönlichkeit des Autors, die seinem Werk das besondere Interesse verschafft. Gleichgültig, ob es sich um eine leicht absurde handelt, wie bei Henry James, eine ziemlich gewöhnliche wie bei Maupassant, eine ungestüm-draufgängerische wie bei Kipling – solange der Autor sie darstellen kann, deutlich und charakteristisch, bleibt sein Werk lebendig. Das ist es gewiß, was Katherine Mansfield gelang.

Drei Tagebuchschreiber

1 Das Oxford Dictionary liefert zwei Bedeutungen des englischen Wortes *journalist.* Die erste und heute gebräuchlichere lautet: Einer, der durch Redigieren oder Schreiben für eine Zeitschrift oder Zeitschriften seinen Unterhalt verdient. Die zweite: Wer ein Tagebuch oder ein Journal führt. Ich verwende das Wort hier in letzterem Sinn. Die drei Tagebuchschreiber, mit denen ich mich auf den folgenden Seiten zu beschäftigen vorhabe, sind die Brüder Goncourt, die ich ihrem eigenen, ausdrücklichen Wunsch gemäß als eine Person behandle, Jules Renard und Paul Léautaud.
Das Journal ist eine Art literarischer Produktion, die, vielleicht weil wir von Natur zurückhaltender sind als unsere Nachbarn jenseits der Straße von Dover, von französischen Autoren häufiger praktiziert wurde als von unseren in England. Das Oxford Dictionary sagt uns, ein Journal sei ein Bericht von Ereignissen oder Gegenständen persönlichen Interesses, von irgend jemandem zum eigenen Gebrauch festgehalten. Wenn es auch, wie das Notizbuch oder die Memoiren, weitgehend autobiografisch ist, unterscheidet es sich doch von beiden zu einem gewissen Grad nach Stoff und Methode. Memoiren, wieder laut Wörterbuch, sind der schriftliche Bericht einer Person über Ereignisse in ihrem eigenen Leben, Personen, die sie gekannt hat, und Geschäfte, an denen sie beteiligt war. Das trifft genau auf die Memoiren von Saint-Simon zu. Sie sind sehr persönlich, aber am besten da, wo sie Staatsaffären behandeln, etwa den Tod des Dauphins und die Degradierung des Duc du Maine, des

Bastards von Ludwig XIV. Greville schrieb Memoiren, die recht lesenswert sind, wenn man sich für seine Zeit interessiert, aber er war zu sehr Gentleman (ich gebrauche das Wort nicht in seinem gegenwärtigen geringschätzigen Sinn, sondern in der Bedeutung, die es im neunzehnten Jahrhundert hatte), um sich auf Gerüchte und Skandale einzulassen, so daß ihnen etwas die Würze fehlt. Das Tagebuch, sagt unsere Quelle, ist der tägliche Bericht über Dinge, die den Schreiber persönlich berühren oder in sein persönliches Blickfeld geraten. Es handelt von Tatsachen eher als (wie bei den französischen Tagebuchschreibern) von Reflexionen und Emotionen. Ich glaube, alle sind wohl einverstanden, daß das größte Tagebuch, das je geschrieben wurde, das von Samuel Pepys ist. Es ist eine lebendige Schilderung der Zeit und ein lebendiges Porträt des Autors. Mit seiner Offenheit und Vertrautheit kommt es näher als jedes andere englische Werk (z. B. das Tagebuch von John Evelyn) an die »Journale« der Franzosen heran.

Als die ersten Bände des *Journal des Goncourt* erschienen, riefen sie eine Sensation hervor. Unvermeidlich, daß andere Autoren sich ans Schreiben ihrer eigenen Tagebücher machten. Jules Renard und Paul Léautaud habe ich erwähnt. André Gide begann eines. Charles du Bos schrieb eines. Barrès schrieb seine *Cahiers*. Kürzlich haben wir erfahren, daß die Notizbücher von Paul Valéry in zweiunddreißig Bänden erscheinen sollen. Und ich vermute, es gibt noch andere, auf die ich nicht gestoßen bin. Wenn man diejenigen Tagebücher liest, die leicht zu bekommen sind, gewinnt man als lebhaftesten Eindruck von ihren Autoren, daß sie schreckliche Egoisten sind. Natürlich sind wir alle Egoisten. Natürlich setzen wir alle Fragen in Beziehung zu uns selbst. Aber das Leben will gemeistert sein, wir begegnen dem Egoismus unserer Gefährten und müssen das Beste daraus machen. Wir mögen es lohnend finden, unseren Egoismus zu verbergen, wenn schon nicht zu unterdrücken. Vor langer Zeit schrieb Fürst Kropotkin ein Buch und zeigte an Beispielen, daß viele

Tiere so etwas wie Sympathie kennen. Eine Eigenschaft, die anscheinend auch bei vielen Menschen vorhanden ist. Sympathie und vor allem Liebe mag sogar eine Genugtuung daraus machen, sich für andere aufzuopfern. Altruismus ist also das seltsame Resultat des angeborenen Egoismus des Menschen. Aber nicht alle sind wir so glücklich veranlagt. Die Autoren dieser Tagebücher waren es nicht. Jules Renard sagte einmal zu seiner Frau: »Du sagst, ich sei ein Egoist. Wäre ich das nicht, ich wäre nicht ich ...« Paul Léautaud stellte fest: »Ich bin an niemandem interessiert außer an mir selbst.« Er sprach aus, was andere hätten sagen können, wären sie ebenso ehrlich gewesen. Er fügte hinzu: »Wenn ich nicht an mich selbst denke, denke ich an gar nichts.«

Die Tagebuchschreiber, die ich meine, haben Romane geschrieben, aber sie waren eher Literaten als Romanciers. Ich meine damit nicht, daß ein Romancier kein Literat sein kann, aber es ist nicht wesentlich. Er mag schlecht schreiben, er mag nicht besonders intelligent sein, er mag ungebildet sein: Wenn er diese besondere Gabe hat, mag er trotzdem sehr gute Romane schreiben. Die Romane der Brüder Goncourt sind Berichte über Tatsachen, die sie fleißig gesammelt haben. Die von Jules Renard und Paul Léautaud sind rein autobiografisch. Liest man sie im Zusammenhang mit ihren Tagebüchern und, in Renards Fall, mit seinen Briefen, entdeckt man überrascht, wie wenig Gebrauch sie von der Kraft der Erfindung machten, die sie besaßen. Gide hat seine erzählerischen Werke einfallsreicher konstruiert, aber auch sie sind Berichte über seine persönlichen Erfahrungen. Eines Tages aß Roger Martin du Gard mit mir zu Mittag, und da ich wußte, daß er ein enger Freund von Gide war, brachte ich ihn dazu, über ihn zu sprechen. Ich bemerkte nebenbei, Gide habe kaum über jemand andern als sich selbst geschrieben. Martin du Gard nickte und sagte mir, er habe einst Gide in dieser Richtung Vorhaltungen gemacht, worauf Gide ihm gesagt habe, er arbeite gerade an einem Roman, bei dem er sich die äußerste Mühe gegeben habe, sich selbst herauszuhalten. Er sollte *Les Faux Monnayeurs* heißen. Er bat Martin du Gard, ihn auf dem Land zu besuchen, damit er ihn ihm vorlesen könne, wenn er fertig sei. Zu gegebener Zeit fuhr Martin du Gard hin, und Gide las die ersten achtzig Seiten vor. Plötzlich sah er, daß sich sein Gast vor Lachen schüttelte. Einigermaßen fassungslos fragte ihn Gide nach dem Grund. »Sie sagten mir, Sie wollten sich aus Ihrem Roman heraushalten«, antwortete er. »Sie haben noch nie etwas geschrieben, worin Sie offenkundiger in Erscheinung treten.« Das stimmt. *Die Falschmünzer* sind kein sehr guter Roman, aber er ist interessanter als mancher bessere, denn Gide war ein hochintelligenter und gebildeter Mann und hat darin das beste, anziehendste Porträt von sich selbst gezeichnet.

Sein Tagebuch ist durchweg von größerem Interesse als die der anderen Tagebuchschreiber, mit denen ich mich hier befassen möchte. Er hatte mehr Talent als sie und eine stärker katholische Bildung. Für einen Franzosen war er weitgereist und sehr belesen in der Literatur von Ländern außerhalb seines eigenen. Er liebte die Musik und war selbst ein guter Pianist.

In einem früheren Essay dieses Bandes habe ich die These aufzustellen gewagt, auf die Spitze getriebener Egoismus könne einem Romancier schaden, und an einer späteren Stelle habe ich den Gedanken vorgebracht, im großen und ganzen habe ein Autor nichts zu geben außer sich selbst. Oberflächlich betrachtet scheinen die zwei Feststellungen schwer in Einklang zu bringen. Wenn der Romancier ein derart überragender Egoist ist, daß sein einziges Interesse an anderen in der Wirkung besteht, die er auf sie hat, wird er sie nie genügend kennen, um lebendige Geschöpfe zu schaffen. Wenn er andererseits so veranlagt ist, daß er sich für Menschen um ihrer selbst willen interessieren kann, und dann, während sein schöpferischer Instinkt in Aktion tritt, fühlt, daß er literarischen Gebrauch von ihnen machen kann, mag er das Glück haben, Geschöpfe hervorzubringen, die wirklicher sind als ihre Modelle. Ein bezeichnendes Beispiel hierfür ist Mr. Micawber. Der Autor bleibt ein Egoist, aber zu einem höheren Zweck.

Vom Standpunkt des Schreibenden aus ist der Haken am Egoismus, daß er seine Interessen einengt. Jules Renard und Paul Léautaud waren die bildenden Künste gleichgültig, für sie galt nur die Literatur. Léautaud verbrachte zwar sein ganzes Leben in Paris, machte sich aber nie die Mühe, den Louvre zu besuchen (wenn er ihn erwähnt, erklärt er hastig, er meine nicht die Gemäldegalerie, sondern das Geschäft), und als er einmal gelegentlich ins Palais du Luxembourg geriet, wo die frühen Impressionisten ausgestellt waren, fand er dort nichts als eine Ansammlung von Schreckensbildern. Ich erinnere mich nicht, daß Renard in seinem Tagebuch jemals ein Gemälde erwähnt hätte. Die Goncourts machten kein Geheimnis aus der Tatsache, daß Musik sie nicht nur langweilte, sondern störte und daß die für sie einzig erträgliche Musik die einer Militärkapelle war. Hingegen schätzten sie die darstellenden Künste. André Billy, ihr bewundernswerter Biograf, sagt, ihr Geschmack in der Malerei sei unfehlbar gewesen: Er war eigentümlich. Sie sahen in Perugino einen größeren Künstler als Raffael, und über Michelangelo sagten sie: »Ein Bildhauer, aber kein Maler.« Man fragt sich, ob sie jemals zur Decke der Sixtinischen Kapelle aufgeschaut haben. Zu ihren Gunsten muß gesagt werden, daß sie von Turner hingerissen waren und Constable sehr bewunderten. Delacroix und Ingres nannten sie Maler, die nicht wüßten, wie man malt. Mit Courbet hatten sie keine Nachsicht. »Das Häßliche, immer das Häßliche. Und das Häßliche ohne seine Größe, das Häßliche ohne die Schönheit des Häßlichen.« Sie priesen Théodore Rousseau, aber erwähnten Manet, Degas oder Monet nie ohne ein Naserümpfen.

Die Goncourts begannen ihr Tagebuch 1851. Léautaud begann seines 1893, und der vierte Band, der im Druck erschien, führt es fort bis 1924; aber er starb erst viele Jahre später, und da er daran weiterschrieb, müssen weitere Bände von Zeit zu Zeit erscheinen. Jules Renard starb 1910. Gide führte sein Tagebuch bis 1949. Diese vier zusammen liefern einen Bericht über das literarische Leben von fast einem Jahrhundert. Die letzte Hälfte des neunzehnten Jahrhunderts brachte in Frankreich eine Gruppe von Autoren hervor, mit denen sich keine andere Nation vergleichen kann. Die Goncourts kannten Sainte-Beuve, Taine, Renan, Michelet, Flaubert, Anatole France und Maupassant. Sie waren Zeitgenossen von Baudelaire, Verlaine, Rimbaud und Mallarmé: eine imposante Liste.

2 Edmond de Goncourt wurde 1822 geboren und sein Bruder Jules im Jahr 1830. Sie waren einander zugetan wie selten ein Brüderpaar. Sie teilten ihre Gedanken, ihre Wünsche, ihre Freuden und Sorgen. Ihr Urgroßvater, der den plebejischen Namen Antoine Huot trug, war Anwalt, ein Beruf, der im achtzehnten Jahrhundert mit keinerlei gesellschaftlichem Ansehen verbunden war. Auf Wegen, die man nur vermuten kann, machte er genug Geld, um drei Jahre vor der Revolution von 1789 bei Goncourt eine Art Landgut zu erwerben, und empfing unter dem Siegel Ludwigs XVI., was man in England als Lordship of the manor (Gutsherr) bezeichnen würde, und das Recht, sich Huot de Goncourt zu nennen. So geadelt, schuf er sich ein eigenes Wappen. Sein Enkel, Vater von Edmond und Jules, diente mit Auszeichnung im Heer Napoleons und wurde im Russischen Feldzug schwer verwundet.

Edmond und Jules de Goncourt legten auf ihre adelige Herkunft großen Wert. Als sie bekannt genug waren, um in einem Nachschlagewerk erwähnt zu werden, erschienen sie als »Edmond et Jules Huot, dits de Goncourt«, was andeutete, daß es sich um ein literarisches Pseudonym handle; sie protestierten wütend und bestanden auf dem Abdruck einer Richtigstellung in vier bedeutenden Zeitungen. Spä-

ter, im Jahr 1860, als ein gewisser Ambroise Jacobé durch kaiserlichen Erlaß ermächtigt wurde, sich Jacobé de Goncourt zu nennen, strengten sie eine Klage gegen ihn an. Die Gerichte erklärten, M. Jacobés Vorfahren hätten die Gutsherrschaft Goncourt in einem bestimmten Departement gekauft, genau wie die ihrigen in einem anderen. Sie mußten die Klage fallenlassen.
Ihr Vater starb und ließ seine Witwe und seine Söhne in bescheidenen Verhältnissen zurück. Sie lebten in Paris. Jules, der jüngere Bruder, ging zur Schule. Er hatte es schwer mit seinen Schulkameraden, laut Edmond wegen des Hasses des Pöbels auf die Aristokratie. So aristokratisch waren die Goncourts allerdings gar nicht. Mit neunzehn bekam Edmond eine Stelle als Sekretär in einer Anwaltskanzlei, ein paar Jahre später wechselte er jedoch mit einem Gehalt von zwölfhundert Franc jährlich ins Finanzministerium. 1848 starb ihre Mutter. Ihre beiden Söhne erbten rund viertausend Franc in bar und die unsicheren Einkünfte aus der Landwirtschaft, die sie besaßen. Edmond war sechsundzwanzig und Jules achtzehn. In seiner Freizeit hatte Edmond eine Kunstschule besucht, und Jules zeigte einiges Talent zur Malerei, also beschlossen sie, Künstler zu werden. Sie kauften die nötigen Utensilien und machten sich zu Fuß nach Südfrankreich auf. Sie wanderten von Ort zu Ort, zeichneten hier und da und malten Aquarelle. Sie machten sich immer ausführliche Notizen über alles, was sie sahen, und Edmond behauptete später, das habe sie zu Schriftstellern gemacht. Nach ihrer Rückkehr ließen sie sich in Paris in einer Wohnung in der Rue Saint Georges nieder. Da das Haus größtenteils von Dirnen bewohnt wurde, war die Miete niedrig.
Wir erfahren nicht, wie es kam, daß die beiden Brüder sich entschlossen, die Malerei aufzugeben und Schriftsteller zu werden. Sie schrieben drei oder vier Theaterstücke, aber kein Direktor war bereit, sie aufzuführen. 1851 schrieben sie ihren ersten Roman. Er hieß *En 18 ...*, und sie veröffentlichten ihn auf eigene Kosten.

Tausend Exemplare wurden gedruckt und sechzig verkauft. Billy beschreibt ihn als affektiert, unbedeutend, prätentiös und unzusammenhängend. Dann ist ihnen offensichtlich eingefallen, sie könnten ein pseudo-geschichtliches, seichtes Buch über das achtzehnte Jahrhundert schreiben. Sie arbeiteten hart und hatten um 1854 ein Werk von fast fünfhundert Seiten fertig, dem sie den Titel *Histoire de la Société Française pendant la Revolution* gaben. Sie ließen es drucken, wieder auf eigene Rechnung. Zu jener Zeit war es für Autoren üblich, sich selbst um Besprechungen ihrer Werke zu bemühen, und so suchten die beiden Brüder die Kritiker auf oder hinterließen ihre Visitenkarte und schickten ihnen ihr Buch. Das Ergebnis war nicht unbefriedigend, und sofort machten sie sich an ein weiteres Werk von vierhundertfünfzig Seiten über die französische Gesellschaft während des Directoire. Es wurde von den Kritikern ignoriert. Unbeeindruckt produzierten sie aber 1856 ein zweibändiges Werk mit dem Titel *Intime Porträts des achtzehnten Jahrhunderts.* Sie verkauften es für dreihundert Franc an einen Verleger. Sie waren offenbar die ersten, die diese Art von Pseudo-Geschichte schrieben, die sich mit Hintertreppenklatsch befaßt und die in unseren Tagen beim Publikum beliebt ist. Ich kann nicht behaupten, ich hätte alle diese Bücher gelesen, aber einige kenne ich schon. Ich fand sie langweilig. Die Goncourts scheinen keinen Sinn für Auswahl gehabt zu haben, und so erfährt man dieselbe Art von Tatsachen wieder und noch einmal. Sie gingen unerträglich ins Detail. Ihre Bücher wären doppelt so gut, wären sie halb so lang. 1858 beschrieben sie das Leben von Marie Antoinette und hatten zum erstenmal einigen Erfolg.

Diese Arbeiten brachten ihnen kaum Geld ein; das machte ihnen wenig aus, da sie nicht gewinnsüchtig waren und ihr Landbesitz sie mit allem versorgte, was sie zum Leben brauchten. Hingegen waren sie verärgert, weil ihre Werke ihnen nicht die Anerkennung brachten, auf die sie ihrer Überzeugung nach Anspruch hatten. Um es den

Kritikern heimzuzahlen, die sie ziemlich niederträchtig behandelt hatten, schrieben sie einen Roman mit dem Titel *Charles Demailly*. Es war eine Attacke auf die literarische Welt und enthielt – meist gehässige – Porträts von Journalisten und Literaten des Tages. Völlig natürlich wurde der Roman von den Opfern der Gebrüder verrissen. In den folgenden drei Jahren schrieben sie noch drei weitere Romane. Einer hieß *Germinie Lacerteux*.

Fünfundzwanzig Jahre lang hatte es in der Familie ein Dienstmädchen namens Rose gegeben. Sie hatte sie als Kinder zu Bett gebracht und ihre Mutter während ihrer letzten Krankheit gepflegt. Sie hingen an ihr und vertrauten ihr bedingungslos. Sie wurde krank und starb. Erst dann entdeckten sie, daß sie ein Doppelleben geführt hatte. Sie war verrückt nach Männern, und um ihretwillen gab sie ihnen Geld, Wein und Speisen ihrer Herrschaft. Sie hatte einen Liebhaber, einen jungen Boxer, und die Pleuritis, an der sie starb, zog sie sich zu, als sie in einer Regennacht hinter ihm herspionierte, um zu wissen, bei welcher Frau er war.

Über diese unerquickliche Geschichte schrieben sie ihren Roman. Er schockierte sowohl Publikum wie Kritiker. Die Goncourts erhoben den Anspruch, mit diesem Buch den realistischen Roman kreiert zu haben. Sie behaupteten, seltsam genug, nur Aristokraten könnten ein solches Buch schreiben, und später äußerte Edmond, der Stoff habe ihn angezogen, weil »ich ein wohlgeborener Literat bin und die gemeinen Leute, der Mob, wenn Sie wollen, für mich die Anziehungskraft unbekannter und unerforschter Rassen haben, etwas wie die Exotik, die Reisende um den Preis von großen Leiden in fernen Ländern suchen«. Die beiden Brüder waren fleißig, hatten aber wenig Phantasie und keinen Sinn für Form. Sie nährten den Gedanken, Dinge seien so wichtig wie Menschen, und das führte zu ermüdend ausführlichen Beschreibungen von Orten, Häusern, Möbeln oder Kunstgegenständen. In ihrem lesbarsten Roman *Manette Salomon* wird der Maler Coriolis dem Leser nie so lebendig vorgestellt wie das sorgfältig geschilderte Atelier, in dem er arbeitet. *Manette Salomon* ist ein Bild des Lebens, das die Maler ihrer Zeit führten, und da die beiden Brüder stets darauf achteten, sich selbst zu dokumentieren, darf man sich auf die Wahrhaftigkeit des Bildes verlassen. Es ist die Geschichte eines begabten Malers, der von seinem jüdischen Modell, das seine Geliebte ist und das er schließlich heiratet, zugrunde gerichtet wird; doch ehe man so weit kommt, muß man sich hundertfünfzig Seiten lang die Ausgelassenheit, die Landpartien und Streiche der Kunststudenten der Zeit schildern lassen. Ich glaube, der Fehler der Goncourts als Romanciers war, daß sie einen Roman nicht deshalb begannen, weil sie gefesselt waren von einem Thema und den Charakteren, die zu seiner Entwicklung und Erklärung nötig waren, sondern weil sein Erfolg ihnen das literarische Ansehen verschaffen sollte, zu dem sie ihrer festen Überzeugung nach durch ihr Talent und ihre Originalität berechtigt waren. Aber wenn ihre Romane auch unbefriedigend waren, so waren die Goncourts doch intelligente und aufmerksame Beobachter, und die Romane enthalten Passagen, die in einem Buch mit Skizzen oder kurzen Essays sehr lesbar wären. Sie langweilen, weil sie den Fluß der Erzählung unterbrechen. Palmerston soll gesagt haben, Schmutz sei Materie am falschen Platz. Diese Bemerkung sollte ein Schriftsteller stets im Sinn haben.

Worauf es aber den Goncourts hauptsächlich ankam, war die Schönheit und Originalität ihres Stils. Sie erfanden, was sie »l'écriture d'artiste« nannten. Albert Thibaudet beschreibt sie in seiner bewundernswerten Geschichte der französischen Literatur des neunzehnten Jahrhunderts als unklar, gewunden und affektiert. Er sagt, es sei eine Sprache für sich, die man erlernen müsse – und das Leben sei kurz. Gegen Ende seines Lebens hatte Edmond das unbehagliche Gefühl, die Wahl des Stils, den er und sein Bruder mühevoll gepflegt hatten, sei unbedacht gewesen. Er kam zu dem Schluß, der beste Stil sei einer, den man nicht bemerkt – und sehr vernünftig noch dazu. Aber in meinen Augen war es ihr größter Nachteil, daß sie sich nie dazu durchringen konnten, etwas einmal zu sagen und es dabei zu belassen, sondern daß sie es mit anderen Worten zwei-, drei- oder sogar viermal wiederholten.

Nach der harten Tagesarbeit gingen die Goncourts selbstverständlich gern aus, um sich zu amüsieren. Ungeachtet ihrer vornehmen Herkunft pflogen sie einen ziemlich halbseidenen Umgang. Er bestand aus Journalisten, Schauspielern, volkstümlichen Dramatikern und ihrem Anhang – alle mit ihren Geliebten. Sie scheinen keine Frauen gekannt zu haben, die man als Femmes du monde bezeichnen könnte. Edmond war ein gutaussehender Mann, aber steif und reserviert, dazu ziemlich schweigsam. Jules war kleiner, mit goldgewelltem Haar, schönen Augen und einem sinnlichen Mund. Er war heiter, voller Charme, Ausgelassenheit und Witz. Er war der Begabtere von beiden. Er hatte eine Reihe von Liebesaffären ohne Bedeutung; Edmond scheint an solchen Dingen wenig interessiert gewesen zu sein. Keiner von ihnen war jemals verliebt. Sie ließen das tatsächlich nicht zu, da sie überzeugt waren, daß irgend etwas in der Art einer Leidenschaft auf Dauer ihre literarischen Aktivitäten nur stören könne. Sie waren bereit, ihrem Ehrgeiz, berühmte Autoren zu sein, alles zu opfern. Auf diese Weise entging ihnen eine interessante Erfahrung. Sie ordneten jedoch ihr Sexualleben durch ein Arrangement, das sie mit einer jungen Frau namens Maria trafen. Im Alter von Dreizehn war sie verführt worden und war nach einem gewissen Maß wahllosen Beischlafs Hebamme geworden. Sie mochten sie, weil sie fröhlich war und gern lachte. Mit ihrem Blondhaar, ihrem wohlgeformten Körper und ihren blauen Augen erinnerte sie sie an eine von Rubens' Frauen. Sie war mit beiden als Liebhaber einverstanden, falls Liebhaber das richtige Wort in diesem Zusammenhang ist; die Vereinbarung ist so vernünftig (man sparte Buskosten), daß ich glaube, es liegt nur an meiner Prüderie, wenn ich sie ziemlich geschmacklos finde. Die zwei Brüder waren von ihren Geschichten über ihre Erfahrungen als Hebamme hingerissen und machten ausführliche Notizen darüber. In ihrem Tagebuch schrieben sie folgendes: »Männer wie wir brauchen eine Frau mit wenig Kultur und Bildung, eine Frau mit nichts als Heiterkeit und natürlicher guter Laune, denn so wird sie uns gefallen und uns bezaubern wie ein nettes Tier, an das wir uns gewöhnen mögen. Wenn unsere Geliebte aber von höherer Geburt ist, etwas von Kunst, etwas von Literatur an sich hat und mit uns auf gleichem Fuß verkehren will, mit unseren Gedanken und unserem Schönheitssinn, und den Ehrgeiz hat, als Gefährtin am jeweiligen Werk und unserer Geschmacksrichtung teilzunehmen, so wird sie für uns so unerträglich wie ein verstimmtes Klavier – und sehr bald ein Gegenstand der Antipathie.«

1862 bat Prinzessin Mathilde, Nichte des großen Napoleon, die sich gern mit Künstlern und Literaten umgab, einen ihrer Freunde, die Goncourts zum Diner bei ihr einzuführen. Sie hatte deren Buch über Marie Antoinette mit Wohlgefallen gelesen. Mit ihrem Geliebten und einer Hofdame lebte sie teils in Paris und teils auf ihrem »Sitz« in St. Gratien, der sich in bequemer Entfernung von der Hauptstadt befand. Die Prinzessin war damals eine Frau von Zweiundvierzig, untersetzt, aber mit Resten von gutem Aussehen. Beim ersten Kennenlernen machte sie einen dürftigen Eindruck auf die Goncourts, aber bei einem zweiten Abendessen gefiel sie ihnen besser. Sie fanden sie graziös und charmant, launisch, aber oft geistreich. Sie wären nicht die Männer gewesen, die sie waren, hätten sie keine Einschränkungen gemacht. »Da ist nichts Vornehmes an ihr«, schrieben sie in ihrem Tagebuch, »nichts Feines, nichts Zartes; Kraft, Intelligenz, Eloquenz, das alles zieht die Massen an, aber nicht das Individuum ... Sie dankt einem nicht für bloße Höflichkeit, Aufmerksamkeit und Liebenswürdigkeit. Sie liebt die Vorstellung, man sei sexuell zu ihr hingezogen und begehre sie.«

Von da an tafelten die Goncourts häufig mit der Prinzessin und

wohnten oft bei ihr in St. Gratien. Allmählich ließen sie die vulgären Freunde fallen, an deren Gesellschaft sie gewöhnt gewesen waren.
Es war im ersten Jahr der Bekanntschaft der Goncourts mit der Prinzessin, daß sie auf einen Vorschlag von Gavarni hin, den sie mochten und bewunderten, und mit der Billigung von Sainte-Beuve die berühmten Diners »chez Magny« begründeten. Eine kleine Zahl von Schriftstellern verabredete, dort zweimal monatlich zu speisen. Die ersten Mitglieder der Gruppe waren Taine, Renard, Turgenjew, Flaubert und Théophile Gautier. Von Zeit zu Zeit wurden weitere dazugewählt. Zwar wurde bei Tisch über die Liebesleidenschaft diskutiert, oft roh, und über Religion, aber natürlich drehten sich die Gespräche hauptsächlich um Kunst und Literatur. Es gab Meinungsverschiedenheiten und hitzigen Streit. Häufig kam es zu Auseinandersetzungen, aber die Gäste schieden dennoch recht freundschaftlich. Sie wußten nicht, daß die Goncourts nach ihrer Heimkehr – Jules teilweise nach Edmonds Diktat – einen Bericht über die Gespräche, denen sie gerade zugehört hatten, in ihr Tagebuch schrieben. Da es ihnen wie gewöhnlich auf Genauigkeit ankam, können wir ziemlich sicher sein, daß ihre Berichte über die Gespräche dieser gebildeten und brillanten Männer zutreffend waren. Zugegeben: Sie sind enttäuschend. Es ist wahr, daß ein mit Überzeugung geäußerter Gemeinplatz bei einem guten Essen und nach zwei oder drei Glas Wein wie ein Epigramm wirken kann, aber wenn man ihn gedruckt sieht, hat er betrüblich viel von seinem Glanz verloren, und Tatsache ist, daß man in diesen Gesprächen vergebens nach einer klugen Erwiderung oder sprühendem Witz sucht.
Die Goncourts fanden die ersten Diners fröhlich, angenehm und amüsant, aber nach höchstens zwei oder drei Jahren hatten sie sie satt. Sie schrieben in ihrem Tagebuch: »Wir sind voller Verachtung, voller Abscheu gegen diese Essen bei Magny! Zu denken, daß dies eine Zusammenkunft der vornehmsten Geister Frankreichs ist! Sicher sind die meisten, von Gautier bis Sainte-Beuve, Männer von

Talent, aber wie arm an Ideen sie sind, an Meinungen, die sich auf Sensibilität und Empfindungskraft gründen! Welcher Mangel an Persönlichkeit und Temperament!«
Sainte-Beuve war der älteste der Gruppe, der gefeiertste und einflußreichste. Er mochte die Goncourts und schrieb voller Sympathie über sie. Er sagte sogar, sie seien die charmantesten Menschen, die er kenne, und als sie davon sprachen, sie würden an den Essen bei Magny nicht mehr teilnehmen, sagte er zu ihnen, wenn sie nicht mehr kämen, werde er das auch nicht mehr tun. Sie verabscheuten ihn. Sie verurteilten die Steifheit seines Stils, seinen undurchsichtigen und scheinheiligen Charakter, seine Feigheit, seinen kleinlichen Geist und seine Liebe zu Platitüden. Eines Tages suchten sie ihn auf. Rhetorisch fragten sie sich, wie sie, als Künstler und Aristokraten, sich mit einem Mann gemein machen könnten, der sich kleidete wie ein Dienstmann und dessen Wohnung der eines Landarztes glich. Das hinderte sie nicht, Sainte-Beuve mit den schmeichelhaftesten und gefühlvollsten Worten zum Abendessen zu bitten. Gautier und Flaubert waren auch dabei, und sie sprachen von lesbischer Liebe und transzendentaler Homosexualität – was immer das bedeuten mag.
Die Goncourts scheinen 1857 die Bekanntschaft von Flaubert gemacht zu haben, aber gut lernten sie ihn erst ein paar Jahre später kennen. Es mag seltsam erscheinen, daß Flaubert, offenherzig, freimütig und gefühlvoll, wie er war, sie nicht gewonnen hat. Sie schrieben ihm zwar bewundernde Briefe, aber ihre Einstellung war irgendwie feindselig. Wenn sie zusammen waren, ließ Flaubert, der nicht ahnte, wie peinlich genau ihn die Brüder beobachteten, sich gehen und sprach auf seine überspannte Art und ohne Rückhalt. Sie schrieben: »Wir ahnen, was bei Flaubert fehlt, *den Defekt, nach dem wir lange gesucht haben,* seiner (Madame Bovary) fehlt es an Herz wie seinen Beschreibungen an Seele.« Sie fanden ihn vulgär und bar jeglichen Geschmacks oder künstlerischen Gefühls. Ihr abschließen-

des Urteil lautete, er sei ein Provinzgenie und als Mann seinen Büchern weit unterlegen. (Die Hervorhebung stammt von mir.)
Als *Manette Salomon* erschien, schickten sie Taine ein Exemplar. In seiner Empfangsbestätigung lobte er herzlich alles, was ihm daran gefiel, kritisierte aber ihren Stil. Er sagte ihnen, sie schrieben nicht für Leser, sondern für Literaten wie sie selbst, und schloß mit dem Hinweis auf eine Reihe von Fehlern. Sie hatten ihn nie geschätzt: Von da an verachteten sie ihn. Renan mißfiel ihnen zunächst, weil er häßlich war, sie beklagten seinen schlechten Geschmack und seinen Mangel an Offenheit, aber nachdem sie ihn besser kennengelernt hatten, gaben sie zu, er sei trotz seines abstoßenden Äußeren angenehm und liebenswürdig. Später stritten sie mit ihm.
1868 wurde Jules von Krankheit geschlagen. Er verlor den Appetit, konnte nicht schlafen und war krankhaft lärmempfindlich. Sie lebten immer noch in dem Haus, wo sie sich bei ihrer Niederlassung in Paris einquartiert hatten. Sie beschlossen, einen ihrer Bauernhöfe zu verkaufen und ein Haus zu erwerben, das ihnen Ruhe garantierte. Sie fanden es in Auteuil, nur zwanzig Minuten vom Pariser Zentrum entfernt. Sie zogen ein, fanden den Lärm dort aber umgehend unerträglich. Jules' Zustand verschlechterte sich. Sein Geist begann nachzulassen. Er interessierte sich für nichts, stundenlang saß er, in Depression versunken, an einem Baum, den Hut über die Augen gezogen. Aus seinem Bruder, den er so tief geliebt hatte, schien er sich nichts mehr zu machen. Sogar an die Namen aus den Romanen, die sie gemeinsam geschrieben hatten, konnte er sich nicht mehr erinnern. Bestimmte Buchstaben konnte er nicht mehr aussprechen oder sprach sie vielmehr aus wie ein Kind. Zu einem Zeitpunkt hatte der gepeinigte Edmond die Idee, zuerst seinen Bruder zu erschießen und dann sich selbst. Ihn verfolgte die Furcht, er könne als erster sterben, und Jules, ohne eine Pflegeperson, käme in ein Asyl. Der Bericht über Jules' allmählichen Zerfall, den Edmond im Tagebuch gibt, ist eine schmerzliche Lektüre. Man fragt sich, wie er sich zur

Aufzeichnung in Schwarz auf Weiß überwinden konnte. Jules sank in den Zustand, den die Ärzte Infantilismus nennen. Einmal in einem Restaurant, als er eine Fingerschale umstieß, sagte Edmond: »Sei vorsichtig, sonst können wir nirgends mehr hingehen.« Jules brach in Tränen aus. »Es ist nicht meine Schuld«, schluchzte er, »es ist nicht meine Schuld.« Seine zitternde Hand griff nach der von Edmond, und sie weinten beide. Schließlich kam das Ende. Edmond schrieb in das *Journal:* »Er liegt im Sterben, er ist tot. Gott sei gelobt! Er starb nach zwei oder drei sanften Seufzern, wie ein kleines Kind einschläft.«

Edmond redete sich ein, Jules' Tod sei seiner Leidenschaft für die Literatur zuzuschreiben und seinen hartnäckigen Bemühungen, der französischen Sprache die Vollkommenheit abzuringen, die ihr innewohnte. In Wirklichkeit starb Jules an dem, was man in meinen Medizinstudententagen G.P.I. nannte, General Paralysis of the Insane, einer schrecklichen Folge der Syphilis. Jules hatte sie sich zwanzig Jahre zuvor auf einer ihrer Spritztouren nach Le Havre zugezogen. Bei der Beerdigung stolperte Edmond, blind vor Tränen, dahin und mußte von Freunden gestützt werden. Kummer verzehrte ihn. Glücklicherweise sind menschliche Wesen jedoch so geartet, daß Zeit die bittersten Kümmernisse lindert. Der Französisch-Preußische Krieg begann und endete mit der Gründung der Dritten Republik. Prinzessin Mathilde kehrte aus ihrem Exil in Brüssel nach Paris zurück. Inzwischen schrieb Edmond an seinem Tagebuch weiter. Er war einsam. Er war in den Fünfzigern, und seine Freunde fanden, er solle heiraten. Es scheint, daß zwei junge Frauen zur Eheschließung bereit waren. Eine, eine Hofdame der Prinzessin, machte ihm einen Antrag. Obwohl sie ungewöhnlich attraktiv war und er sie mochte, lehnte er ab – aus einem Grund, den ich im folgenden berichten werde.

Von Kindheit an war Edmond ein leidenschaftlicher Sammler gewesen. All seine freie Zeit verbrachte er mit dem Herumstöbern in Trödelläden und bei Auktionen. Damals war es möglich, dies und jenes für ein Butterbrot zu kaufen, und man leckt sich die Lippen, wenn man liest, daß man Zeichnungen alter Meister für ein Spottgeld bekam. Bei einer Versteigerung brachten mehrere Pastelle von Latour fünf Franc das Stück. Japanische Kunstgegenstände kamen nach Paris, und Edmond war von ihnen hingerissen. Er behauptete, sie seien so bedeutend wie die Kunst der Griechen. Er kaufte Holzschnitte von Utamaro, Rollbilder (Kakemonos) und Handrollen (Makimonos), Lackarbeiten, Rüstungen und Masken. Nach und nach wuchs die Sammlung. Er kaufte Vitrinen mit Boule-Einlegearbeit, Konsolen, Tische, Spiegel, Wandschirme, Teppiche. Edmond behauptete später, er habe jahrelang achtzigtausend Franc pro Jahr für seine Sammlung ausgegeben. Da die Goncourts niemals mehr als zwölftausend Franc jährlich aus ihrer Landwirtschaft erlösten und ihre Bücher ihnen so gut wie nichts einbrachten, fragt man sich, woher er das Geld nahm. Man kann nur annehmen, daß er nebenbei ein wenig Handel trieb. Aber woher das Geld auch kam, um die siebziger Jahre brachte es der phantastische Preisaufschwung der Dinge, die er gekauft hatte, mit sich, daß Goncourt ein für seine Zeit hübsches Vermögen besaß. Die beiden Brüder hatten schon lange vorgehabt, eine Akademie zu gründen – später bekannt als L'Académie Goncourt –, nicht als Konkurrenz für die Académie Française, die sie ablehnten und verachteten, sondern als Protest gegen die ältere Einrichtung, gegen ihre ledergebundenen Vorurteile, ihren Mangel an Interesse für neue Talente und ihren Abscheu vor Originalität. Die Idee war, zehn begabte, von der Schande weiter Verbreitung unberührte Schriftsteller auszuwählen und ihnen ein Einkommen von sechstausend Franc im Jahr zur Verfügung zu stellen, damit sie sich literarischer Arbeit widmen könnten, ohne einen Brotberuf ergreifen zu müssen. Einmal im Monat sollten sie zusammen speisen und jedes Jahr dem Autor eines hervorragenden Prosawerks einen Preis von fünftausend Franc zuerkennen. Die

Ausführung dieses Plans, die Edmonds ganzes Vermögen erfordern würde, ließ ihn auf jeden Gedanken an Heirat verzichten.
Er überlebte seinen Bruder um siebenundzwanzig Jahre. Seine literarischen Aktivitäten während dieser Zeit kann ich unberührt lassen. Sie brachten ihm weder Geld noch Ansehen. Er schrieb eifrig weiter an seinem Tagebuch. Weil sie mich überrascht hat, will ich seine Notiz vom 22. Mai 1892 zitieren: »Frühstück bei Raffaelli, mit dem schönen Proust.« Er konnte nicht wissen, daß dieser hübsche Tischgenosse eines Tages in der Welt ziemliches Aufsehen mit einer verheerenden, aber ungemein amüsanten Parodie auf das berühmte Journal erregen würde. Edmonds intimste Freunde während dieser langen Zeit waren Alphonse und Julia Daudet. Er aß mit ihnen zwei- oder dreimal die Woche zu Mittag oder zu Abend und verbrachte jeden Sommer bei ihnen in Champrosay, ihrem Landhaus. Ich nehme an, daß Alphonse Daudet heute kaum gelesen wird. Er ist noch lesbar. Sein Stil ist lebendig, natürlich und leicht. *Sapho* ist sein bestes Buch. Das Thema ist mehr oder weniger dasselbe wie das von *Manette Salomon,* aber der Roman ist besser als der der Goncourts und überzeugender. Alphonse Daudet war populär und verdiente für seine Zeit viel Geld. Er muß ein Mann von außerordentlichem Charme und Liebenswürdigkeit gewesen sein, wenn der schwierige und nörgelige Edmond ihm seinen Erfolg verzieh.
Im Juli 1883, als die Daudets mit Edmond in Auteuil Mittag gegessen hatten, las er ihnen einige Passagen aus seinem Journal vor. Sie waren genügend interessiert, um ihn um mehr zu bitten, und in der Folge las er ihnen bei jedem seiner Aufenthalte in Champrosay Teile daraus vor. Vielleicht war es ihre Zustimmung, die ihn dazu brachte, sein Tagebuch in Buchform zu veröffentlichen. Er machte zwei Kopien des Originalmanuskripts. In der, die er noch zu seinen Lebzeiten herausgeben wollte, tilgte er die Passagen, die noch lebende Personen kränken konnten, aber er sah vor, daß das Werk ungekürzt zwanzig Jahre nach seinem Tod erscheinen solle; er nahm an, daß

um diese Zeit all die Personen, von denen er und sein Bruder geringschätzig gesprochen hatten, gestorben sein würden. Diese Fassung gibt nach einer Reihe von Prozessen das Fürstentum Monaco gegenwärtig heraus. Bis jetzt sind neunzehn Bände erschienen, die bis zum Jahr 1894 reichen, und man sagt mir, es würden noch mehr kommen.

Der erste Band erschien 1887. Noch acht folgten ihm in den nächsten Jahren. Der letzte erschien 1896. Sie riefen in der literarischen Welt von Paris eine enorme Sensation hervor. Sie wurden angegriffen wegen ihrer Indiskretion, ihrem Mangel an Nachsicht, ihrer Derbheit und ihres Dünkels. Ein Kritiker bezeichnete den ersten Band als Meisterstück an Einbildung und Oberflächlichkeit. Taine schrieb einen Protest: »Ich bitte Sie, in Ihrem nächsten Band all das wegzulassen, was mich betrifft. Wenn ich mit Ihnen sprach, in Ihrer Gegenwart, geschah das ›sub rosa‹ (durch die Blume), wie unser armer Sainte-Beuve zu sagen pflegte ... Ich werde nur für das verantwortlich sein, was ich mit Überlegung und im Hinblick auf Veröffentlichung geschrieben habe.« Goncourt machte sich nicht viel daraus. Er war überzeugt, die Nachwelt würde in seinem Journal die wahrhaftigste und überzeugendste Schilderung von Personen und Angelegenheiten seiner Zeit sehen. Der zweite Band hatte eine bessere Presse, anscheinend beeinflußt von einem Artikel, den Alphonse Daudet für den *Figaro* schrieb. Aber immer noch protestierten eine Reihe von Leuten. Prinzessin Mathilde suchte ihn auf, und obwohl eine Menge über sie darin stand, erwähnte sie das mit keinem Wort. »Es spielt keine Rolle«, schrieb Edmond, »Prinzessinnen, selbst die intelligentesten, sind schrecklich dumm, und wir sind wirklich große Idioten, wenn wir sie mit einer Unsterblichkeit beschenken, die sie allein uns zu verdanken haben.«

Im vierten Band brachte Edmond, was Renan bei den halbmonatlichen Essen chez Magny gesagt hatte. Renan war erbost. In einem weithin gelesenen Artikel schrieb er: »All diese Geschichten von M.

de Goncourt über die Abendessen, deren Historie zu verfassen ihm nicht zustand, sind völlige Entstellungen der Wahrheit. Er hat nichts begriffen und schreibt uns zu, was sein jeglichen allgemeinen Vorstellungen verschlossener Geist ihn verstanden zu haben glauben ließ. Was mich betrifft, so protestiere ich mit aller Kraft gegen diese jämmerliche Reportage. Es gehört zu meinen Prinzipien, daß der Schund von Narren ohne Bedeutung ist.« Renan stellte in einem Interview unter anderem fest, M. de Goncourt mangele es »absolut an Intelligenz und Sinn für Moral«. Dazu bemerkte Edmond hochnäsig: »Er scheint ganz hübsch verärgert, der entlassene Priester.« Die Daudets waren beunruhigt wegen der Feinde, die das Journal ihm schuf, und als er ihnen den Band vorlas, der von 1877 handelte, rieten sie ihm von der Veröffentlichung ab. Edmond scheint gedacht zu haben, sie täten das, weil sie unzufrieden wären mit dem Lob, das er Julia Daudet gespendet hatte, die im Begriff stand, selbst Autorin zu werden. Er schrieb: »Die liebe Dame ist überaus reizend, aber sehr anspruchsvoll.« Ein Kritiker des fünften Bandes schrieb, die Brüder hätten von der Elite ihrer Zeit, Gautier, Sainte-Beuve, Renan, Taine, Flaubert, ihren Lesern kaum anderes als groteske und oft abstoßende Porträts geliefert. Das stimmt, und es macht ihnen keine Ehre. Edmond waren als einzige intime Freunde die Daudets geblieben. Man hätte gedacht, daß Klugheit, wenn schon nicht Zuneigung und Dankbarkeit, ihn davon hätte abhalten müssen, etwas über sie zu sagen, was ihnen peinlich sein konnte. In Auszügen aus dem siebenten Band, die in einer Tageszeitung erschienen, schrieb Edmond über ihre Mutter in einer Weise, die sie zutiefst kränkte. Ernest Daudet, Alphonses Bruder, schrieb einen zornigen Protestbrief an die Zeitung, aber Alphonse überredete ihn, ihn nicht abzuschicken. Er schrieb selbst an Edmond. Er stellte fest, daß Edmonds Aussagen kein Wort Wahrheit enthielten, und bat ihn, den Abschnitt aus dem in Kürze erscheinenden Band wegzulassen. Edmond war, vermutlich mit einem ungeduldigen Achselzucken, dazu bereit.

Alphonse Daudet litt an lokomotorischer Ataxie, einer qualvollen Begleiterscheinung der Syphilis, und lebte ständig unter qualvollen Schmerzen. Um nachts schlafen zu können, mußte er eine starke Dosis Chloral nehmen, und an schlechten Tagen war er gezwungen, sich bis zu fünf oder sechs Morphiuminjektionen zu geben. Als Madame Daudet entdeckte, daß Edmond diese beklagenswerten Tatsachen in seinem Journal offengelegt hatte, beschwor sie ihn, um ihrer Familie willen und wegen der Wirkung, die das auf das große Publikum ihres Gatten haben könnte, auf jede Erwähnung zu verzichten. Er weigerte sich. Er erklärte ihr, sein Tagebuch sei das schönste Denkmal einer literarischen Freundschaft, das es je gegeben habe. Die Daudets waren nicht dieser Ansicht. Kein Wunder, daß die Freundschaft von fünfundzwanzig Jahren Dauer in Gefahr geriet. Die Daudets luden Edmond nicht mehr zum Abendessen, und wenn er sie besuchte, machten sie es unter Vorwänden kurz. Daudet sagte seinen Freunden, er habe genug von Goncourt. Die letzten beiden Bände des Journals wurden wütend angegriffen. Edmond bekam Dutzende anonymer und beleidigender Briefe. Er war betroffen, aber voll Verachtung. Das Gift seiner Kritiker schrieb er der Redlichkeit und Uneigennützigkeit seines Lebens zu, seiner aristokratischen Geburt und der Tatsache, daß er aufgrund seines Privatvermögens von der Literatur nicht zu leben brauchte.

1897 war Edmond de Goncourt fünfundsiebzig. In den Zeitungen hatte es ziemlich viel Klatsch in Verbindung mit der Entfremdung zwischen Edmund de Goncourt und den Daudets gegeben, und Alphonse fand es nötig, öffentlich zu äußern, an den Gerüchten sei nichts Wahres. Seit Jahren hatte Edmond jeden Sommer bei ihnen verbracht, und wenn er gerade jetzt nicht käme wie gewöhnlich, wäre das der Beweis für das Ende ihrer Freundschaft. Sie luden ihn ein. Die Daudets fuhren von Paris nach Champrosay, und am 11. Juli traf Edmond bei ihnen ein. Seine Gesundheit hatte seit einiger Zeit sehr gelitten. Er erkrankte und starb am 17. Juli.

Mit Ausnahme einiger Legate hinterließ Edmond alles, was er besaß, für die Gründung der Akademie, die seinen und seines Bruders Namen für immer lebendig erhalten sollte.
Die Goncourts behaupteten, mit *Germinie Lacerteux* hätten sie den realistischen Roman geschaffen und außerdem die Kunst des achtzehnten Jahrhunderts und Japans entdeckt. »Das«, sagte Jules, »sind die großen literarischen Ereignisse der zweiten Hälfte des neunzehnten Jahrhunderts, und wir, arm und unbekannt, sind vorangegangen. Nun, wenn man das getan hat, wird es schwierig, nicht auch in der Zukunft jemand zu sein.« Dies ist nicht frei von Übertreibung, aber ein Körnchen Wahrheit steckt auch darin.
Daß sie Männer von ungewöhnlichem Talent seien, zogen sie niemals in Zweifel. Sie waren auf geradezu lächerliche Art und Weise von sich selbst überzeugt. »Ich fühle mich irgendwie berauscht, während ich mir die erste Nummer meines ›Journals‹ im *Echo de Paris* laut vorlese«, schrieb Edmond. Soviel Selbstgefälligkeit hat fast etwas Rührendes. So, wie sie von sich selber dachten, ist es nur natürlich, daß sie ihre Zeitgenossen geringschätzten. »In diesem Jahrhundert«, schrieb Edmond, »werde ich vielleicht der einzige gewesen sein, und ohne Abneigung gegen die Personen und einzig aus Liebe zur Wahrheit, der einzige, der die sogenannten großen Männer wie Renan, Sainte-Beuve etcetera etcetera auf ihren Platz verwies.« Man darf annehmen, daß dies etcetera etcetera Taine, Michelet und Flaubert einschließen sollte. Die Goncourts waren arrogant, eitel und eingebildet, aber man muß fairerweise zugeben, daß ihre Leidenschaft für die Kunst, wenn auch oft irregeleitet, echt war. Sie waren uneigennützig und aufrichtig in einer Welt, in der die Korruption grassierte. (Janin, der bedeutende Kritiker der *Débats,* nahm von Prinzessin Mathilde sechstausend Franc, um einen schädigenden Artikel gegen einen ihrer Freunde nicht zu schreiben.) Sie opferten dem literarischen Schaffen ihr ganzes Leben. Ihr Ehrgeiz war es – keineswegs unedel –, eine Reihe von Werken zu schreiben, die sie

für alle Zeiten berühmt machen sollten. Es war ihnen sehr bewußt, daß ein Buch bei Erscheinen nie ein Meisterwerk ist, es wird erst dazu; und sie waren überzeugt, daß die Nachwelt ihnen trotz einem Mißerfolg nach dem anderen Gerechtigkeit widerfahren lassen würde.

3 Jules Renard begann sein *Journal* im Jahr 1887. Es ist ein einzigartiges Dokument. Er hatte keine Illusionen über sich selbst und beschrieb den Mann, der er war, mit einer wüsten Aufrichtigkeit, die den Leser manchmal kalt erschauern läßt.
Man kann kaum glauben, daß er jemals an eine Veröffentlichung dachte. An einer Stelle schreibt er, er wünsche, sein Sohn solle es lesen, sobald er dessen würdig sei. Was er damit meinte, ist schwer zu sagen. Man sollte meinen, daß sein Sohn bei der Lektüre allen möglicherweise vorhandenen Respekt und jede Zuneigung für seinen Vater hätte verlieren müssen. Renard zeigt sich in seinem Tagebuch skrupellos, maßlos selbstüberzeugt, ungehobelt, mißgünstig, hart und manchmal sogar grausam. Er starb 1910, und wenige Leute sind noch am Leben, die ihn kannten. Die zwei oder drei, denen ich begegnet bin, stimmten überein, er sei zwar brillant und geistreich, aber ebenso ein Scheusal gewesen. Wenigstens kommt ihm zugute, daß er sich nie besser zu zeigen versuchte, als er war.
Sein Leben darzustellen ist einfach, da man als Material nicht nur das Tagebuch zur Verfügung hat, sondern die zwei Romane, die er schrieb, *Poil de Carotte* (Rotfuchs) und *L'Écornifleur* (Der Schmarotzer), seine drei kurzen Stücke (Einakter) *Le Plaisir de Rompre,* (Die Freuden der Trennung), *La Paix du Ménage,* (Das traute Heim), *La Bigote* (Die Frömmlerin) und die Erzählung *La Maîtresse* (Die Geliebte). Alle sind autobiografisch. Jules Renard war Sohn einer Bauernfamilie, die seit Generationen in La Nièvre in Zentralfrank-

reich ansässig war. Sein Vater, eines von mehreren Kindern, war in der aus einem einzigen Raum bestehenden Hütte geboren, in der seine Eltern lebten. Irgendwie, auf welche Weise erfahren wir nicht, gelang es ihm, sich etwas Bildung anzueignen, und er wurde als Bauunternehmer für das Ministerium für öffentliche Arbeiten tätig. Nachdem er eine Brücke über den kleinen Fluß La Viette gebaut hatte, hatte er genug Geld verdient, um sich zurückzuziehen und in Chitry ein Haus zu kaufen. Er verbrachte die restlichen Jahre seines Lebens dort mit Fischen und Jagen und der Bebauung der paar Hektar Land, die er gekauft hatte. Bis zu seinem Tod blieb er im Herzen ein Bauer. Jules war das jüngste seiner drei Kinder. Seine Mutter haßte ihn. Sie hatte ihn nie gewollt, und er verdankte seine Entstehung einem Mißgeschick beim Geschlechtsverkehr. Er war ein häßlicher kleiner Junge mit roten Haaren und schmuddeligem Äußeren. Von früh an wurde er zur Hausarbeit bestimmt. In *Poil de Carotte* wird ein Vorfall geschildert, der einem irgendwie abstoßender erscheint als selbst die Prügel, die er von seiner Mutter bekam. Wie manche kleinen Kinder neigte er zum Bettnässen und wurde am nächsten Morgen gründlich verhauen. Anläßlich des Besuchs eines Verwandten, den man beherbergen mußte, sollte er im Bett seiner Mutter schlafen. Er tat, was er konnte, um sein Wasser zu halten, aber schließlich ging es nicht mehr, und es war passiert. Als Strafe mußte er den nächsten Tag im Bett bleiben. Abends brachte sie ihm als Abendbrot einen Teller Suppe. Sein Bruder und seine Schwester konnten sich kaum das Lachen verbeißen, während sie zusahen, wie ihre Mutter Löffel um Löffel in den Rachen des kleinen Jungen zwang. Als er fertig war, klatschten sie in die Hände und riefen: »Er hat's getrunken, er hat's getrunken.« Als seine Mutter ihm sagte, das sei der Urin gewesen, mit dem er nachts zuvor das Bett genäßt habe, sagte er nur: »Das dachte ich mir schon.«

Renards Vater, den er im Roman M. Lepic nennt, war nicht unfreundlich gegen ihn, mischte sich aber in die Behandlung des

Kindes durch seine Frau nicht ein. Er war ein stiller, ichbezogener Mann, der zwar gezwungenermaßen auf engem Raum mit seiner Familie zusammenlebte, sich jedoch auf sich selbst zurückzog. Einmal, als Poil de Carotte seinen Vater auf seine Seite ziehen wollte, was mißlang, tat er den verzweifelten Aufschrei, der das Leserpublikum so erschütterte: »Tout le monde ne peut pas être orphelin (Nicht jeder kann eine Waise sein).« Als Jules zehn war, wurde er nach Nevers ins Internat geschickt. Sein Vater besuchte ihn hie und da, und sie schrieben sich Briefe. In der Antwort auf einen Brief des Jungen schrieb er und fragte, warum sein Sohn in einem Brief, den er eben bekommen hatte, jede Zeile mit einem Großbuchstaben begonnen habe. Der Junge antwortete: »Lieber Papa, du hast nicht bemerkt, daß mein Brief in Versen war.« Jules Renard, wegen seiner roten Haare Poil de Carotte genannt, war kein lieber kleiner Junge. Von Little Lord Fountleroy oder gar von David Copperfield war nichts in ihm. Er war wahrhaftig ein gräßliches kleines Biest. Eine Geschichte, die er aus seiner Schulzeit erzählt, ist haarsträubend. Ein Lehrer, der die Aufgabe hatte, den Schlafsaal zu inspizieren, wenn die Jungen in ihren Betten lagen, hatte die Gewohnheit, sich bei einem von ihnen aufs Bett zu setzen, mit ihm zu plaudern und ihm, wenn er zum Weggehen aufstand, einen Gutenachtkuß zu geben. Poil de Carotte, verrückt vor Eifersucht, fand eine Gelegenheit, um dem Schulvorstand eine übertriebene Darstellung dieser harmlosen Vorfälle zu geben, mit dem Resultat, daß der Lehrer entlassen wurde. Als der Unglückliche, unehrenhaft entlassen, wegging, rief ihm Poil de Carotte zu: »Warum haben Sie mich nicht auch geküßt?« Natürlich gemein, aber welches Pathos liegt in diesem Schrei!

Nachdem Jules sich auf der Schule gut geführt hatte, schickte sein Vater ihn mit Siebzehn zur Fortsetzung seiner Erziehung nach Paris. Er gab ihm hundertfünfzig Franc im Monat, was damals sechs englischen Pfund entsprach. Jules mietete ein Zimmer in einem billigen Hotel. 1883 machte er seine Abschlußprüfung und sah sich

nach einer Stellung um. Er konnte keine finden. Er hatte bereits zu schreiben begonnen und schickte ein paar Geschichten an eine Provinzzeitung, das *Journal de la Nièvre;* sie wurden gedruckt, aber nicht honoriert. Bald gab es genug für ein Buch, und ein Verleger war bereit, sie zu veröffentlichen. Der Verleger machte sich aus dem Staub. Er absolvierte seinen Militärdienst. Damit fertig, kehrte er nach Paris zurück und begab sich auf die Suche nach einem Lebensunterhalt. Schließlich fand er für hundert Franc monatlich eine Stellung bei einer Grundstücksmaklerfirma. Er scheint auf den Leiter der Firma, einen M. Lion und seine Frau, einen guten Eindruck gemacht zu haben. Nach einiger Zeit stellte Lion ihn als Hauslehrer für seine drei Söhne an, zu einem etwas höheren, aber immer noch elenden Gehalt. Obenstehendes habe ich aus dem Bericht über Jules Renards Jugend erfahren, verfaßt von Henri Bachelin als Vorwort zu der Gesamtausgabe von Renards Werken, die nach seinem Tod erschien. An diesem Punkt wird Bachelin merkwürdig vage. Glücklicherweise machen es das Stück *La Maîtresse* und die veröffentlichten Briefe von Jules an seinen Vater möglich, Tatsachen wiederzugeben, deren Erwähnung dem Autor des Vorworts indiskret erschienen sein muß.
Durch die Lions, die einige Kultur besaßen, lernte Renard eine Reihe ihrer Freunde kennen und wurde gelegentlich zu Gesellschaften eingeladen. Er war nun ein großer junger Mann mit einem schönen rothaarigen Kopf, angenehmen Zügen, einer guten Figur und männlichem Aussehen. Nach einer dieser Gesellschaften begleitete er eine Schauspielerin, die zu den Gästen gehört hatte, zu ihrer Wohnung zurück. Obwohl ein gutes Stück älter als er, war sie eine attraktive Frau, und er machte ihr unterwegs Anträge. Die Plötzlichkeit erschreckte sie etwas, da sie sich nie zuvor begegnet waren, aber seine Kühnheit und Überredungskunst mißfielen ihr nicht. Sie gab ihm zu verstehen, sie werde angenehm von einem reichen Mann ausgehalten und könne es sich nicht leisten, die hübsche Zuwendung, die

er ihr gab, zu verlieren; sie war aber bereit, gegen das Versprechen, er werde sie nie in ihrer Wohnung aufsuchen, zu Renard in sein Hotelzimmer zu kommen. So begann eine Affäre, die zur beiderseitigen Zufriedenheit eine beträchtliche Zeit dauerte. Die Dame sorgte dafür, daß einige seiner Verse gedruckt wurden, und er rezitierte sie auf verschiedenen Gesellschaften. Seine Jugend, seine schöne Gestalt, sogar sein ländlicher Akzent, den er nie ganz verlor, brachten ihm einen bescheidenen Erfolg. Aber – so sind die Nöte der Jugend – es war ihm nicht recht wohl dabei, seine Geliebte mit einem anderen zu teilen, und eines Tages bezog er Posten vor dem Haus, in dem sie wohnte, wohl wissend, daß sie seinen Rivalen (wenn man ihn so nennen darf) empfangen würde. Schließlich sah er einen untersetzten, ältlichen Geschäftsmann eintreten. Sein Anblick verstörte Renard zutiefst, und er entschied sich auf der Stelle, seine Beziehung zu der ausgehaltenen Frau abzubrechen. Er konnte sich nicht mehr dazu überwinden, Gefälligkeiten und Geschenke von ihr anzunehmen, die in Wahrheit ein anderer bezahlte, und auf dem Gipfel verletzter Empfindsamkeit schrieb er ihr einen langen, beredsamen Brief des Inhalts, sie müsse zwischen ihnen beiden wählen. Sein Stolz, seine Ehre erlaubten ihm nicht länger, in dieser erniedrigenden Situation zu verharren. Sie hatte an demselben Nachmittag, an dem er den Brief verfaßte, ihren Besuch in seinem Hotel geplant, und wie gewöhnlich hopsten sie zusammen ins Bett. Er übergab ihr den Brief nicht, und die Affäre ging weiter wie zuvor.

Als die Sommerferien kamen und Renards Dienste als Hauslehrer nicht länger benötigt wurden, luden Freunde ihn ein, ein paar Wochen mit ihnen am Meer zu verbringen. Henri Bachelin verrät uns nicht, wer das war, noch warum sie ihn eingeladen hatten. Renards Briefe an seinen Vater liefern eine Erklärung. Ein gewisser Morneau, Fabrikant von Möbeln des achtzehnten Jahrhunderts, wollte ein Buch über diesen Gegenstand schreiben, und da er selbst nicht schreiben konnte, brauchte er einen Ghostwriter für eine

Arbeit, die er unter seinem Namen veröffentlichen konnte. Man darf annehmen, daß Jules Renard auf den Vorschlag von M. Lion zu einem hübschen Entgelt verpflichtet wurde. Er sollte bei der Familie wohnen, die aus M. Morneau, seiner Frau und Tochter bestand. Das lieferte Renard den Stoff für seinen Roman *L'Écornifleur* (Der Schmarotzer). Jüngst hat ihn eine Gruppe von Autoren zum besten Roman gewählt, der in Frankreich in den letzten fünfzig Jahren geschrieben wurde, und kürzlich wurde er unter dem Titel *The Sponger* ins Englische übersetzt. Die Geschichte ist in ein paar Zeilen erzählt. Der Held, jung, unbemittelt und Dichter, macht die Bekanntschaft eines Geschäftsmannes und seiner Frau. Die Bekanntschaft reift zur Freundschaft, und sie laden ihn ein, bei ihnen am Meer zu wohnen. Dorthin kommt auch ihre Nichte, eine Waise mit eigenem Vermögen. Der junge Mann betrachtet es als seine Pflicht, zu versuchen, seine Gastgeberin zu verführen. Es gelingt ihm nicht, obwohl sie ihn anziehend findet und alsbald ziemlich verliebt in ihn ist. Er bringt dem jungen Mädchen das Schwimmen bei, und sie verliebt sich in ihn. Klar, daß er als der Mann, der er ist, es darauf anlegt, sie zu verführen. Es fällt schwer, auf englisch in anständigen Ausdrücken zu schildern, wie weit die Geschichte geht, und so kann ich nur sagen: Sie geht so weit wie möglich, ohne ans Ziel zu gelangen. Nachdem sowohl Tante wie Nichte in ihn verliebt sind, ist seine Situation derart peinlich, daß er es für klug hält, nach Paris zurückzukehren, und mit seiner Abreise endet die Geschichte. Da Renard in seinem Journal feststellt, seine Phantasie bestehe aus seiner Erinnerung, und da gewöhnlicher Anstand ihm nichts bedeutete, dürfen wir ziemlich sicher sein, daß sein Roman bei der Schilderung der wirklichen Tatsachen nicht weiter von der Wahrheit abweicht, als das bei belletristischen Autoren normalerweise der Fall ist.

Zurück in Paris, machte sich Renard daran, das Buch zu beenden, als dessen Autor M. Morneau zeichnen sollte. Er war knapp bei Kasse. Anfang Januar 1884 schrieb er an seinen Vater: »In den letzten

Tagen mußte ich mir sogar den Kauf einer Briefmarke überlegen. Ich übertreibe nicht. Dezember war besonders hart.« Mit der Rückkehr der Morneaus nach Paris wurde die Freundschaft wiederaufgenommen, und er aß täglich bei ihnen zu Abend. Er verschwendete keine Zeit. In einem Brief an seinen Vater vom 18. Februar schrieb er: »Ich habe dir von einer möglichen Heirat gesprochen. Ich habe meinen Antrag gemacht.« Leider sind die Briefe, in denen er davon sprach, nicht erhalten, und so kommt es dem Leser überraschend. Wie konnte er in seinen Verhältnissen an Heirat denken? Sein Antrag wurde angenommen, und er schrieb an seinen Vater mit der Bitte, ihm siebenhundertfünfzig Franc für einen Verlobungsring zu schicken. Ende Mai fand die Hochzeit zwischen Jules Renard und Marinette, Tochter von M. und Mme. Morneau, statt, und das glückliche Paar verbrachte seine Flitterwochen in Barfleur. Man fragt sich, wieso eine wohlhabende Bürgerfamilie der Heirat ihrer einzigen Tochter mit einem mittellosen und unbekannten Schriftsteller zustimmte. Renards einziges Einkommen bestand in dem kläglichen Gehalt, das er immer noch von M. Lion bezog. Es stimmt zwar, daß er Artikel für kurzlebige und unsichere Zeitschriften schrieb, für die er wenig oder nichts bezahlt bekam. Die Erklärung, die einem sofort einfällt, daß nämlich die Heirat notwendig war, um den Ruf des Mädchens zu retten, entbehrt jeder Grundlage. Ihr erstes Kind kam erst zur Welt, nachdem sie ein Jahr verheiratet waren. Man kann nur annehmen, daß die Morneaus ihre Einwilligung zu der Heirat aufgrund der seltsamen französischen Vorstellung gaben, eine Tochter mit einem Literaten zu verheiraten, gäbe einer bürgerlichen Familie ein gewisses Prestige.

Man darf annehmen, daß Jules Renard vor seiner Hochzeit, wie es nur schicklich war, um sich endgültig zu verabschieden, zu der Geliebten ging, mit der er monatelang die Vergnügungen des Geschlechtsverkehrs genossen hatte. Etwa neun Jahre danach schrieb er einen Einakter *Le Plaisir de Rompre.* Es ist der Dialog zwischen einem jungen Mann und einer älteren Frau, die seine Geliebte gewesen ist. Er wird am nächsten Morgen ein begütertes junges Mädchen heiraten, und sie, die Geliebte, hat ihrerseits eine Vernunftehe arrangiert, um ihre Zukunft zu sichern. Sie sind immer noch ziemlich verliebt ineinander, und als nun der Bräutigam von morgen die reizende Frau zum letztenmal sieht, sagt er in einem leidenschaftlichen Moment, sie brauche nur ein Wort zu sagen und er werde seiner Verlobten den Laufpaß geben und sie würden ihre Beziehung für immer wiederaufnehmen. Ihr guter Menschenverstand siegt – Liebe schön und gut, aber man kann nicht davon leben –, und sie trennen sich für immer. Es ist ein charmantes, geistreiches, rührendes kleines Stück, und die Aufführung war ein großer Erfolg. Nach der ersten Vorstellung fragte sich Jules Renard in seinem Journal, was die wirkliche Blanche, das Modell für sein kleines Stück, wohl davon halten würde.

Nach den Flitterwochen ließen sich die Renards bei seinen Eltern in Chitry nieder. Seine Mutter lehnte Marinette ab und äußerte sich sehr spöttisch über die »feine Dame«, die ihr Sohn geheiratet hatte. Sie tat, was sie konnte, um ihrer Schwiegertochter das Leben zu vergällen, aber sie blieben, vermutlich aus Sparsamkeit, bis ihr erstes Kind, ein Knabe, geboren war. Dann nahmen sie eine Wohnung in Paris. Eine zynische Notiz im Journal weist darauf hin, wie das möglich war: »Ist M. M. (M. Morneau, Renards Schwiegervater) ein erfolgreicher und gescheiter Geschäftsmann geworden, damit seine Tochter einen armen Literaten heiratet?« In den nächsten paar Jahren, in denen Marinette ein zweites Kind, eine Tochter, bekam, schrieb Jules Renard ziemlich viel für Zeitungen, wurde aber schlecht bezahlt, und man kann nur annehmen, daß der »erfolgreiche und gescheite« Geschäftsmann sie mehr oder weniger unterstützte. Da das das letzte ist, was wir von ihm hören, können wir annehmen, daß er wenig später starb. 1888 veröffentlichte Jules sein erstes Buch, *Crime de Village* (Verbrechen im Dorf), eine Sammlung von Erzählungen, die er größtenteils lange Zeit vorher geschrieben hatte. Jules Renard liebte Marinette aufrichtig. In seinem Journal verliert er über die aufgeführten Personen kaum ein gutes Wort, aber von ihr spricht er stets mit tiefer Zuneigung. »Marinette erscheint«, schreibt er, »und die Erde ist sanfter (plus douce) unter den Füßen.« In den literarischen Kreisen, in denen er sich mit wachsendem Ruf bewegte, betrogen die Männer ihre Frauen schamlos. Renard blieb der seinigen ebenso ungeniert treu. Er war einer der Begründer des *Mercure de France,* der, wie jeder weiß, zur geachtetsten und fortschrittlichsten Zeitschrift seiner Zeit wurde. Für ihn schrieb Renard regelmäßig. Erst 1892 veröffentlichte er *L'Écornifleur* und erst 1895 folgte *Poil de Carotte.* Die Kritiker fanden hohes Lob für seinen nervösen, munteren und hochpersönlichen Stil. *L'Écornifleur* wurde von seinen Kollegen sehr geschätzt, aber sein zynischer Humor war nicht nach dem Geschmack des breiten Publikums. *Poil de Carotte* andererseits war ein großer Erfolg, und die Kritiker priesen einhellig sein Pathos, seine Ironie und seinen Humor. Im Lauf der Zeit dramatisierte Renard diese erzählerischen Werke. *L'Écornifleur,* den er für die Bühne *Monsieur Vernet* nannte, war ein Flop, aber *Poil de Carotte* war ein Schlager. Das Publikum war begeistert, und es ist seitdem oft wiederaufgeführt worden.

1895 hatte sich Renards Lage so gebessert, vielleicht durch das Geld, das Marinette beim Tod ihres Vaters geerbt hatte, daß er in Chaumont nahe bei Chitry, wo seine Eltern lebten, ein Haus zunächst mieten und dann kaufen konnte, zu dem genug Land für die Haltung von Hühnern, Enten, Gänsen, einem Pferd, einem Esel, Schafen, Schweinen, einer Kuh und eines Stiers gehörte. Für die Tierhaltung stellte er einen Bauern namens Philippe ein und als Mädchen für alles dessen Frau Ragotte. Marinette besorgte die Kinder und mit Ragottes Hilfe die Küche. Von da an verbrachte Renard mit Frau und Kindern Mai bis Oktober in Chaumont und nur den Winter in Paris. Nirgends war er so glücklich wie auf dem Land, denn im

Herzen war er immer noch – wie seine Feinde sagten – ein Bauer, wie es seine Vorfahren gewesen waren. Feinde hatte er viele, denn er scheint ein bösartiges Vergnügen daran gefunden zu haben, Menschen gegen sich aufzubringen. Sie erkannten sein Talent an, aber seine Grobheit, seine Gleichgültigkeit gegenüber den Gefühlen anderer und seine Arroganz reizten sie. Auf dem Land konnte er jagen und fischen, Vergnügungen, die er mit seinem Vater teilte, und er fühlte sich unter den Bauern so wohl, wie es unter seinen Pariser Freunden nie ganz der Fall war.

1897 erkrankte sein Vater. Ein paar Wochen später schrieb Jules an Tristan Bernard: »Mein lieber Freund, an seiner Gesundung verzweifelnd, hat sich mein Vater gestern umgebracht, indem er sich ins Herz schoß. Ich versichere dir, daß die Art und Weise seines Todes mich mit Respekt und Bewunderung erfüllen. Dein sehr betrübter Freund.« Zu einem anderen Bekannten sagte er, sein Vater sei gestorben wie der große Sportsmann, der er war, und wie ein Weiser. Einem anderen schrieb er: »Was mich angeht, so hoffe ich, in jenen erhabenen Stunden meines Lebens solche Seelenstärke und solch klare Einsicht zu zeigen.«

Nach dem Tod ihres Mannes lebte Renards Mutter weiter in Chitry. Sie blieb, wie sie immer gewesen war, hart, herrschsüchtig und engherzig. Wir erfahren nicht, ob sie jemals *Poil de Carotte* gelesen hat, und wenn ja, wie sie das Porträt fand, das ihr Sohn von ihr gezeichnet hatte. Sein literarischer Erfolg beeindruckte sie wenig, doch nachdem er sich der Dorfpolitik zuwandte und zum Ratsmitglied und später zum Bürgermeister gewählt wurde, so daß die Leute seines Heimatbezirks, die ihn bis dahin ignoriert hatten, anfingen, ihn als Person von Bedeutung zu betrachten, war sie ganz natürlich zufrieden – mit sich selbst. Sie überlebte ihren Mann nicht lange. Zwei Jahre nach seinem Tod schrieb Jules an einen Briefpartner: »Mein lieber Freund, ich habe gerade Ihren lieben Brief gelesen. Ich wollte Ihnen schreiben, daß meine Mutter, wie ich glaube, zufällig

gestürzt und im Brunnen ertrunken ist. Ich habe einen kleinen Schock. Marinette ist wie immer. Den Kindern geht es gut. Ich umarme Sie und werde Ihnen später noch einmal schreiben.«
Glaubte er wirklich an einen Unfall? Er beschloß, das Haus in Chaumont zu verkaufen und in das Haus in Chitry zu ziehen, das er als seinen Geburtsort ansah, obwohl er in Wirklichkeit nicht dort geboren war.
An Antoine, den Schauspieler und Direktor, schrieb er: »Ich danke Ihnen für Ihr herzliches Schreiben zum Tode meiner Mutter. Wie Sie sich denken können, ist mir die burleske Seite dieser Angelegenheit nicht entgangen. Die letzten vierzehn Tage war ich ziemlich durcheinander, das werde ich Ihnen alles erzählen. Inzwischen richte ich das Haus, in dem ich zweifellos auch sterben werde, ein bißchen her. Wenn Sie wollen, für *La Bigote.* Das Theater geht stets weiter.«
La Bigote war ein Stück von Renard, in dem er geschildert hatte, wie Frieden und Glück einer Familie durch die Unterwürfigkeit der Mutter gegenüber dem Dorfpfarrer untergraben wurden. Die Mutter war natürlich ein boshaftes Porträt seiner eigenen. Die Kritiker lobten das Stück einhellig, und Renard rechnete mit einem Erfolg; aber das Publikum lehnte es ab, und nach wenigen Vorstellungen wurde es abgesetzt.
Damals hatte Renard durch den Erfolg seiner Einakter die Bekanntschaft von Theaterleuten gemacht, so mit Tristan Bernard und Capus, beide Dramatiker, und mit Lucien Guitry, dem Schauspieler. Seine besten Freunde aber waren Edmond Rostand und dessen Frau. Nach achtzehnmonatigem Bemühen gelang es Rostand, Renard die Ehrenlegion zu verschaffen. Das kindische Vergnügen, das dieser harte, intolerante Mann an dieser Auszeichnung fand, hat etwas ziemlich Rührendes. Im Journal erzählt er uns, daß er, wenn er in einen Tabakladen ging, um ein Päckchen Zigaretten zu kaufen, nicht darauf habe verzichten können, seinen Mantel aufzuknöpfen, damit der Ladeninhaber das rote Band sähe. Renard fiel es nicht

leicht, Freundschaften zu schließen, und wenn er es tat, blieb er nicht lange dabei. Er sagte selbst, er sollte eigentlich nie Freundschaft schließen, da er immer Streit anfinge. Rostand war der große Literat des Tages, er war sehr gefragt und man machte viel Wesens um ihn. Renard war sich bewußt, daß Rostand ihn zwar für einen guten Schriftsteller hielt, sich selbst aber als den Besseren erachtete. Er schrieb über Rostand: »Er ist der einzige, den ich bewundern kann, obwohl ich ihn verabscheue.« – »Es bricht, es bricht« und eine Zeile weiter: »Traurig wie eine tote Freundschaft.« Zugegeben, es war Renards Schuld, wenn er die Freundschaft Rostands verlor. Er schrieb einen Einakter *La Paix du Ménage*. Ein Paar, Mann und Frau, leben auf dem Lande mit einem anderen Paar. Pierre, der Gastgeber, fühlt sich zu der hübschen Frau seines Freundes hingezogen und ist sicher, daß seine Avancen von ihr nicht zurückgewiesen werden. Sie sprechen offen über die Situation. Pierre sagt der jungen Frau, er sei mit seiner Gattin sehr glücklich und wolle ihr um nichts in der Welt Schmerz zufügen. Sie ihrerseits hat dieselben Gefühle für ihren Mann, und sie kommen zu dem Schluß, es sei nicht der Mühe wert, eine Liebesaffäre zu beginnen. Es ist ein reizendes kleines Stück, und wenn man es auch als einigermaßen zynisch empfinden mag, so hat nun mal gesunder Menschenverstand gelegentlich etwas von Zynismus.
Rostand und seine Frau hatten bei den Renards in Chaumont gewohnt. Er war kein Narr, und als er das kleine Stück las, konnte er nicht umhin zu erkennen, daß es eine Szene wiedergab, die sich zwischen Jules und seiner eigenen Frau ereignet hatte. Zwar war sie ihm nicht untreu gewesen, aber es war nicht sehr angenehm zu wissen, daß die beiden eine derartige Möglichkeit erörtert hatten. Auch im Hinblick auf das, was Rostand für ihn getan hatte, konnte er es nicht als freundschaftliches Verhalten von seiten Renards betrachten, daß dieser die Verführung seiner Frau auch nur in Betracht gezogen hatte. Als Renard ihn bat, zur Premiere zu kommen

– ohne seine Frau, was einigermaßen einfältig war –, fand er seinen Verdacht bestätigt und weigerte sich, zu kommen. Er nannte das kleine Spiel ein Stück böswilliger Reportage. Renard schwor, es sei nichts dergleichen; da er jedoch nie ein Hehl aus der Tatsache gemacht hatte, daß ihm jede Einbildungskraft fehlte, wußte Rostand, daß er log. Es kam die Zeit, daß Renard schreiben konnte: »Rostand ist der Dichter der Massen und denkt, er sei der Poet weniger Auserwählter.«

Mit Ausnahme von Capus und Tristan Bernard verachtete er seine schreibenden Kollegen, aber das hinderte ihn nicht, ihnen überschwengliche Briefe zu schreiben, wenn sie ihm ihre Werke schickten, denn, sagte er, Autoren seien so empfindlich, daß man sie ein gut Teil über Verdienst loben müsse. Über Kritiker schrieb er ziemlich amüsant: »Man sollte nachsichtig mit Kritikern sein, sie sprechen ihr Leben lang von anderen Leuten und niemand spricht von ihnen.«

1908 veröffentlichte er einen Roman mit dem Titel *Ragotte.* Er ist teilweise im Bühnendialog geschrieben, mit dem Namen des Sprechers vor dem Text, wie ein Stück gedruckt ist, und teils als Erzählung. Es ist die Lebensgeschichte des Mädchens für alles bei den Renards, damals sechzig Jahre alt, ihres Mannes Philippe und ihrer Kinder. Ragotte hatte den Dienst angetreten, als sie zwölf war. Sie hatte eine verheiratete Tochter, einen Sohn Paul mit dem sie sich zerstritten hatte, und einen jüngeren Sohn, Joseph, den die Renards nach Paris mitnahmen, um eine Stellung für ihn zu finden. Er wurde krank, kam ins Krankenhaus und starb. Dieses Buch führte zu einem Bruch zwischen Renard und dem *Mercure de France,* dessen ständiger Mitarbeiter er jahrelang gewesen war. Es ist eine einfühlsame und teilweise rührende Geschichte über die verarmten Bauern des Nivernais – die Art von Buch, die ein Kritiker in einer Stunde durchblättert und in dem Gefühl, das sei etwas, das viele Leute mit Vergnügen lesen würden, gut bespricht. Erzählende Literatur wurde beim *Mercure de France* von Rachilde rezensiert, selbst eine ziemlich angesehene Verfasserin von Romanen, die Frau von Alfred Vallette, des Gründers und Chefredakteurs der Zeitschrift. Sie beschäftigte sich mit Renards Roman sehr oberflächlich. Er war tief verletzt, daß ein Buch von ihm, der nicht nur Mitarbeiter, sondern Aktionär und Redakteur des Blattes war, derart behandelt wurde. Er trat als Redakteur zurück, widerrief aber seinen Rücktritt nach wenigen Tagen; er scheint gedacht zu haben, man werde ihm Genugtuung verschaffen, vielleicht durch eine neue, fundiertere Besprechung, aber als die ausblieb, trat er enttäuscht wiederum zurück und verkaufte dann seine Anteile an der Gesellschaft. Alfred Vallette setzte seinen Stolz darein, daß seine Mitarbeiter frei heraus sagen dürften, was sie wollten, wie provozierend auch immer, ohne an die womöglich folgende entrüstete Reaktion zu denken. Es war tatsächlich dieses Prinzip, das weitgehend für den Erfolg des Magazins verantwortlich war. Ich war neugierig genug, in einer alten Nummer des *Mercure de France* nachzusehen, was Rachilde geschrieben hatte, das Jules Renard derart kränken konnte. Sie gönnte seinem Buch am Ende ihres Artikels ganze acht Zeilen. Sie nannte den Titel, äußerte aber weder Lob noch Tadel. Praktisch sagte sie nichts darüber. Keine Kritik hätte verletzender sein können. Sie sagte, jetzt, nachdem Renard Bürgermeister von Chitry und Mitglied der Académie Goncourt sei, könne er Aufträge bekommen zu schreiben, was er wolle, und wenn die Leute Artikel über ihn schrieben, dann zu seinem Lob; sie fügte hinzu, sie habe kürzlich einen solchen Artikel gelesen, und er sei ihr völlig unsinnig erschienen. Man kann nur vermuten, daß Renard irgendwann Rachilde beleidigt hat, wie er so viele seiner Freunde kränkte, und daß sie diese Gelegenheit wahrnahm, um sich an ihm zu rächen.

Ich glaube, *Ragotte* war das letzte Buch, das er schrieb. »Was verdanke ich meiner Familie?« fragte er sich. »Wie undankbar! Sie haben mir meine Werke fix und fertig geliefert.« Um diese Zeit hatte er tatsächlich jeden möglichen Gebrauch von ihnen gemacht und befand sich in der unglücklichen Situation eines Schriftstellers, der keinen Stoff zum Schreiben hat. Er nahm Zuflucht zu seinem *Journal*. »Ich habe die Gewohnheit angenommen, alles niederzuschreiben, was mir begegnet. Ich notiere einen Gedanken, wie er mir kommt, selbst wenn er krankhaft oder kriminell sein sollte. Es ist klar, daß diese Notizen nicht immer den Mann zeigen werden, der ich bin.« Zweifellos machte er einige davon, weil ihre Grausamkeit oder ihr Humor ihn amüsierten. Ein paar Beispiele: »Es genügt nicht, glücklich zu sein, andere dürfen nicht auch glücklich sein.« – »Niemand weiß, wieviel Mut dazu gehört, sich selbst davon abzuhalten, anderen Leid zuzufügen.« – »Wenn jemand mir erzählt, eine Frau habe schlimme Dinge über mich gesagt, antworte ich: ›Das verstehe ich nicht. Schließlich habe ich ihr nie etwas Gutes getan.‹« Er war schüchtern und konnte diese Hemmung nie überwinden; vielleicht war das der Grund, weshalb er sich nie dazu bringen konnte, liebenswürdig zu antworten, wenn jemand etwas Schmeichelhaftes zu ihm sagte. Er sagte selbst, er sei lieber grob als durchschaubar. Zu Anfang des *Journals* hatte er geschrieben, es solle nicht nur Klatsch enthalten, wie es bei den Goncourts häufig der Fall war, sondern helfen, seinen Charakter zu bilden und zu bessern. Ziemlich überraschend schrieb er: »Es gibt kein Himmelreich, aber man muß versuchen, sich so zu verhalten, daß da eines sein sollte.« Er hatte das Gefühl, das *Journal* »leere ihn aus«, es sei keine literarische Arbeit, aber trotz alledem war er sicher, es sei das Beste und Nützlichste, was er in seinem Leben getan hätte. Vielleicht hatte er recht. Ich wüßte nicht, daß irgendein Autor, außer Pepys vielleicht, und der ohne Absicht, ein derart brutal-ehrliches Porträt seiner selbst gezeichnet hätte, wie es Jules Renard tat. Er wurde von Neid zerfressen. »Neid ist keine edle Empfindung«, schrieb er, »aber Heuchelei auch nicht, und ich frage mich, was man gewinnt, indem man eins durch das andere ersetzt.« Er wollte die Bücher seiner Freunde nicht lesen, er könnte ja etwas darin finden, was ihn zur

Bewunderung zwänge. »Der Erfolg anderer verdrießt mich, aber weniger, als wenn er verdient wäre.« Er war sogar eifersüchtig auf Marinettes Zufriedenheit und fast wütend auf sie, weil es ihr möglich schien, mit einem Mann glücklich zu sein, dessen Charakter ihn für alle anderen unerträglich machte. Immerhin konnte er nach siebzehn Ehejahren sagen, das Beste in seinem Leben sei Marinettes Liebe und Treue. »Weib, was ist es«, fragte er einigermaßen rhetorisch, »was dich zu ihm hinzieht?« Die Antwort gab er selbst: »Das Bedürfnis, das er nach mir hat.« An anderer Stelle schrieb er: »Ich verlange nichts von der Vergangenheit. Ich erwarte nichts von der Zukunft. Ich bin ein glücklicher Mensch, weil ich auf das Glück verzichtet habe.« Die tragischste Notiz, die er je machte, war die: »Das Leben wäre unerträglich ohne seine Bitterkeit.«

In dem *Journal* gibt es einen Abschnitt, den man nicht ohne Pein lesen kann. Eines Abends, nachdem Renard mit seinem Faktotum Philippe auf der Jagd gewesen war, bat der Mann ihn zaghaft um eine Lohnerhöhung für seinen Sohn Paul, der auch für ihn arbeitete. Renard bekam einen Wutanfall, ging zu seiner Frau und schickte nach den beiden Männern. »Indem es mir gelang, ruhig zu bleiben, sagte ich Philippe, er habe mich verletzt, ich hätte kein Vertrauen mehr zu ihm, er habe eine Mauer zwischen uns errichtet, und zu Paul, er könne sich eine andere Stellung suchen. Sie waren niedergeschlagen, aßen nur einen Löffel Suppe, schliefen nicht in dieser Nacht, und am nächsten Tag zerfloß Ragotte in Tränen.« Ragotte bat demütig um Vergebung und bat Marinette, ihnen zu verzeihen. »Aus Mitleid, auch aus Egoismus (immer und immer) war ich gerührt: Es war erst das zweitemal, daß ich Ragotte weinen sah. ›Wir waren so verärgert‹, sagte sie. Philippe pulte den ganzen Tag Erbsen, dumm und stumm. Ein alter Knecht mit weißem Haar, unglücklich über sein blödes Gerede, der aber nicht weiß, wie er Abbitte tun soll – was könnte es für den elenden Stolz eines Arbeitgebers Süßeres geben?«

Wenn der Leser, nachdem er hier angekommen ist, zu dem Schluß gelangt, Jules Renard sei ein widerlicher Mensch gewesen, hätte er recht. Niemandem war das besser bewußt als ihm selbst. Aber menschliche Wesen sind nicht alle aus einem Stück. Wären sie das, wäre die Aufgabe des Romanciers einfacher – und seine Romane wären langweiliger. Das Seltsamste daran ist, daß die entgegengesetztesten Eigenschaften sie beherrschen können, so daß diese als Masse von Widersprüchen erscheinen und man nicht versteht, wie sie gemeinsam existieren und sich irgendwie zu einer überzeugenden Persönlichkeit zusammenfügen können. Durch und durch egoistisch, wie Renard war, launisch und leicht beleidigt, war er doch unendlicher Zärtlichkeit fähig. Wenn er von Marinette getrennt war, schrieb er ihr jeden Tag. Er begann seine Briefe mit »Meine Liebe, Liebste«. Einen schloß er mit den Worten: »Auf Wiedersehen und auf bald, mein Liebling. Im Grunde, weißt Du, habe ich nichts als Dich, und wenn Du nicht da bist, läuft alles verkehrt mit mir.« Seine beiden Kinder betete er an. Der Junge hieß Fantec und das Mädchen Baïe. Als er einmal nach Bourges mußte, um einen kurzen Militärdienst abzuleisten, schrieb er am Tag nach seiner Ankunft an Marinette: »Das komische kleine Gesicht, das Du bei meiner Abreise zogst, hat mir viel Freude gemacht. Vielleicht hast Du danach geweint, aber in diesem letzten Moment warst du großartig. Armes Liebes! Ich habe mich auch gut benommen, ebenso Fantec, der im Sand spielte und, ohne sich zu beunruhigen, fragte: ›Du gehst nach Corbigny, Papa?‹ – ›Nein, nach Bourges.‹ – ›Also gut, auf Wiedersehen‹, sagte Fantec, schon tief im Sand. Ich küßte ihn von ganzem Herzen für seine goldige Unbeteiligtheit, und auf meinen Wangen habe ich immer noch Deinen Kuß und den von Baïe.«
Die Kinder wurden allmählich größer. Baïe blieb zu Hause, aber Fantec ging zur Schule. Renards Briefe an ihn sind reizend. Es sind nicht die Briefe eines Vaters an seinen Sohn, sondern die eines Freundes an einen Freund. Er tröstet den Jungen, nachdem er den

erwarteten Preis nicht bekommen hat, und lobt eine Abhandlung, die ihm aufgegeben war. »Was mir besonders gefällt, ist, daß Deine Sprache Fortschritte gemacht hat. Sie ist stark, kraftvoll und klar. Du sagst jetzt, was Du sagen willst – wenn Du wüßtest, wie selten diese Eigenschaft ist! Und man verliert sie, sobald man sich vor allem Stil wünscht.« Wenn man an seine hingebungsvolle Liebe zu seiner lieben Marinette und zu seinen zwei Kindern denkt, kann man ihm seinen Neid, seine Eifersucht auf den Erfolg anderer, seine Flegelhaftigkeit leicht vergeben; er war ein Mann, den seine unglückliche Kindheit, die Härte seiner Jugend und eine Schüchternheit, die fast krankhaft war, charakterlich verbogen hatte; er besaß außerordentliche Herzensqualitäten.

Ich habe nur noch wenig über Jules Renard zu sagen. 1907 wurde er zum Mitglied der Académie Goncourt gewählt. Das bedeutete für ihn ein regelmäßiges Einkommen von viertausend Franc im Jahr. Das war weniger, als die Goncourts ihren Akademiemitgliedern zugedacht hatten, war aber jedenfalls willkommen, denn als Journalist wurde er jämmerlich bezahlt. Damals war die einzige Art, auf die ein Autor angemessen Geld verdienen konnte, das Schreiben für die Bühne. Renards Einakter brachten ihm wenig ein. Die Direktoren wollten Stücke in drei Akten. Das gelang Renard einfach nie. Vielleicht durch Léon Blum, der noch reiner Literat war, war er mit Jean Jaurès bekannt geworden, der 1914 von einem Fanatiker ermordet werden sollte, und durch seinen Einfluß wurde er Sozialist. Mit seiner gewöhnlichen, bitteren Selbsterkenntnis notiert er in seinem *Journal:* »Wäre ich ein Sozialist, wenn ich einen Dreiakter schreiben könnte?« Er schrieb zwar nicht viel, war aber in anderer Weise tätig. Als Bürgermeister seines Dorfes kam er den ihm obliegenden Pflichten eifrig nach. Er hielt im Departement politische Reden und übernahm den Vorsitz bei politischen Banketten. Er hielt gutbesuchte Vorträge im Odeon. Er hatte die Jagd stets leidenschaftlich geliebt, fand aber plötzlich am Töten von Vögeln kein Vergnügen mehr. Eines Tages, als er mit dem Gewehr draußen war, stieg eine Lerche auf. Er schoß, nicht um zu töten, sondern um zu sehen, was passieren würde. Der kleine Vogel lag auf dem Bauch, der Schnabel ging auf und zu. »Lerche«, schrieb er im *Journal*, »werde zum zartesten meiner Gedanken, dem innersten meiner Gefühle der Reue. Du starbst für andere. Ich zerriß meine Lizenz und hängte mein Gewehr an den Nagel.«

Daß Renard einen Bruder und eine Schwester hatte, konnte ich nur beiläufig erwähnen. Sie gingen ihre eigenen Wege. Er behandelte sie mit Wohlwollen und half ihnen notfalls mit gutem Rat und Geld. Gegen Ende 1909 schrieb er seiner Schwester in einem Brief, es sei ihm in letzter Zeit nicht gutgegangen. »Aber Marinette ist da, und ich auch, und wir werden uns um uns kümmern.« Im folgenden Jahr schrieb er ihr, die Ärzte sagten, er leide an Arteriosklerose und sei bedroht – »Oh, viel später, in dreißig Jahren oder so, von inneren Blutungen, Senilität und teilweisen Lähmungen.« Wahrscheinlich um sie zu beruhigen, schrieb er ihr im März wieder, um zu sagen, er sei außer Gefahr. »Die mysteriöse Krankheit Arteriosklerose verschafft mir stets eine gewisse Beklemmung, auf die ich achten muß, aber es existiert keine unmittelbare Bedrohung. Ich versuche, damit zu leben. Vielleicht muß man leicht erkrankt sein, um voll und mit Verstand zu leben.« Am 6. April 1910 schrieb Renard an Lugné, den Schauspieler und Direktor, er wolle sein Stück *Poil de Carotte* auf den Spielplan der Comédie Française gesetzt sehen. Am nächsten Tag starb er, erst sechsundvierzig Jahre alt. Wenn man die lange Qual seines Lebens bedenkt, kann man sich des Eindrucks nicht erwehren, sein Unglück sei gewesen, mit einer Begabung, sogar mit einer beachtlichen, geboren zu sein, jedoch ohne schöpferische Kraft. Er wäre ein glücklicherer Mensch gewesen, wenn er nie eine Zeile geschrieben hätte.

4 Nun komme ich zum letzten meiner drei Tagebuchschreiber. Paul Léautaud war der sonderbarste, der anrüchigste, der abscheulichste, aber meiner Ansicht nach der sympathischste der drei. Obwohl er wenig produziert hat, zwei kurze autobiografische Romane, zwei Bände Theaterkritiken und eine Reihe von Artikeln, von denen die meisten im *Mercure de France* erschienen, neige ich zu der Überzeugung, er habe ein bemerkenswertes und individuelles Talent gehabt. Er hatte Züge, die einen schockieren, und Züge, die einem Bewunderung abzwingen. Er war ein Egoist, aber ohne jede Eitelkeit, ein Wüstling ohne Leidenschaft, zynisch und gewissenhaft, schrecklich arm, aber uninteressiert an Geld, rauh im Umgang mit seinen Mitmenschen, aber mitfühlend mit Tieren, verbissen unabhängig, gleichgültig gegenüber der Einschätzung anderer, ein brillanter Gesprächspartner mit scharfem Witz, wahrhaftig, ehrlich, aber heiter-tolerant gegenüber der Unehrlichkeit von anderen – insgesamt ein sehr sonderbarer Mann, wie man bemerken wird, wenn ich, so gut ich kann, etwas von ihm erzähle. Die Quellen sind die beiden Romane, die ich erwähnt habe, *Le Petit Ami* und *In memoriam,* die vier Bände seines *Journals* von 1893 bis 1924 und seine Radio-Interviews mit Robert Mallet, die er von November 1950 bis Juli 1951 gab. Sie waren es, in ihrer Offenherzigkeit, ihrer Würze und ihrer Enthüllung eines ungewöhnlichen Wesens, die ihm im Alter von Achtundsiebzig, nach der langen Obskurität seines Lebens, brachten, was ich nicht Ruhm, aber doch Berühmtheit zu nennen wage.

1872 wurde Paul geboren. Sein Vater, Firmin Léautaud, Sohn eines Bauern aus den Basses-Alpes, kam erst mit Zwanzig nach Paris; in diesem Alter wurde er bei einem Onkel in die Lehre gegeben, der als Juwelier und Uhrmacher arbeitete und einen Laden auf dem Montmartre besaß. Nach dem Tod seines Onkels trat er ins Konservatorium ein und wurde schließlich Schauspieler. Anscheinend kein guter, denn nach ein paar Jahren gab er seinen Beruf auf und wurde Souffleur an der Comédie Française, eine Stellung, in der er etwa dreißig Jahre lang blieb. Neben seiner Tätigkeit als Souffleur bildete er die jüngeren Mitglieder des Ensembles in Sprechtechnik und Diktion aus. Er war ein gutaussehender Mann – so faszinierend, daß er eine Frau nur mit seinen schönen Augen anzuschauen brauchte, und es war um sie geschehen. Zu der Zeit, von der ich jetzt spreche, lebte eine Schauspielerin namens Fanny mit ihm auf dem Montmartre. Eines Abends kam Fannys jüngere Schwester, siebzehn, zu ihnen auf Besuch. Es wurde spät, und sie wollten nicht, daß sie allein nach Montparnasse zurückginge, wo ihre Eltern wohnten; deshalb schlug Léautaud vor, sie solle die Nacht bei ihnen verbringen. Da es in der Wohnung nur ein Bett gab, schliefen die drei zusammen, mit Léautaud in der Mitte. Ich weiß nicht recht, wie ich das, was geschah, in Worte kleiden soll, die nicht unanständig wirken: Nach einigem amourösem Geschäker mit Fanny wandte Léautaud seine Aufmerksamkeit ihrer Schwester zu. Am nächsten Tag warfen ihre Eltern sie wegen ihres Fehltritts hinaus, und da sie nicht wußte, wohin, kehrte sie zu Fanny und Léautaud zurück. Ein paar Tage später verließ Fanny beleidigt die Wohnung, und Jeanne blieb. Nach angemessener Zeit bekam sie ein Kind. Da Vater und Mutter getrennt beim Theater waren, wurde es in Pflege gegeben. Das war die Herkunft von Paul Léautaud. Er kam erst mit über zwei Jahren zu seinem Vater zurück; um diese Zeit hatten Firmin und Jeanne sich getrennt. Firmin engagierte eine Schwester für seine Pflege. Sie hieß Marie Pezé, und er liebte sie, als wäre sie seine Mutter. Er schlief nicht in der Wohnung in der Rue des Martyrs, teils, weil man ihn nachts nicht allein lassen konnte, und teils, weil sein Vater selten ohne neue Geliebte nach Hause kam. Als Paul fünf war, kam seine Mutter auf dem Weg nach Berlin in ein neues Engagement oder zu einer neuen Liebschaft mit ihrer Mutter und besuchte ihn in der Dachkammer seiner Pflegerin. Er lag zu Bett, krank und sehr mürrisch, mit dem Rücken gegen die zwei Frauen. Marie Pezé mußte ihn zwingen, ihnen Guten Morgen zu sagen. Nie vergaß er die Bemerkung seiner Mutter: »Mein Gott, ist das Kind unliebenswürdig!« Sie blieben fünf Minuten, und es vergingen drei Jahre, ehe er sie wiedersah. Eines Tages erschien sie in der Rue des Martyrs, und Paul wurde hereingebracht. Er war scheu, wagte sie kaum anzusehen und redete sie schüchtern mit »Madame« an. Sie arrangierte, daß er am nächsten Tag in das Haus käme, wo sie ein Zimmer genommen hatte, dann könnten sie den Tag zusammen verbringen, und danach würde sie ihn in der Wirtschaft abgeben, die sein Vater auf dem Rückweg vom Theater zu besuchen pflegte. Er ging wie geplant. Er fand seine Mutter im Bett sitzend, das Haar ziemlich wirr, die Arme nackt und das Nachtgewand verrutscht, mit entblößtem Busen. Sie nahm ihn in die Arme, zog ihn an ihre Brust und küßte ihn. Sie war sehr hübsch, geschmeidig, lebhaft und graziös. Sie zog sich an, und sie gingen zum Mittagessen mit seinem Vater. Danach nahmen sie eine Droschke und fuhren in den Zoo. Paul durfte auf einem Pony reiten. Dann gingen sie ins Restaurant im Palais Royal und aßen zu Abend. Danach nahm Jeanne ihn in ein Stück im Châtelet mit. Sie gingen kurz vor Schluß und weiter zu den Folies-Bergère. Seine Mutter ging sofort ins Foyer, um mit alten Freunden zu plaudern. Er konnte es kaum fassen, wie viele Leute sie kannte. Sie begrüßten sie wie eine langverlorene Schwester. Ab und zu deutete sie auf ihn und erklärte, wer er war. »Oh, Ihr Sohn. Er ist süß.« Als Schluß war, gingen sie mit einer Gruppe in einer benachbarten Wirtschaft soupieren. Dann brachte Jeanne ihn in das Lokal zurück, wo sein Vater auf ihn wartete. Sie küßte ihn und ging. Zwei oder drei Jahre sah er sie nicht wieder und dann nur für eine halbe Stunde. Danach hörte er zwanzig Jahre nichts von ihr. Man sagte ihm, sie habe geheiratet. Der Tag, den er mit seiner Mutter verbrachte, war seine kostbarste Erinnerung.

Als Paul acht war, gabelte sein Vater ein Mädchen namens Louise auf, die im selben Viertel wohnte. Sie war fünfzehn und er achtundvierzig. Sie verbrachte mehrere Nächte mit ihm. Außer sich, protestierte Marie Pezé, er gebe dem kleinen Jungen ein miserables

Beispiel, woraufhin Firmin die Fassung verlor und ihr – zu Pauls bitterem Kummer – kündigte. Von nun an lebte er mit dem Mädchen zusammen. Paul bekam ein winziges Zimmer in der Wohnung. Bis dahin war er ganz glücklich gewesen, aber er vertrug sich schlecht mit der neuen Geliebten und warf eines Tages ein Tintenfaß nach ihr, wofür er schlimme Prügel bezog. Sein Vater blieb unverändert brutal, nachlässig und liederlich. Jeden Abend nach dem Essen wurde Paul in seine Kammer eingesperrt und ungeachtet seiner Tränen allein und verängstigt der Dunkelheit überlassen.
Nach ein oder zwei Jahren entschloß sich Firmin, außerhalb der Stadt zu leben, und nahm ein Haus in dem nahen Vorort Courbevoie. Dort ging Paul zur Schule. Mit Fünfzehn ging er in Paris zur Arbeit. Er verdiente fünfundzwanzig Franc, die sein Vater für seinen Unterhalt kassierte. Die nächsten Jahre von Léautauds Leben kann ich ganz schnell übergehen. Er trat seinen Militärdienst an, wurde aber wegen seiner Kurzsichtigkeit nach sieben Monaten entlassen. Er fand eine Stellung bei einem Handschuhgroßhändler und begann Verse zu schreiben. Nachdem er diese Stellung hingeworfen hatte, fand er eine als dritter Schreiber in einer Anwaltskanzlei. Die Arbeit gefiel ihm, und er blieb zehn Jahre. Dann trat er in das Büro eines gewissen Lemarquis ein, eines Konkursverwalters. Er war offenbar befähigt, denn er erhielt wichtige Aufträge. Unter anderm hatte er den Grundbesitz eines Mannes zu verwalten, der bei seinem Tode zwei Millionen Franc, damals achtzigtausend Pfund, und enorme Schulden hinterlassen hatte. Lemarquis beauftragte ihn, das Geschäft so durchzuführen, daß für die Witwe soviel wie möglich übrigblieb. Er tat dies so zufriedenstellend (und einigermaßen skrupellos), daß er eine hübsche Gratifikation erhielt, als die Verhandlungen mit den Gläubigern zu Ende waren.
Während dieser langen Zeit war er gewohnt, nach des Tages Arbeit eine Crèmerie in der Nähe der Folies-Bergère aufzusuchen, wo die Prostituierten ihre Mittags- oder Abendmahlzeiten einnahmen, ehe

sie sich ankleideten und in der Hoffnung, Kunden zu finden, in die Cafés und Varietés gingen. Er wurde bald gut Freund mit ihnen. Sie fragten ihn um Rat wegen eines neuen Hutes oder Kleides. Sie zeigten ihm ihre Briefe, und er schrieb ihnen einen Entwurf für die Antwort, die sie senden sollten. Manchmal begleitete er sie in ein Café. Sie wußten, daß er kein Geld hatte, und schenkten ihm Zigaretten und Schokolade. Wenn eine bis zum Ende des Abends gar nicht ins Geschäft gekommen war, kam es vor, daß sie ihn bat, mit ihr nach Hause zu gehen, nicht immer um Liebe zu machen, sondern zuweilen nur, um friedlich schlafen zu gehen. Manchmal bat die eine oder andere ihn, sie am Nachmittag zu besuchen, und dann plauderten sie stundenlang. Sie sprachen von ihrer Jugend, und Léautaud erzählte von seiner Mutter. Er behauptete, diese Freundinnen hätten ihn viel gelehrt. Vielleicht war das so.

Infolge einer Auseinandersetzung mit Lemarquis, die zu seiner Entlassung führte, fand sich Paul, dazumal Ende Zwanzig, ohne Stellung und ohne Lebensunterhalt außer der Gratifikation seines Chefs. Er teilte sich ein Zimmer mit Van Bever, einem minderen Literaten, der sein Mitschüler gewesen war. Beide waren arm und elend. Pauls Vater gab ihm nichts, aber seine Tante Fanny hatte nie das Interesse an ihm verloren und bemühte sich, ihn ein- oder zweimal im Jahr zu sehen. Sie gab ihm hie und da ein paar Franc und schickte ihm Kleidung; die war billig und häßlich, aber er war dankbar dafür. Er schrieb weiter Verse. In der Hoffnung, sie veröffentlicht zu sehen, bat er Van Bever, ob er ihm nicht von Lugné Poë, dessen Sekretär Van Bever damals war, eine Empfehlung an Alfred Vallette, den Herausgeber des *Mercure de France,* beschaffen könne. Als Léautaud ihn mit dem Brief aufsuchte, sagte Vallette zu ihm: »Man braucht keine Einführung, um hierherzukommen. Die einzige Empfehlung sind Ihre Verse, ob gut oder schlecht.« Wenige Wochen später sah sich Léautaud gedruckt.

Er hatte auf Vallette einen guten Eindruck gemacht. Léautaud war ein glänzender Unterhalter. Scharf, aber geistreich. Seine Entgegnungen kamen prompt, waren oft gefühllos, aber stets amüsant. Viele Jahre später gab er einen ganz kleinen Band heraus, *Propos d'un Jour*, eine Sammlung von Epigrammen, Aphorismen und Witzen. Als die Kritiker feststellten, zu viele stammten von ihm selber, gab er zurück, die meisten Leute seien so dumm, nur selten treffe er auf Bemerkungen, die so gut seien wie seine eigenen. Vallette, der die Unterhaltung mit ihm genoß, gab ihm den vernünftigen Rat, Prosa zu schreiben, und so verfaßte er während der nächsten drei oder vier Jahre eine Reihe von Essays, die in der Zeitschrift erschienen. Sie sind elegant geschrieben in einer Art, wie sie zur damaligen Zeit vermutlich beliebt war, die aber Léautaud bald zugunsten einer gefälligeren Einfachheit aufgab. Er wurde regelmäßiger Mitarbeiter des *Mercure de France*; er besprach Bücher und veröffentlichte zusammen mit Van Bever eine Anthologie der Gegenwartsdichtung, die beträchtlichen Erfolg hatte. Ich habe nicht die Absicht, die zwei oder drei mehr oder weniger ernsthaften Liebesgeschichten zu schildern, wenn man sie so bezeichnen will, die Léautaud erlebte. Sie sind uninteressant. Er sagte selbst: »Liebe interessiert mich zu wenig.« Van Bever heiratete, und zu Beginn des Jahrhunderts finden wir Léautaud in einem winzigen Appartement mit einer jungen Frau namens Blanche. Léautaud mochte sie; sie gab ihm Ruhe und störte ihn nicht bei der Arbeit. Er begann einen Roman, der auf Vallettes Vorschlag hin *Le Petit Ami* heißen sollte. Es handelte sich in großen Zügen um eine Schilderung von Léautauds frühen Jahren; aber als er mit seinen Erinnerungen an die Prostituierten, mit denen er umgegangen war, fertig war und zum Schluß eine reizende und anrührende Schilderung des Todes einer von ihnen namens La Perruche gegeben hatte, befand er sich in einer Sackgasse. Dann geschah etwas, was er selbst später einen glücklichen Umstand nannte. Er bekam ein Telegramm von seiner Großmutter, Madame Forstier, mit der Mitteilung, seine Tante Fanny sei schwerkrank, und

er müsse sofort kommen, wenn er sie noch einmal sehen wolle. Die alte Dame und ihre Tochter hatten eine Reihe von Jahren in Calais gelebt, wo Fanny als Schauspielerin zu dem Ensemble des Repertoiretheaters gehört hatte, das dort spielte. Paul nahm an, daß man nach seiner Mutter Jeanne geschickt hätte. Er hatte sie seit zwanzig Jahren nicht gesehen, erinnerte sich aber immer noch des reizenden, liebenswürdigen Geschöpfs, mit dem er vor so langer Zeit einen Tag verbracht hatte. Er fragte sich, wie sie auf ihn wirken würde. Er fürchtete, eine ziemlich mitgenommene, seriöse Dame vorzufinden, und war halb entschlossen, nicht zu fahren. Er fuhr doch. Als er in Calais ankam, begann seine Großmutter, die er nur einmal im Leben und da nur fünf Minuten lang gesehen hatte, sofort, mit ihm über seine Mutter zu sprechen. Paul wußte, daß sie geheiratet hatte, aber jetzt erfuhr er, daß sie mit ihrem Mann und ihren zwei Kindern in Genf lebte. Ihr Ehemann, ein Mann von einiger Bedeutung, hatte sich in sie verliebt, als sie in Genf als Schauspielerin engagiert war und seine Geliebte wurde. Sie gebar ihm einen Jungen und ein Mädchen, und schließlich heiratete er sie. Madame Forstier erklärte Léautaud, seine Mutter habe kein einziges Mal von ihm gesprochen. Er fand, es könne ihr peinlich sein, ihn ohne Vorwarnung hier untergebracht zu finden. Seine Großmutter sagte, das spiele keine Rolle: Sie würde ihn nicht erkennen.
Paul war Dreißig. Er war klein, mit einem dichten braunen Bart und einem Schnurrbart. Er trug eine Stahlbrille. Sein Hemd war zwar sauber wie stets, aber er wirkte so schäbig, daß seine Großmutter ihm zehn France gab, um sich auf der Stelle ein Paar neue Hosen zu kaufen. Seine Mutter kam um halb zwei Uhr nachmittags. Er schaute über das Geländer und sah eine Frau im schwarzen Kleid mit einem kleinen Koffer in der Hand heraufkommen. Er erkannte sie sofort. Er sagte seiner Großmutter, sie sei auf dem Weg, und schloß sich in sein Zimmer ein. Jeanne betrat die Wohnung, gab ihrer Mutter einen Kuß, legte Hut und Mantel ab und ging hinein zu ihrer Schwester.

Dann erkundigte sie sich nach dem Mittagessen. Sie mußten in der Küche essen, und um da hinzukommen, mußten Mutter und Tochter das Zimmer passieren, in dem Léautaud saß. Seine Mutter verbeugte sich leicht und sagte »Bonjour, Monsieur.« Er antwortete: »Bonjour, Madame.« Als sie die Küche betraten, hörte er seine Mutter fragen, wer das sei. Um die Antwort nicht hören zu müssen, machte er ein Geräusch in seinem Zimmer. Später sagte seine Großmutter zu ihm: »Ich habe lieber nicht gesagt, wer du bist. Es hätte ihr peinlich sein können. Ich sagte, du wärst ein Freund, jemand vom Theater, der uns zu Hilfe gekommen sei.« Léautaud glaubte ihr kein Wort. Seine Mutter wußte genau, wer er war, wollte aber so tun, als wisse sie es nicht. Erst als sie nach Genf zurückgekehrt war, sagte seine Großmutter ihm die Wahrheit. Als Jeanne fragte: »Wer ist das?« hatte sie geantwortet: »Das ist Paul.« – »Wer ist Paul?« – »Nun, dein Sohn.«

Nach einer Weile kam Jeanne jedenfalls zu ihnen zurück, und die beiden Frauen begannen zu plaudern. Sie sprach liebevoll von ihren Kindern. Dann sagte die Großmutter zu Léautaud, er müsse ein Zimmer in einem nahegelegenen Hotel nehmen, da ihre Tochter sein Bett brauche. »Ich bitte um Entschuldigung, Monsieur, daß ich Sie veranlasse auszuziehen«, sagte seine Mutter dann zu ihm. »Dazu besteht kein Grund, Madame«, antwortete er. »Es ist das mindeste, was ich tun kann.«

Das Eis war gebrochen, und während die alte Dame ihrem Haushalt nachging, fragte ihn Jeanne nach Pariser Neuigkeiten, sprach von der Comédie Française und erkundigte sich nach Freunden von früher. Er erzählte ihr alles, was er wußte. Wie ich bereits sagte, war er ein witziger Gesprächspartner, und er amüsierte sie.

Nach dem Essen saß Léautaud mit seiner Mutter in Fannys Zimmer. Nach einiger Zeit sagte sie: »Hör zu, Paul, ich weiß, wer du bist.« Leise begann sie von ihrer frühen Jugend, von ihren ersten Liebesabenteuern mit Fünfzehn oder Sechzehn, von Mann und Kindern zu sprechen. Dann erklärte sie ihr langes Schweigen. Oft hatte sie Fanny und ihre Mutter nach ihm gefragt, aber nichts erfahren. Vor zwei oder drei Jahren hatte sie seinen Namen in Zusammenhang mit etwas, das er für den *Mercure* geschrieben hatte, gelesen. Ach, wenn sie nur seine Adresse gekannt hätte! 1900 fuhr sie mit Mann und Kindern zur Weltausstellung nach Paris. Wie hätte sie sich geeilt, zu ihm zu kommen, hätte sie bloß seinen Aufenthalt gewußt. Léautaud wußte, daß in allem, was sie sagte, kein Wörtchen Wahrheit war. Schließlich hätte sie ihm nur an die Redaktion des *Mercure* zu schreiben brauchen. Er sagte nichts. Als sie alles gesagt hatte, brachte er sie in ihr Zimmer. Sie küßte ihn. In seinen Augen war sie immer noch jung und begehrenswert. Er legte den Arm um ihre Taille und umarmte sie, küßte ihren Hals, ihre Augen, ihren Busen. »Mach dir nichts draus«, sagte er. »Woraus?« – »Ich weiß nicht, aber ich küsse dich nicht wie eine Mutter.« Während sie das Bett aufschlug, sagte er zu ihr: »Ich gehe ins Wohnzimmer. Wenn du im Bett bist, komme ich wieder und setze mich zu dir.« Obwohl er hartnäckig war, ließ sie das nicht zu, und er ging in sein Hotel. Bei seiner Rückkehr am nächsten Morgen erfuhr er, daß Fanny tot war.

Léautaud mußte sich um eine Menge Dinge kümmern, aber den Nachmittag und Abend konnten er und Jeanne zusammen verbringen. Sie redeten. Sie fragte ihn über sein Liebesleben aus. Sobald sie allein waren, legte sie den Arm um seinen Hals und sagte: »Küß mich schnell. Was würden die Leute sagen, wenn sie uns heimlich Küsse austauschen sähen.« Und ein andermal: »Wir sehen aus wie ein Liebespaar, nicht? Was wäre vor zehn Jahren wohl geschehen?« Er konnte sich nur vorstellen, daß er sie mit denselben Gefühlen wie eine Geliebte geküßt hätte – wohl seine Mutter, aber schließlich ein Weib wie jedes andere. Für sie war er auch nur ein Mann, und ein junger Mann dazu. Er dachte an ihren schlanken, graziösen Körper und fragte sich, was sie wohl dächte, wenn sie ihn ansah. Sie küßte ihn noch einmal, als er sich für die Nacht verabschiedete, und er sagte: »Du ahnst nicht, wie sehr ich dich liebe.« Er fragte sich, ob sie dasselbe leidenschaftliche Gefühl für ihn hätte. Wer weiß – locker, wie sie gelebt hatte und nach den Fragen zu urteilen, die sie ihm gestellt hatte, noch zu leben schien?

Während Léautaud diese erschütternden Empfindungen durchmachte, vergaß er nicht das unvollendete Buch, das er in Paris zurückgelassen hatte. Vom Augenblick der Ankunft seiner Mutter an machte er sich bei jeder Gelegenheit Notizen. Einmal beobachtete sie ihn dabei und fragte ihn, was er da mache. Er sagte, er schreibe seine Ausgaben auf. Nachts allein in seinem Hotelzimmer dachte er über alles nach, was geschehen war. Er sagte sich, die Zärtlichkeit seiner Mutter habe nicht viel zu bedeuten. Aber schließlich, sagte er sich, dürfe man von der armen Frau nicht zuviel verlangen; sie tat, was sie konnte. Er nahm sein Notizbuch und schrieb alles auf, was sich während des Tages ereignet hatte. Das Kapitel in *Le Petit Ami,* in dem er dies beschreibt, schließt er mit den Worten: »Größe des Literaten! Mag er ein Sohn sein, mag er seine Mutter nach zwanzig Jahren Trennung wiedergefunden haben, sobald er ein Buch in Arbeit hat, geht das allem vor. Es gibt nichts, was man gefühlt, gehört oder gesehen hat, das nicht hineingehört, so heilig es auch sein mag. Es mag sein, daß diese Dinge nicht ganz so geheiligt sind.«

Am nächsten Tag war ein Trauergottesdienst für Fanny, die in Paris bestattet werden sollte. Als er beendet war, gingen die beiden Frauen und Léautaud nach Hause. Es war ausgemacht, daß er den Sarg am selben Abend nach Paris begleiten sollte. Jeanne wollte am folgenden Tag abreisen. Da sie drei Stunden in Paris auf ihren Zug nach Genf würde warten müssen, verabredeten sie, Léautaud solle sie am Bahnhof abholen, um ihr seine Wohnung zu zeigen und danach mit ihr zu Abend zu essen. Er kam um fünf Uhr morgens in Paris an, und gegen zehn war alles vorbei und Fanny begraben. Er schickte Blanche für ein paar Stunden weg, damit seine Mutter nicht erführe, daß er mit einer Frau zusammenlebte. Der Tag kam ihm sehr lang vor, und um fünf Uhr war er eine Stunde zu früh am Bahnhof. Unterwegs hatte er einen Veilchenstrauß gekauft. Der Zug fuhr ein. Seine Mutter war nicht darin. Er wartete bis acht Uhr, wartete einen Zug nach dem anderen ab. Niemand. Dann fiel ihm ein, sie könne möglicherweise ihren Plan geändert und ihm ein Telegramm geschickt haben, sie sei in Calais aufgehalten worden. Er nahm ein Taxi, für ihn ein schrecklicher Luxus, und fuhr zu seiner Wohnung. Nichts. Er eilte zurück und erreichte die Gare de Lyon um acht Uhr fünfundvierzig. Der Zug nach Genf sollte um acht Uhr fünfzig abfahren. Er stürzte auf den Bahnsteig und den Zug entlang.

Jeanne saß still und friedlich in der Ecke eines Waggons und beobachtete die Vorübergehenden. Er sprang hinein. »Nanu, mein Junge, was ist los?« sagte sie. Er brach in Tränen aus. Sie redete ihm gut zu. Schließlich war es nur eine Verabredung, die nicht geklappt hatte. »Armer Junge«, sagte sie. »Wir bringen all das in Ordnung. Wir sehen uns wieder. Alles wird wieder gut.« Sie küßte ihn. Sie war von Päckchen umgeben, und es war klar, daß sie keinen Augenblick vorgehabt hatte, ihn zu treffen, sondern den Zug bei einer früheren Station verlassen und Einkäufe gemacht hatte. Es kann gut sein, daß sie nicht zwei oder drei Stunden allein mit dem unbekannten Sohn zubringen wollte, dessen überschwengliche Zuneigung ihr einigermaßen peinlich war. Die Träger schlossen die Coupétüren. Sie bot ihm ein Fünffrancstück an, das Paul bitter gekränkt ablehnte. Er legte den bis dahin ziemlich zerdrückten Veilchenstrauß auf den Sitz neben ihr und ging. In Blanches Armen weinte er die ganze Nacht. Bei ihrer Ankunft in Genf schickte Jeanne eine Postkarte an Madame Forstier. Darauf stand: »Der Zug kam eineinviertel Stunden zu spät in Paris an. Ich habe Paul nicht gesehen. Wurde er es leid zu warten? Das bekümmerte mich, und ich weiß nicht, was ich denken soll.«

Am Tag nach diesen Ereignissen schrieb Paul seiner Mutter einen zehn Seiten langen Brief, warf ihr vor, wie grausam sie ihn behandelt habe, sagte aber, daß er sie von ganzem Herzen liebe. Am gleichen

Tag schrieb sie ihm aus Genf. »Nur ein Wort in Eile«, begann sie, »um Dich meiner Zuneigung zu versichern, warum mußte es dieses elende Ungeschick geben, das mir die entzückenden Stunden raubte, die ich mit Wonne mit Dir verbringen wollte, und was für eine Nacht habe ich in dem scheußlichen Zug zugebracht, der mich von Dir wegführte.« Und sie schloß: »Auf Wiedersehen, mein Liebes, nimm die zärtlichen Küsse Deiner Mutter, die Dich nie vergessen hat und der Deine Gegenwart einen Sonnenstrahl ins Herz gepflanzt hat.« Léautaud bemerkte, als er diesen Satz las: »Sie muß ein paar sehr miese Bücher gelesen haben.«

Von da an schrieben sie sich eine Zeitlang fast jeden Tag. Jeannes Briefe waren gefühlvoll, Pauls leidenschaftlich. In einem schrieb sie: »Ich muß Dir sagen, daß die Art von Gefühl, die Du mir zeigst, mich oft verletzt und verwirrt, bis jetzt habe ich vieles Deiner Sentimentalität zugeschrieben, aber Deine Briefe, die ich gern aufbewahrte, sind manchmal so zweideutig, daß sie gefährlich werden könnten, und ich denke, ich werde sie vernichten; was mich ebenso schmerzt, ist, zu sehen, wie Du meine Briefe auslegst, und wie sehr mir die Bewunderung, die Du mir erweist, auch schmeichelt, finde ich sie doch übertrieben und peinlich.« Seltsamerweise riet sie Paul in einem Brief, einen Roman über seine frühen Jahre zu schreiben. Sie bedachte nie, daß er bereits einen großen Teil davon geschrieben hatte und sich gerade mit den ausführlichen Notizen beschäftigte, die er während der drei Tage ihres gemeinsamen Aufenthalts in Calais gemacht hatte. Es ergaben sich finanzielle Fragen, die zur Spannung zwischen ihnen beitrugen. Léautauds Großmutter hatte eine Schwäche für Paul entwickelt und ihm ihren Besitz an Wertpapieren übergeben unter der Bedingung, daß er ihr zu ihren Lebzeiten die Dividende zukommen ließe und sie nach ihrem Tod erben sollte. Sie teilte die Absicht ihrer Tochter mit, die entrüstet war. »Du wirst doch nicht alles, was du hast, diesem Menschen geben, den wir gar nicht kennen!« Bedenkt man, daß

ihr Mann wohlhabend war und ihr Sohn dagegen keinen Pfennig besaß, war das von ihr nicht großzügig.
Es würde zu weit führen, wollte ich die Korrespondenz zwischen Léautaud und seiner Mutter ausführlich schildern. Sie beklagte, er läse mehr hinein, als sie meinte. Sie setzte sich in den Kopf, er mache ihr die lange Vernachlässigung zum Vorwurf. Sie fürchtete sich davor, er könne nach Genf kommen, und flehte ihn an, das nicht ohne ihre Einwilligung zu tun. Schließlich bat sie ihn um Rückgabe ihrer Briefe. Er schickte sie nicht, und sie bat wieder darum; dann schrieb sie: »Nur eines bedaure ich, und das ist, Dir aus Pflichtgefühl die Illusion einer Zuneigung verschafft zu haben, die ich nicht empfinden konnte, da ich Dich nicht kannte, und die ich jedenfalls hätte besitzen können, hättest Du Dich ihrer würdig gezeigt. Ich kann mir nur gratulieren, daß ich Dich nicht großgezogen habe, sonst müßte ich mich zutiefst gedemütigt fühlen. Ob Du also nach Genf kommst oder nicht, ist mir gleichgültig; es werden Dich zwei erwarten, mein Gatte und ich ...« Seine Antwort fiel bissig aus. Ihre Gegenantwort endete mit den Worten: »Ich wiederhole dir, daß Du mir so gleichgültig bist, daß Du so wenig mein Sohn bist, daß Dein schändliches Benehmen mich weder trifft noch demütigt; es wäre bestimmt besser gewesen, wenn ich Dich nie beachtet hätte, aber was dann? Du wirst in meinem Leben nichts anderes gewesen sein als ein schlechter Traum, der, glaube mir und trotz allem, bald aus meinem Gedächtnis schwinden wird.« Danach antwortete sie nicht mehr, obwohl er weiter an sie schrieb. Sie antwortete nicht einmal, als er ihr in zwei Zeilen mitteilte, daß sein Vater, ihr ehemaliger Liebhaber, gestorben sei.
Als *Le Petit Ami* erschien, wurde viel davon gesprochen, es gab viel Lob und viel Tadel. Aufgrund des engen Bandes, das in Frankreich zwischen Mutter und Sohn besteht, ein Band, das häufig nur konventionell, meist aber aufrichtig ist, waren viele Leser offen entsetzt. Daß Paul sein inzestuöses Begehren nach seiner Mutter

öffentlich gemacht hatte, daß sie es, wenn schon nicht ermutigte, so doch nicht entmutigte, war ein Schock. Daß er sagte, sie hätten sich als Fremde gegenübergestanden, machte es nicht besser. Sie wies seine leidenschaftlichen Umarmungen nicht zurück, kaum waren sie allein, küßte sie ihn liebevoll, und sie war es, die sagte, sie seien eher wie ein Liebespaar als wie Mutter und Sohn. Sie verstieg sich sogar zu der Andeutung, wären sie sich zehn Jahre früher begegnet, als er Zwanzig war, hätte alles anders werden können. Man bekommt den Eindruck, seine Leidenschaft habe ihr durchaus nicht mißfallen, und wenn sie nicht nachgab, so nicht aus moralischen Gründen, sondern aus Vernunftgründen, als ehrbar verheiratete Frau. Seine Gefühle waren aufrichtig. Vielleicht sind solche Gefühle gar nicht so selten, wie man allgemein annimmt. Ich kenne einen intelligenten Psychiater, der hauptsächlich mit jugendlichen Häftlingen arbeitet und der mir gesagt hat, sie erzählten ihm oft und mit einer gewissen Scham, daß sie gern mit ihren Müttern ins Bett gehen würden. Ich denke, er würde es der wahllosen Sexualität zuschreiben, mit der die Jungen dieser Klasse aufwachsen, dem Mangel an Intimsphäre und der Tatsache, daß die einzige Liebe, die sie gekannt haben, die Mutterliebe war, als sie klein waren, so daß sich die erwachenden sexuellen Instinkte auf sie richteten. Paul Léautaud war kein jugendlicher Delinquent, aber er war als Kind vernachlässigt worden, hatte sich nach der Liebe seiner Mutter gesehnt, hatte sie vergöttert und hatte nie den Tag vergessen, als er sie halbnackt im Bett fand und sie sein Gesicht mit Küssen bedeckte; mag es abscheulich sein, daß er beim Wiedersehen nach zwanzig Jahren, graziös, reizend, zart wie sie war, an eine sexuelle Beziehung zu ihr dachte, aber unnatürlich war es nicht. Ich urteile nicht, ich stelle nur Tatsachen fest. Man kann sagen, er hätte den Bericht über jene drei leichtfertigen Tage in Calais lieber nie schreiben sollen: Schreiben war seine Leidenschaft, und phantasielos wie er war, konnte er nur über sich selbst schreiben und über das, was ihm geschah.

1903 starb Firmin Léautaud. Nachdem Louise, die kleine Hure, mit der er zusammengelebt hatte, ihm einen Sohn geboren hatte, heiratete er sie. Paul verabscheute sie, besuchte aber seinen Vater, der noch in Courbevoie lebte, jeden zweiten Sonntag. Sechs Jahre war Firmin teilweise gelähmt gewesen und konnte nur mit Hilfe seiner Frau und seines jungen Sohnes von Zimmer zu Zimmer gehen. Eines Sonntags, wie gewöhnlich in Courbevoie zu Besuch, fand Paul seinen Vater in verschlechtertem Zustand vor. Er blieb ein paar Tage und kehrte dann nach Paris zurück. Am nächsten Morgen bekam er ein Telegramm mit der Bitte, sofort zu kommen. Er fand seinen Vater auf dem Sterbebett. Vier Tage später war er tot. Paul. Léautaud war immer vom Tod fasziniert gewesen und speicherte in seinem Gedächtnis jeden Schritt des Verfalls bei seinem Vater, die Freunde, die den Sterbenden aufsuchten und, nachdem sie ein paar Minuten ihr Mitgefühl zum Ausdruck gebracht hatten, von ihren eigenen Angelegenheiten zu schwatzen anfingen, die Ungeduld von Frau und Sohn, und auch seine eigene, weil die Agonie so lange dauerte. Sie hätten es nicht zugegeben, aber sie fanden, wenn er sterben müsse, dann so rasch wie möglich.

Paul Léautaud schrieb einen langen Bericht über das Sterben seines Vaters und ließ ihn unter dem Titel *In memoriam* im *Mercure* erscheinen. Einige Abonnenten waren so außer sich, daß sie ihr Abonnement nicht erneuern wollten, aber in literarischen Kreisen fanden seine rücksichtslose Offenheit und seine seltsame Mischung aus Zynismus und Empfindsamkeit große Bewunderung. Ein paar Mitglieder der Académie Française waren bestrebt, ihm den jährlichen Preis zu verleihen. Leider war der Bericht zu kurz, er war wenig mehr als dreißig Seiten lang. Es gab aber einen Mangel an Kandidaten für den Preis, und Mitglieder der Académie versicherten Léautaud, wenn er die Arbeit zum ungefähren Umfang eines Buchs ausspinnen könne, würde er zweifellos den Preis bekommen. Vallette war sehr dafür, da es eine gute Werbung für den Verlag bedeuten würde. Léautaud geriet in Versuchung. Theoretisch war er gegen solche Preise, aber dieser würde ihm nicht nur fünftausend Franc, damals zweihundert Pfund, bringen, für ihn eine ungeheure Summe, sondern die Werbung, die die Wahl mit sich brachte, würde einen Verkauf von vier- oder fünftausend Exemplaren sicherstellen. In seinem *Journal* hat Léautaud in weitschweifiger Länge die laufenden Diskussionen beschrieben. Schließlich einigte man sich darauf, er solle zwei Artikel umschreiben, die unter dem Titel *Amours* im *Mercure* erschienen waren. Sie handelten von seinen jugendlichen Liebesangelegenheiten, und es ist schwer zu verstehen, wie man sie überhaupt in eine Schilderung des Todes seines Vaters einfügen wollte. Daraus wurde auch nichts, und der Preis ging an jemand andern.

Vallette war seit einiger Zeit mit seinem Theaterkritiker unzufrieden gewesen und drängte Léautaud, dessen Platz einzunehmen. Der *Mercure* erschien zweiwöchentlich, und er sollte sieben Franc die Seite bekommen, aber nicht mehr als achtundzwanzig Franc pro Ausgabe. Das sieht wie elende Bezahlung aus, aber der *Mercure* hatte nur eine Auflage von dreitausend, und Vallette konnte sich keine Verschwendung leisten. Nach einigem Zögern akzeptierte Léautaud das Angebot. Für seine Theaterkritik benutzte er das Pseudonym Maurice Boissard. Darunter sollte ein älterer Herr mit bescheidenem Auskommen zu verstehen sein, kein Literat, aber ein Theaterliebhaber. Siebzehn Jahre schrieb Léautaud Theaterkritiken. Am Ende sammelte er seine Artikel und veröffentlichte sie in zwei Bänden. Obwohl die meisten behandelten Stücke längst vergessen sind, liest man seine Artikel heute noch mit Vergnügen. Sie sind bissig, lebendig, humorvoll und voreingenommen. Léautaud hatte keine Geduld mit Stücken, die zu belehren, zu predigen oder zu moralisieren suchten. Er haßte das Pompöse, das Geschwätzige und das Künstliche. Er verlangte, ein Stück solle amüsant oder rührend sein. Er bestand darauf, die Leute sollten so sprechen wie im wirklichen

Leben, und urteilte vernichtend über Dialoge, die zu sprechen menschlichen Wesen nicht im Traum einfallen würde. Die Stücke von Sacha Guitry gefielen ihm sehr. Er gab zu, daß er ein Leichtgewicht war, aber in seinen Stücken sprachen die Leute wie im gewöhnlichen Leben und benahmen sich wie natürliche Wesen. Wenn Léautaud ein Stück wertlos fand, schrieb er über alles, was ihm gerade einfiel, und erwähnte das Stück, das er behandeln sollte, nur nebenbei. Seine Opfer waren erbost, aber die Leser schätzten seine Artikel, und manche kauften die Zeitschrift nur ihretwegen. Schließlich wurde bekannt, daß Maurice Boissard, der alte, von seinen Ersparnissen lebende Herr, mit dem Autor des skandalösen *Le Petit Ami* und des kaum weniger skandalösen *In memoriam* identisch war. Rachilde, Vallettes Frau, hatte ihn noch nie gemocht. Sie pflegte an den Dienstagabenden ein offenes Haus für Literaten und deren Frauen. Darunter waren wahrscheinlich Autoren oder Freunde von Autoren, über die Léautaud als Maurice Boissard bitter hergezogen hatten. Natürlich beklagten sie sich über die schlechte Behandlung. Das sagte sie ihrem Mann, aber seine Antwort war, Léautaud werde gern gelesen, und dem *Mercure* sei es nie besser gegangen. Sie blieb hartnäckig, andere unterstützten sie, und schließlich gab Vallette nach. Er entzog Léautaud die Theaterkritik für den *Mercure.* Glücklicherweise bot ihm André Gide zu viel besseren Bedingungen die Stellung des Theaterkritikers bei der *Nouvelle Revue Française* an, deren Hauptstütze er war. Aber das dauerte nur zwei Jahre. Das Ende kam, als er eine spöttische Kritik über ein Stück von Jules Romains schrieb und sich weigerte, ein Wort daran zu ändern. Die Herausgeber der *Nouvelle Revue Française* waren in einer peinlichen Lage. Sie waren auch Verleger und brachten die Romane von Jules Romains heraus. Romains war wütend, in der Zeitschrift so grausam verspottet zu werden, und sie fürchteten, er könne sich einem anderen Verleger zuwenden. Sie wollten ein wertvolles Besitztum nicht verlieren, und Léautaud wurde entlassen. Danach schrieb er für die *Nouvelles Littéraires*, aber wegen seines Eigensinns, jedes von ihm geschriebene Wort gedruckt zu sehen, nur ein paar Monate. So endete 1923 seine Laufbahn als Theaterkritiker.

Ich muß jetzt kurz ins Jahr 1907 zurückkehren. Léautaud war elend arm. Einmal war er gezwungen, seines Vaters Uhr und Manschettenknöpfe zu versetzen. Sie brachten fünfunddreißig Franc. Er lebte noch mit Blanche zusammen. Das Geld, das er von Lemarquis bekommen hatte, ging zur Neige, und ihre Lage war verzweifelt. In der Hoffnung, sie zu bessern, eröffnete Blanche mit dem Geld eines früheren Liebhabers eine Pension. Sie rechneten sich aus, daß sie nach Abzug der Kosten einen Gewinn von zweihundert Franc im Monat abwerfen würde und daß sie damit und mit Léautauds Hungerlohn beim *Mercure* gerade über die Runden kommen würden. Léautaud hatte immer gefunden, ein Autor solle nicht von seiner Feder leben, sondern Kost und Logis durch irgendeine andere Tätigkeit sichern. Nur so könne er gewiß sein, seine literarische Unabhängigkeit zu bewahren. Er sah sich jetzt nach einer Stellung um, fand aber keine, die ihm zusagte. Dann bot ihm Vallette eine Stellung als Sekretär beim *Mercure de France* an. Seine Arbeitszeit sollte von halb zehn bis sechs Uhr sein, und er sollte hundertfünfundzwanzig Franc monatlich bekommen. Diesen Betrag erhöhte Vallette widerwillig auf hundertfünfzig Franc, machte aber klar, daß es eine weitere Erhöhung nicht geben könne. Blanche riet Léautaud, abzulehnen und seine Freiheit zu behalten. Es schien schockierend, daß er im Alter von Fünfunddreißig und mit dem Ruf, den er gewonnen hatte, eine so armselige Bezahlung akzeptieren sollte, aber er fürchtete, Vallette würde ihm böse sein, wenn er das Angebot ablehnte, und vielleicht seine Mitarbeit an der Zeitschrift nicht mehr wünschen. Er sagte schließlich zu und nahm am 1. Januar 1908 seine Tätigkeit auf. Er hatte Abonnenten zu erinnern, wenn ihre Subskription fällig wurde, Besucher zu empfangen und, je nachdem, Störungen durch sie von Vallette fernzuhalten, Manuskripte entgegenzunehmen und zu beurteilen, Fahnen zu korrigieren und, kurz gesagt, anfallende Aufgaben jeder Art zu erledigen. Er blieb in dieser Stellung dreiunddreißig Jahre und genoß sie weitgehend. Dieses Leben gefiel ihm. Er traf die Literaten des Tages und hatte viel Zeit für Klatsch und Tratsch, das größte Vergnügen seines Lebens.

Von *Le Petit Ami* waren eintausend Exemplare gedruckt worden. Es dauerte zwanzig Jahre, bis sie verkauft waren. Vallette wollte eine Neuauflage machen, Léautaud war dagegen. Er war unzufrieden damit und wollte das Buch umschreiben. Er fand Teile zu literarisch. Léautaud verwendete das Wort Literatur auf zweierlei Art. Wenn er von »meiner Literatur« sprach, meinte er das, was er geschrieben hatte, wenn er rief: »Die Literatur über alles«, behauptete er damit sein Recht, ohne Respekt über seine Mutter zu schreiben und über seinen Vater ohne Zuneigung. Léautaud nahm das Handwerk des Schreibens sehr ernst, zahlreiche Passagen des *Journals* beschäftigen sich damit. Er faßte die Idee, er schriebe am besten, wenn er das, was ihm zugestoßen war, augenblicklich aufschriebe. Ich glaube, er meint damit: schreiben mit dem, was wir Inspiration nennen. Wenn er sich mühte, zu Papier zu bringen, was er sagen wollte, war das Ergebnis in seiner Vorstellung öde und unlebendig. Vor allem wollte er natürlich sein. Als er in *Le Petit Ami* einen grammatikalischen Fehler entdeckte, ließ er ihn stehen, weil er natürlich entstanden war. Er dachte, das Wort, das einem als erstes begegnet, sei das beste, und lehnte ein Wörterbuch ab. Darin war merkwürdigerweise Tschechow einer Meinung mit ihm. Léautaud fand, alle Schriftsteller brauchten zu viele Worte, und es bekäme allem, was sie schrieben, wenn sie weniger schrieben. Er sah es nicht gern, wenn Worte gebraucht wurden, um einen Satz auszubalancieren; er glaubte, wenn man einfach sagte, was nötig sei, befände sich der Satz im Gleichgewicht. Er mochte poetische Prosa ebensowenig wie prosaische Dichtung. Für Blumiges und Schmückendes hatte er keine Verwendung. Er verabscheute Metaphern und Gleichnisse. Sein Wunsch war, kurz zu sein, klar und prägnant. All das leuchtet ein, und wir würden zweifellos alle besser schreiben, wenn wir seine Prinzipien beherzigten.

Léautaud hatte natürlich seine Vorurteile. Er lehnte Flaubert wegen der Künstlichkeit und Monotonie seines Stils ab und behauptete tollkühn, jeder, der den Versuch mache, könne schreiben wie er. Eine von Léautauds Lieblingsideen war, der Stil eines Autors müsse so individuell sein, daß man ihn schon nach der Lektüre einer Seite benennen könne. Sei dem, wie ihm wolle, Léautaud scheint daraus zu schließen, der Stil sei gut. Das trifft nicht zu. Niemand, der je die Romane von George Meredith gelesen hatte – und gegen Ende des neunzehnten Jahrhunderts beteten alle jungen Leute, die sich für gebildet erachteten, ihn an –, niemand, der eine Seite aus einem seiner Romane las, konnte entgehen, wer das geschrieben hatte. Es liegt an demselben phantastischen, gewundenen, akrobatischen Stil, der ihn heute, seiner großen Verdienste ungeachtet, zu einer schwierigen Lektüre macht.

Léautaud war nie außerhalb Frankreichs gewesen. Paris verließ er selten. Er liebte seine Straßen, seine Läden; Assoziationen verbanden ihn mit jeder Ecke von Montmartre und dem Viertel auf dem linken Ufer mit St. Sulpice und dem Panthéon als Mittelpunkt. 1911 zog er aus Paris in einen Vorort. Dieser grobe, ichbezogene, bittere Mann liebte Tiere leidenschaftlich. Der Anblick eines elenden Gauls vor einem schweren Karren erschütterte ihn so, daß er den ganzen Tag an nichts anderes denken konnte. Es tat ihm in der Seele weh, wenn er Hunde und Katzen in den Straßen sah, deren Besitzer in Ferien gefahren waren und sie sich selbst überlassen hatten. Wenn er einen verirrten Hund fand, ging er in einen Laden, kaufte für vier Sous gekochtes Fleisch für ihn und versuchte dann, ein neues Heim für ihn zu finden. Jeden Abend kaufte er Hackfleisch beim Metzger und brachte es den streunenden Katzen, die sich im Jardin du Luxembourg herumtrieben. Man bedenke: Er war bettelarm und mußte alles zusammenkratzen, um nicht zu verhungern. Einmal fand er einen Hund, der offensichtlich am Verhungern war. Er hatte für seine Tagesration nur einen Franc in der Tasche und den auch nur, weil er am Tag zuvor gespart hatte. Er ging und kaufte Fleisch für den armen Kerl. An diesem Tag aß er, wie an vielen anderen, nur Brot und Käse. Léautaud selbst hatte eine Katze, die er und Blanche zärtlich liebten. Angesichts ihrer ständigen Streitereien sieht es fast so aus, als sei ihre Leidenschaft für Boule, so hieß die Katze, das einzige gewesen, was sie zusammenhielt. Boule starb dann, und Léautaud fand und nahm einen fremden Hund auf, den er Amis nannte und an dem er bald zärtlich hing. Es kam die Zeit für einen seiner zahllosen Wohnungswechsel, und er suchte nach einer Wohnung im Erdgeschoß, damit er den Hund leicht hinauslassen könne. Die verschiedenen Concierges der Häuser, in denen er nachfragte, sagten ihm, Hunde seien nicht erlaubt, also beschloß er, außerhalb der Stadt zu wohnen. Er fand ein kleines Haus in einem Vorort namens Fontenay aux Roses und ließ sich dort nieder. Dort blieb er für den Rest seines Lebens.

Man weiß nicht, ob Blanche mit ihm zog. In Bemerkungen, die er in einer seiner Theaterkritiken machte, in denen er, wie ich bereits sagte, gern von allem andern sprach als von dem Stück, das er beurteilen sollte, schreibt er von einer Frau, vermutlich Blanche, die mit ihm zusammenlebte, ihn gegen einen reichen Liebhaber tauschte, zurückkam und ihn wieder verließ und mit der er nichts mehr zu tun haben wollte, als sie nochmals zurückkehrte. Er sagte, ganz typisch für ihn, auch wenn man für seine Geliebte nichts mehr empfinde, sei man unwillkürlich zornig und eifersüchtig, wenn sie einen wegen eines anderen verlasse. Nun konnte er all die streunenden Katzen und entlaufenen Hunde unterbringen, die ihm begegneten. Es waren oft an die dreißig. Das komplizierte sein Leben. Um gegen halb zehn im Büro des *Mercure* zu sein, mußte er morgens den Zug nehmen, und wenn dort um sechs geschlossen wurde, mußte er mit dem Zug nach Fontenay zurück, um seine Tiere zu füttern, dann mußte er mindestens zwei- oder dreimal wöchentlich nach Paris zurück, um ein Theaterstück zu sehen, und kam erst nach Mitternacht nach Hause. Manchmal hatte er eine Frau im reiferen Alter zum Saubermachen und Kochen, aber das taugte nichts, da sie ihm früher oder später Avancen machte und, wenn er nicht darauf einging, beleidigt verschwand. Er kam ganz gut zurecht. Seine Bedürfnisse waren einfacher Natur. Es war ihm gleich, was er aß, Schnaps trank er nie und Wein nur selten. Sein einziger Luxus war Tee.

Die Jahre gingen vorüber. Der Erste Weltkrieg war zu Ende. Der Zweite Weltkrieg brach aus. Fast alle Freunde von Léautaud waren tot; Van Bever, sein ältester Freund, starb; Remy de Gourmont, dem er näherstand als irgendeinem andern Literaten seiner Zeit, starb; Alfred Vallette starb. Vallette hatte seine ersten Gedichte veröffentlicht, hatte ihn zum Schreiben ermutigt und hatte im *Mercure* alles gedruckt, was er schrieb. Zwar schalt er ihn manchmal, weil er morgens unpünktlich ins Büro kam und wegen der unverschämten Zeiten, die er zum Mittagessen wegblieb, aber er verteidigte ihn gegen die Angriffe seiner Feinde und lieh ihm freundlich Geld, wenn er blank war. Er war ein seltsamer Herausgeber und Verleger. Nie las er die Beiträge zu seiner Zeitschrift, ehe sie gedruckt vorlagen, und auch dann nur, wenn irgendeine Rücksicht ihn dazu zwang. Er wählte seine Mitarbeiter sorgfältig aus und ließ ihnen die Freiheit zu tun, was sie für richtig hielten. Das einzige, was er von ihnen verlangte: Sie durften nicht langweilig sein. Er machte aus dem *Mercure* eine einflußreiche Zeitschrift mit vergleichsweise weiter Verbreitung. Eines Tages wurde er gefragt, ob er ein bestimmtes Buch gelesen habe. »Guter Gott, nein«, antwortete er, »genügt es nicht, daß ich es verlegt habe?« Vallettes Nachfolger als Leiter des Verlags war ein gewisser Jacques Bernard. Als Léautaud eines Morgens ins Büro kam, sagte ihm der Concierge, Bernard wünsche ihn sofort zu sehen. Als er in sein Büro kam, sagte Jacques Bernard zu ihm: »Léautaud, um des Vergnügens willen, Sie nicht mehr zu sehen, habe ich mich entschlossen, mich von Ihnen zu trennen.« Er fügte hinzu: »Und wenn ich Geld aus der eigenen Tasche nehmen muß, dann nehme ich es.« Léautaud, um eine schlagfertige Antwort nie verlegen, entgegnete: »Ein solches Vergnügen ist ein gewisses Opfer wert.« Er nahm seine Siebensachen aus dem Zimmer, das er fünfunddreißig Jahre innegehabt hatte, und ging. Nach langer Zeit so brutal gekündigt, war er hilflos. Er war neunundsechzig Jahre alt. Er bewarb sich um eine Altersrente und bekam sie. Als der Krieg zu Ende war, wurde Jacques Bernard wegen Kollaboration mit dem Feind der Prozeß gemacht. Er muß nervös gewesen sein, als er erfuhr, Léautaud sei einer der Zeugen der Anklage. Die Aussage, die er machte, war so maßvoll, daß Bernard freigesprochen wurde. Einige Monate vorher hatte Léautaud ein Erlebnis, das nur wenigen von uns Autoren vergönnt ist. Radio Vichy verbreitete, er sei tot. Die Nachricht war die Ursache für eine große Zahl von Artikeln, und zu Léautauds Erstaunen waren sie alle lobend. Das war das letzte, was er erwartet hätte.

Während der deutschen Besatzung lebte Léautaud friedlich in Fontenay aux Roses. Er litt unter der Kälte. Da es keine Kohlen gab, fällte er die Bäume in seinem Garten, um Feuerholz zu bekommen. Lebensmittel waren knapp, und seine Mahlzeiten beschränkten sich auf vier Kartoffeln am Tag. Er kochte sie sich selbst. Zu seinem Kummer konnte er für die zahlreichen Katzen und Hunde, die ihm so viel bedeutet hatten, nicht mehr sorgen. Er mußte sie loswerden. Der Krieg ging zu Ende. Er verdiente ein bißchen Geld als Journalist, blieb aber hoffnungslos arm. Es traf ihn als glücklicher Zufall, als 1950 jemand die Idee hatte, ihn im Rundfunk eine Reihe von Gesprächen mit einem Schriftsteller namens Robert Mallet führen zu lassen. Sie wurden später veröffentlicht, und es erschien eine Ausgabe nach der anderen. Meine

ist die sechzehnte. Léautaud war Achtundsiebzig. In diesen Gesprächen erwies er sich als genauso stur und streitsüchtig, so lebhaft, witzig und voreingenommen, jeder Sentimentalität spottend, so empfindlich und vernünftig wie je zuvor. Die Hörer waren begeistert. Es ist zu hoffen, daß das Honorar, ihn instand setzte, den Rest seines Lebens einigermaßen behaglich zu verbringen. Er starb im Alter von vierundachtzig Jahren.
Ich weiß nicht, was der Leser dieser Seiten von der – notwendigerweise ungenügenden – Studie dieses seltsamen Mannes haben wird, den ich nach besten Kräften zu beschreiben versucht habe. Er war ein Kauz. Man kann ihn nicht mit normalen Maßstäben messen. Er war eine Mischung aus den verschiedensten Eigenschaften. Er war abgebrüht und gefühlvoll, rücksichtslos eigenständig, leidenschaftlich an Literatur interessiert und empört über die, die sie als Geschäft und als Sprungbrett betrachteten, reizbar und ungeduldig gegen jene, die nicht so dachten wie er, treu denen, die er schätzte, und gnadenlos in seiner Verachtung. Er war stolz darauf, niemals jemandem Schaden zugefügt zu haben. Seltsam, daß ihm niemals aufging, daß ein Wort mehr verletzen kann als ein Schlag. Wenn man ihn fragte, wie er so gut zu Tieren sein könne und zu seinen Mitmenschen so brutal, antwortete er, Tiere seien wehrlos, von Menschen abhängig, aber menschliche Wesen könnten sich selbst verteidigen. Über sein Liebesleben habe ich wenig gesagt. An Frauen war er nur interessiert, wenn mit ihnen das möglich war, was heutzutage in den Zeitungen diskret als Intimität bezeichnet wird. Für ihn waren sie falsch, boshaft, anspruchsvoll, käuflich und dumm. Nach seiner eigenen Schilderung war er ein unzulänglicher Liebhaber – aus Gründen, die der Leser, wenn er es der Mühe wert findet, selbst im *Journal* ausmachen kann. Liebe ist natürlich nicht das richtige Wort in diesem Zusammenhang, aber das richtige Wort ist nicht druckreif. Er war der Liebe unfähig, da er nur an sich selbst interessiert war. Er hatte sicher recht mit der Feststellung,

Liebe wurzle in sexueller Anziehung und könne ohne sie nicht entstehen, aber er scheint nicht begriffen zu haben, daß sie nur dann wirklich Liebe wird, wenn sie Gefühle weckt, bitteren Schmerz und ekstatische Freude.

Paul Léautaud betrachtete sein *Journal* als sein einziges Werk von einiger Bedeutung. Er hielt sehr wenig von *Le Petit Ami* und *In memoriam.* Vier Bände des *Journals* sind erschienen. Sie behandeln sein Leben von 1903 bis 1924, aber da er bis zum Schluß weiterschrieb, müssen noch eine Reihe Bände kommen. Wenn es komplett ist, wird es eine interessante Schilderung der literarischen Welt seiner Zeit liefern. Dabei werden keine solchen Gestalten vorkommen, wie sie den Goncourts vorbehalten blieben: Sainte-Beuve, Taine, Renan, Michelet und Flaubert waren längst gestorben, ebenso die Dichter Victor Hugo, Baudelaire, Verlaine, Rimbaud und Mallarmé. Das waren die großen Erscheinungen, die ihre Ära ausgezeichnet und Frankreich zum stolzen Zentrum von Kultur und Zivilisation gemacht hatten. Selbst die populären Romanciers Alphonse Daudet und Émile Zola waren tot. Wer also waren die Autoren, über die Léautaud schreiben konnte? Es wäre ungerecht, sie trivial zu nennen. Sie waren begabt, aber ihr Talent war von geringerem Umfang als das ihrer Vorgänger. Da war Henri de Régnier, ein zarter Poet und liebenswürdiger Romancier, da war Barrès, der die Jugend mit seinem *Culte du Moi* berauschte, aber sich Politik und Propaganda zuwandte. Da war der begabte und kultivierte André Gide. Auch gab es Anatole France, zu seiner Zeit viel bewundert und in unserer unrechtmäßig unterschätzt. Da war Moréas, ein Grieche, dessen *Stanzen* Léautaud bewunderte und den er als Menschen wegen seiner Bescheidenheit, Freundlichkeit und unkonventionellen Lebensweise mochte; auch Apollinaire, ein Pole, der dem Ersten Weltkrieg zum Opfer fiel; nicht zu vergessen Paul Valéry. Die Schriftsteller, die während der ersten dreißig oder vierzig Jahre unseres Jahrhunderts die Bühne beherrschten, waren jeder auf seine

Art begabt, hatten aber weder die Bedeutung für ihre Zeitgenossen noch Autorität und Einfluß, wie sie ihre Vorgänger des neunzehnten Jahrhunderts für die ihrigen gehabt hatten.
Die bisher erschienenen Bände von Léautauds *Journal* sind eine merkwürdige Lektüre. Man kann viel überblättern. Léautaud liebte ein bißchen Skandal. Heute vermag man sich nicht mehr für die ausführliche Schilderung einer unerquicklichen Liebesgeschichte zwischen Personen, von denen man nie etwas gehört hat, zu interessieren. Aber als Bild des literarischen Lebens in Paris während der Zeit, zu der Léautaud schrieb, ist das Buch bemerkenswert. Einer Redensart zufolge hackt eine Krähe der anderen kein Auge aus. Nicht so diese Schriftsteller. Sie hatten selten ein gutes Wort füreinander übrig. Es gab ein gewisses Maß an Korruption. Ein Autor mit Geld war sich nicht zu gut, den Redakteur einer Zeitung zu bestechen, damit er die lobende Besprechung seines Buches brachte, die er selbst geschrieben hatte. Autoren schämten sich nicht, jeden ihnen zu Gebot stehenden Einfluß zu nutzen, um günstige Erwähnungen zu lancieren, um Beachtung zu finden. Intrigen gab es überall, um gedruckt zu werden, öffentliche Beachtung zu finden, eine Auszeichnung zu bekommen; und nie grassierten sie mehr, als wenn es um einen der mittlerweile nicht wenigen Preise ging, wie zum Beispiel den Prix Goncourt. Es ist kein hübsches Bild, und obwohl Léautaud ein scharfer Beobachter war, der lieber tadelte als lobte, etwas Unangenehmes lieber sagte als etwas Angenehmes, bekommt man den Eindruck, daß es im ganzen zutreffend war. Zur Milderung muß man gerechterweise hinzufügen, daß der ganzen Korruption, dem Neid, der Eifersucht, Verleumdung und so weiter Geldnot zugrunde lag. Autoren wurden elend bezahlt, und wenn sie vom Schreiben leben wollten, konnten sie sich kaum Bedenken leisten. Léautaud verbrachte dreißig Jahre als Angestellter mit Arbeiten, zu denen jeder Büroangestellte imstande gewesen wäre, nur um seiner Unabhängigkeit willen, damit er allein zu seinem Vergnügen schreiben könne,

wie es – so seine Forderung – jeder Autor halten solle. Dafür gebührt ihm höchstes Lob.

Ich weiß nicht, was der Leser von diesen drei Tagebuchschreibern halten wird, die ich ihm so gut wie möglich geschildert habe. Nicht viel, nehme ich an. Sie hatten wenig versöhnende Züge. Ihr Egoismus war grausam. Sie waren von Vorurteilen zerfressen. Sie waren ungeheuer empfindlich. Obwohl sie von anderen wenig Gutes zu sagen wußten, lehnten sie gegen sie selbst gerichtete Kritik wütend ab. Sie hatten keine moralischen Grundsätze. Die Künste, mit Ausnahme der Literatur, bedeuteten ihnen nichts, und wenn sie sich, wie es zuweilen geschah, zu Musik, Malerei oder Bildhauerei äußerten, war das (jedenfalls nach unserem heutigen Urteil) unsinnig. Die Gefühle anderer waren ihnen gleichgültig. Sie waren boshaft und ungut.

Aber wenn sie diese Eigenschaften hatten, so kennen wir die nur, weil sie uns selbst davon erzählt haben. Ich wäre um eine Antwort verlegen, wenn man mich fragte, ob sie im ganzen schlimmer gewesen seien als andere Menschen. Léautaud wurde einmal dem Abbé Mugnier vorgestellt. Der Abbé Mugnier gehörte zu jenen Priestern, die hie und da aus der katholischen Kirche hervorgehen. Er war geistreich und sprühend in der Unterhaltung. An den Abendtafeln des Boulevards St. Germain war er ein willkommener Gast: Er fesselte die Gesellschaft mit seiner beredten und amüsanten Konversation. Aber obwohl er (zur Entrüstung einiger seiner Priesterkollegen) gern bei den Reichen und Vornehmen verkehrte, vergaß er nie sein geheiligtes Amt. Auch bei den Reichen und Vornehmen gab es Seelen zu retten. Er überredete die Liederlichen, ihre Lebensweise zu ändern, und führte nicht wenige Freidenker in den Schoß der Kirche zurück. Wenn die Gesellschaft, die er mit seiner Gegenwart gesegnet hatte, zu Ende war, kehrte er in seine äußerst bescheidene Unterkunft zurück. Dort war er stets für die Armen und Elenden da, die in ihren Nöten bei ihm Rat oder Hilfe suchten. Er half ihnen mit seinem Geld, so wenig er selbst hatte, und mit seinem aufrichtigen Mitgefühl. Er war ein Mann von leuchtender Tugend. Er wußte, daß Léautaud ein aggressiver Skeptiker war – es gab damals wenige Menschen, von denen der Abbé Mugnier nicht gewußt hätte, was es zu wissen gab –, und er sagte zu ihm: »Gott wird Ihnen vergeben, Monsieur Léautaud, denn Sie haben die Tiere geliebt.«